James Cowan

Franziskus von Assisi

Der Weg
eines Gott Liebenden

via nova
Verlag Via Nova

Übersetzung aus dem Amerikanischen:
Ulrike Kraemer

Originaltitel:
Francis: A Saint's Way

Zuerst erschienen bei:
Liguori/Triumph
Liguori, Missouri
U.S.A.

1. Auflage 2003
Verlag Via Nova, Neißer Straße 9, 36100 Petersberg
Telefon und Fax: (06 61) 6 29 73
E-Mail: info@verlag-vianova.de
Internet:
www.verlag-vianova.de
www.transpersonal.com

Satz: typo-service kliem, 97647 Neustädtles
Druck und Verarbeitung: Rindt-Druck, 36037 Fulda

ISBN 3-936486-24-7

Widmung

Für Colin Beard

Lumen

Inhaltsverzeichnis

Einführung

Wie ergründet man das Leben eines vor so langer Zeit verstorbenen Heiligen, der in den letzten achthundert Jahren auf Katholiken und Nicht-Katholiken gleichermaßen einen solch starken Einfluss ausgeübt hat? Es ist klar, dass das keineswegs eine einfache Sache ist. Franziskus ist kein gewöhnlicher Heiliger, noch nicht einmal im Rahmen des katholischen Pantheons. Er tritt als eine einzigartige Gestalt hervor, deren Verhalten und Persönlichkeit ihn von anderen Heiligen unterscheiden. Diese anderen heiligen Männer und Frauen entsprechen einem Typ, den wir als charakteristisch religiös betrachten, und ihr Beitrag zum Christentum ist leicht zu erkennen. Ich denke dabei insbesondere an die großen Gelehrten unter diesen Heiligen – Männer wie Augustinus, Bernhard, Benedikt, Thomas von Aquin und Bonaventura. Wie ihre Weggefährtinnen Teresa von Avila und Katharina von Siena haben sie die christliche Tradition durch ihre Schriften und durch ihren klösterlichen Eifer gestärkt und mit Leben erfüllt. Sie waren Kämpfer des Glaubens, keine Vagabunden.

Franziskus folgte einem anderen Weg. Durch seinen Entschluss, nicht das Kloster, sondern die Straße zu seinem Hauptwohnsitz zu machen, zeigte er dem einfachen Volk, dass man auch in der Welt ein Leben führen konnte, das der Spiritualität gewidmet war. Männer und Frauen mussten sich nicht mehr in ein Kloster zurückziehen, um ein christliches Leben zu verwirklichen, sondern konnten geistige Askese auch im Kontext einer normalen, alltäglichen Existenz praktizieren. Franziskus machte es den Menschen möglich, ein solches Leben außerhalb der religiösen Strukturen und Institutionen seiner Zeit zu leben. Ihm war das Predigen wichtiger als die Kontemplation. Er liebte das Leben und war erst an zweiter Stelle auch Mystiker. Er verstand, dass der innigste Wunsch der Menschen darin bestand, eine Beziehung zu Gott zu haben, die aufrichtig und frei von Behinderungen war. Wie die frühesten Urvölker verstand auch Franziskus intuitiv, dass jede Kultfigur, jeder Brennpunkt religiöser Hingabe, an erster Stelle den Geist und erst dann eine Lehre verkörpern sollte. In Franziskus' Augen muss Christus – obwohl keine Kultfigur – das Beispiel für den Vorrang des Geistes vor der Doktrin gewesen sein.

Ich glaube, dass ich aus diesem Grund sein Leben erforschen wollte. Franziskus stand für etwas, das von jeglicher Doktrin frei war. Er hatte seine Spiritualität aus dem Stein seiner eigenen Existenz gemeißelt. Sie war ihm nicht inmitten der Beschaulichkeit eines klösterlichen Alltags oder durch einen innigen Akt der Gnade geschenkt worden. Anders als die Gelehrten unter den Heiligen schmiedete er seine eigene Realität aus der lebenslangen Auseinandersetzung mit der Armut. Sie war sein Talisman, sein Werkzeug der Buße. Niemand vor ihm und niemand nach ihm ist so wie er dem Prinzip der Armut als einer spirituellen Disziplin treu geblieben. Er ganz allein hat den Akt der Ent-Eignung zu einer Tugend gemacht. Die lange Tradition, die Realität der Dinge zu verteidigen, die bis zu den atomistischen Philosophen im frühen Griechenland zurückreichte, wurde von neuem in Frage gestellt. Franziskus erkannte, dass Besitz und die sogenannte „Tyrannei der Dinge“ ein Hindernis zwischen ihm und der Freiheit des Geistes darstellten.

In der heutigen Zeit des Überflusses bringt sein Zeugnis eine Saite zum Klingen. Franziskus hätte vielleicht mehr als jeder andere die Konflikte verstanden, vor denen wir heute stehen, wenn wir uns von der Tyrannei der Dinge befreien wollen. Wir alle wissen, dass die moderne Technologie uns schnell in einen Strudel technischer Spielereien einhüllt. Wir sind von arbeitssparenden Vorrichtungen umgeben, die uns frei machen sollen, damit wir wesentlichere Dinge genießen können. Zu unserem Schaden stellen wir jedoch fest, dass dieser technische Schnickschnack uns mehr denn je in Fesseln gelegt hat. Wir sind weiter davon entfernt als näher daran, im Bereich einer von Geist erfüllten, einfachen Frömmigkeit des Daseins zu leben. Es ist uns mehr oder minder unmöglich, uns von den Ansprüchen frei zu machen, die ein von Dingen beherrschtes Leben an uns stellt, sosehr wir uns auch darum bemühen mögen. Franziskus erkannte dagegen schon früh, dass das verborgene Gesicht der Wahrheit sich nur dem offenbaren konnte, der mit Offenheit, mit Ungesichertsein und mit Vertrauen im Einklang stand. Wie kaum jemand vor ihm war er sich der Tatsache bewusst, dass die Befreiung aus dem Gefängnis des Besitzes ihn befähigte, ein Leben der bedingungslosen Akzeptanz zu leben.

Meine Entscheidung, sein Leben zu studieren, wurde dadurch erleichtert, dass ich beschlossen hatte, in Italien zu leben – und gar nicht weit von seinem geliebten Umbrien entfernt. Zu Beginn meines Aufenthalts lief ich oft zum Kloster Le Celle in der Nähe von Cortona hinunter, um in der winzigen Kapelle neben der Höhle zu sitzen, in der er einmal geschlafen hatte. Die Gebäude des Klosters haben eine archaische Ausstrahlung, so als sei der ganze Ort aus dem Tal herausgemeißelt worden, in dem er liegt. Ich wurde an die Höhlen der australischen Ureinwohner erinnert, die ich in der australischen Wüste einmal besucht hatte. Überdies kam mir in den Sinn, dass Franziskus kein gewöhnlicher Mensch und seine Heiligkeit keine gewöhnliche Errungenschaft war. Erst nach einem schweren Kampf mit sich selbst hatte er Anspruch darauf erhoben. Ganz plötzlich wurde mir klar, dass seine Eigenschaften – seine Fröhlichkeit, sein bizarres Verhalten und seine Angewohnheit, von einem Ort zum anderen zu wandern – Produkte eines Geistes waren, der darauf eingestellt war, ein ungewöhnlich hohes Maß an Leid zu ertragen. Franziskus' Seelenpein entsprang dem Wissen, dass er der Nähe und der Beharrlichkeit von Gottes Ruf nicht entfliehen konnte, und deshalb war er während der letzten zwanzig Jahre seines Lebens dazu gezwungen, am Abgrund zu stehen und seinem Schöpfer in die Augen zu blicken.

Ich fragte mich: Wie kann ein Mensch sich das antun? Welchen Vorteil hat es, so nahe bei Gott zu leben, dass der ganze Körper nach und nach versagt? Warum sollte man ein Leben führen wollen, das von so großen asketischen Schmerzen erfüllt ist, dass jede Faser des Seins angespannt ist, als würde sie gefoltert? Warum den Körper verleugnen? Diese Fragen stellten sich mir immer wieder, wenn ich in der Kapelle neben Franziskus' Grotte saß. Argumente, die den Sinn seines Lebens in Zweifel zogen, stürmten auf mich ein, denn es gelang mir einfach nicht, das zu bejahen, was er darstellte. Franziskus, sagte ich mir immer wieder, du bist ein Hysteriker, ein Masochist. Du hast die Askese zu einem Palliativum gemacht, um deine eigene Ernüchterung in Bezug auf das Leben zu lindern. Du bist weit davon entfernt, spirituelle Stärkung anzubieten. Ich habe eher den Verdacht, dass Lebensverleugnung die Grundlage deiner Existenz ist. Aber noch während ich diese Fragen stellte und mich darum bemühte, sie mit Antworten zurückzuweisen, die nicht gerade überzeugend waren, wurde mir allmählich klar, dass der Mann es *trotzdem* geschafft hatte, der Falle, die ich ihm gestellt hatte, zu entgehen. In diesem Augenblick wusste ich, dass er mich dazu aufforderte, seinem Beispiel zu folgen.

Ich beschloss, seine Welt zu betreten. Seine Höhlen und Grotten, die Klöster, die in seinem Namen gegründet worden waren, die Waldwege, die er einmal gegangen war, die Gemälde und Fresken, die sein Leben inspiriert hatte, die großen Basiliken, die nach seinem Tode erbaut worden waren, die Städte Umbriens und der Toskana, die heute von seinem Gedächtnis durchtränkt sind: In meiner Phantasie stellten sie das Terrain dieses Mannes dar. Es war an mir, diese Orte zu besuchen und einen Blick auf seine Existenz zu erhaschen. Mir wurde bald klar, dass der Mann, den ich zu kennen glaubte, eine völlig andere Gestalt angenommen hatte. Er war nicht mehr länger der fromme Asket, der taumelnde Heilige, der zu den Vögeln sprach. Dies sind bloße Aspekte seines populären Bildes. Ich hingegen lernte einen Mann kennen und wertschätzen, der im vollen Besitz seiner Kräfte war, einen Mann, der von inneren Furien angetrieben wurde, einen Mann, der schließlich den Mut hatte, seine Persönlichkeit neu zu erschaffen, um das Gefängnis seines eigenen Selbst zu überwinden.

Ich erkannte zudem, dass ich es weniger mit einem mittelalterlichen Asketen als vielmehr mit dem Vorboten einer stärker nach innen gerichteten Empfindsamkeit zu tun hatte. Franziskus hatte sich dazu entschlossen, die eigene Psyche zu erforschen, um den darin wohnenden Geist zu befreien. Anders als seine Zeitgenossen, die den Gottesglauben als gegeben annahmen, suchte er sich eine größere Bürde aufzuerlegen – er wollte Christus als existentielle Realität verkörpern, nicht als etwas, das einzig durch ein Ereignis in der Geschichte inspiriert war. Sein gesamtes Wirken entsprang dem Glauben, dass Menschen fähig waren, sich durch einen grundlegenden Akt der Leugnung zu transzendieren. Diese Überzeugung ist eine außergewöhnliche und recht moderne Auffassung. Wie nur wenige vor ihm verstand Franziskus den Unterschied zwischen der Maske der Persönlichkeit und der Authentizität des Wesens, zwischen gesellschaftlichem Verhalten und individuellem Streben. Er machte die Vorrangstellung des Geistes zu einer Notwendigkeit statt zu einem Objekt doktrinärer oder ritueller Beobachtung.

Franziskus war weniger ein mittelalterlicher Pietist als vielmehr ein Revolutionär. Er brachte dem Christentum die Erinnerung an seine Ursprünge mitten im rauen Terrain der ägyptischen Wüste. Unglücklicherweise hatte das, was in den frühen Jahrhunderten christlicher Zeitrechnung dort geschehen war, die Seereise nach Europa nicht überlebt. Die Inbrunst, die vollkommene Liebe zu Christus, der Wunsch, ihm in all seinen Taten nachzueifern – im milderen Klima des klösterlichen Lebens in Europa waren diese Ideale irgendwie verwässert worden. Theologie anstelle der Meditation und Doktrin anstelle der asketischen Übung hatten eine Vorrangstellung eingenommen, als die neuen Lehren der Universitäten sich in ganz Europa bemerkbar machten. Männer zogen es vor, über theologische Probleme zu debattieren, statt in der Gegenwart Gottes auf die Knie zu sinken. Wissen und Intellekt waren an die Stelle der demütigen Annäherung an Gott getreten, die nach Auffassung der Wüstenväter von so großer Bedeutung war.

Als wandernder Asket sah Franziskus seine oberste Aufgabe darin, den Brunnen wieder frei zu machen, damit die Quelle von neuem sprudeln konnte. Er wusste intuitiv, dass die Menschen wieder in die alte Tradition der Askese investieren mussten, wollten sie auch nur einen kleinen Hauch von Ekstase in ihr Leben bringen. Er verstand mehr als die meisten anderen, dass Verhaftung an das Materielle der Vorstellung, gewöhnliche Grenzen hinter sich zu lassen, nicht zuträglich war. Männer und Frauen mussten lernen, sich zu verleugnen, wenn sie als Menschen, die durch Adams Sünde gezeichnet waren, je die Verantwortung für ihr Erbe übernehmen wollten. Außerdem war der Himmel als der erhoffte Wohnsitz der Menschen nach dem Tod für Franziskus möglicherweise nicht der wichtigste Aspekt. Er war mehr an der Existenz der Menschen in dieser Welt interessiert, an ihrer Fähigkeit, das Mysterium der Allerhöchsten Wesenheit zu ergründen, das die rechtmäßige Aufgabe eines jeden Menschen ist. Männer und Frauen mussten lernen, wie sie in diesen Geist der „Willenlosigkeit" eintreten konnten, wenn sie in das Reich des Geistes gelangen wollten. Ob dieses Reich Himmel genannt wurde, war für Franziskus vielleicht nicht so sehr von Belang; er wollte nur, dass die Menschen die Natur ihrer Bestimmung akzeptierten: dass sie Überbringer des Erhabenen wurden, statt bloße irdische Gefäße zu sein.

Die Reise durch Umbrien und die Toskana auf seinen Spuren wurde für mich zu einer Wallfahrt. Schon bald stellte ich fest, dass ich mir seine Eigenheiten angewöhnte und wie er ohne vorgefasste Erwartungen reiste. An einem Tag besuchte ich ein Kloster, an einem anderen Tag spürte ich ein Fresko auf. Manchmal erforschte ich eine Ruine, ein anderes Mal streifte ich in einem Museum umher. Ich saß in einer Grotte und machte mir Notizen, oder ich sah aus dem Innenhof eines Klosters hinaus und dachte über ihn nach. In meinem Geist war er immer gegenwärtig. Ich versuchte mir vorzustellen, wie er wohl auf einen Leprakranken auf der Straße reagiert hatte, oder worüber er nachdachte, während er predigte. Auf jeder Etappe meiner Reise versuchte ich, mich in seine Lage zu versetzen, um ein wenig von seiner Freude und seiner Seelenpein zu erfahren. Es war ein lohnenswertes Experiment. Bald entdeckte ich, dass ich mich veränderte, dass ich seinen Überspanntheiten mit einem größeren Maß an Toleranz begegnete. Langsam akzeptierte ich, dass die naive Wesensnatur seiner Seele zu Franziskus gehörte und nicht etwa einen Mangel an Bewusstsein seinerseits widerspiegelte. Der Mann war mit dem Unsichtbaren im Bunde – und auch mit dem großen Bestreben, das die Menschheit zu allen Zeiten im Laufe der Geschichte hatte, nämlich den Geist zu kultivieren. Dafür bewunderte ich ihn. Er hatte es möglich gemacht, dass ich meine mir eigene Wesensnatur wieder annehmen konnte, und so wurde ich nach Hause geführt.

Als ich eines Tages in der Krypta der unteren Kirche der Basilika San Francesco in Assisi saß, da wusste ich plötzlich, dass ich nun endlich zu Hause angekommen war. Sein Körper lag in seiner Gruft über mir. Die Gebeine seiner engsten Freunde Masseo, Rufino, Angelo und Leo – von denen der geheimnisvollen römischen Dame Giacoma di Settesoli ganz zu schweigen – lagen in Stein begraben nahebei. Sie alle schliefen. Sie alle träumten denselben Traum von Hoffnung und spiritueller Erneuerung. An diesem Morgen war das Drama ihres Lebens greifbar. In dieser von Lampen erhellten Steingruft, die ihre letzte Ruhestätte war, konnte ich ihre Gegenwart spüren. In diesem Moment wurde mir klar, dass das Buch, das ich schreiben musste, die Glut ihres Abenteuers in irgendeiner Weise reflektieren sollte. Diese Menschen übernahmen die Inspiration eines Mannes und machten sie zu einem revolutionären Verhaltenskodex für alle. Sie machten Keuschheit, Gehorsam und Armut zu den Emblemen eines Wappens, das zu Soldaten wie ihnen passte, und sie schworen, ihre Ehre gegen die Übergriffe des Materiellen und der Gleichgültigkeit zu verteidigen.

Dieses Buch ist kein vollständiger Bericht über das Leben von Franziskus. Es soll vielmehr ein Versuch sein, Zugang zum Geist des Menschen zu finden, ihn fest in seiner Zeit zu verankern und die Bereiche seines Lebens zu erforschen, die bisher noch nicht so eingehend behandelt worden sind. Ich denke dabei ganz besonders an die Geschehnisse in La Verna, als er die Wundmale empfing, und an seine Begegnung mit dem Sultan in Ägypten. Ich glaube, dass zwischen diesen beiden Ereignissen eine Verbindung besteht. La Verna wäre ohne seinen Besuch im Heiligen Land nicht geschehen. Nachdem ich die Literatur dieser Zeit erforscht habe, bin ich fest davon überzeugt, dass seine Erfahrung in Damietta Franziskus in irgendeiner Weise mystifiziert hat. Er sprach mit den ägyptischen Weisen am Hofe des Sultans und lernte von ihnen neue Techniken der Verinnerlichung, die er bei seiner Rückkehr nach Italien sofort in die Praxis umsetzen konnte. Man könnte sagen, dass Franziskus nach seinem Besuch in Damietta ein anderer Mensch war. Er gab seine Position als das Oberhaupt seines Ordens auf und zog sich zu einem Leben zurück, das fast ausschließlich aus Gebet und Meditation bestand. In La Verna trug dieses Leben Früchte.

Dieses Buch ist auch eine Hommage an eine äußerst intime Seite Italiens – an das Italien der Phantasie. Wenn man sich einmal von den großartigen Werken der Kunst und der Architektur entfernt, aus denen dieser wahrhaftig gesegnete Landstrich besteht, dann entdeckt man möglicherweise ein Land, das sich noch immer die Fähigkeit bewahrt hat, über sich selbst nachzusinnen. Einem aufmerksamen Beobachter bietet dieses Land echte Gelegenheiten, über die bloße äußere Erscheinung hinauszugehen und das zu erfahren, was so viele religiöse Persönlichkeiten der Vergangenheit inspiriert hat. Ich hoffe, dass dieses Buch andere Menschen dazu inspirieren wird, diese Pilgerreise in den zentralen Teil Italiens zu unternehmen, um die so flüchtige Welt zu finden, in der große spirituelle Meister auch weiterhin ihre einzigartigen Begegnungen mit den Mysterien des Geistes gestalten. Wenn diese Einladung an uns ergeht, dann müssen wir einem Mann dafür Dank sagen: Franziskus.

James Cowan
Cortona, Italien

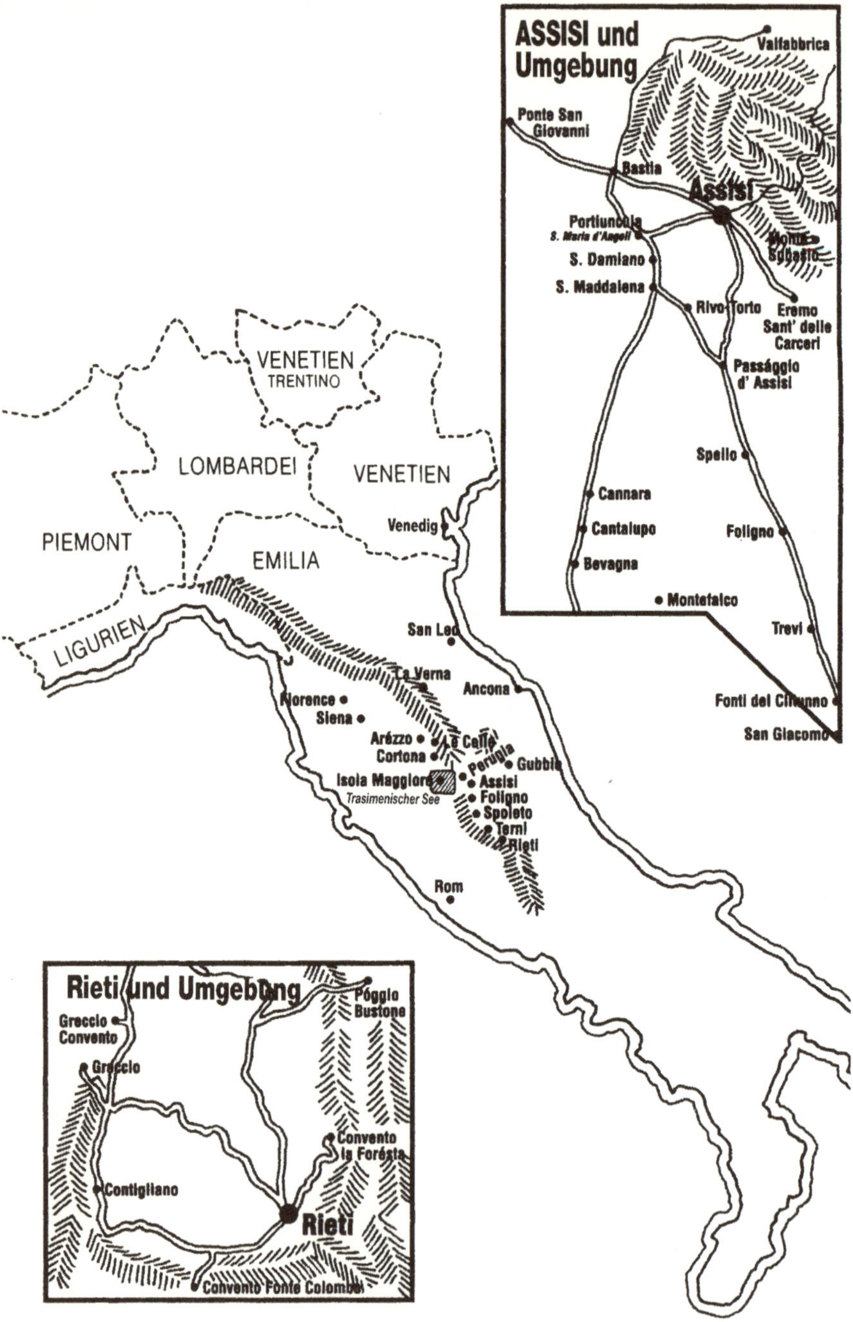
ASSISI und Umgebung
Valfabbrica
Ponte San Giovanni
Bastia
Assisi
S. Maria d'Angeli
S. Damiano
S. Maddalena
Rivo Torto
Eremo Sant' delle Carceri
Passággio d' Assisi
Spello
Cannara
Cantalupo
Foligno
Bevagna
Montefalco
Trevi
VENETIEN
TRENTINO
LOMBARDEI
VENETIEN
PIEMONT
EMILIA
LIGURIEN
Venedig
La Verna
Ancona
Florence
Siena
Arézzo
Cortona
Perugia
Isola Maggiore
Trasimenischer See
Assisi
Foligno
Spoleto
Terni
Rieti
Rom
Greccio Convento
Póggio Bustone
Convento la Forésta
Contigliano
Rieti
Convento Fonte Colombo

Kapitel 1

Auf einem Berg in der Toskana

Es war kühl an dem Morgen, als ich am Arno entlang bis nach Montecchio fuhr und dort rechts nach Chiusi della Verna abbog, der Bergstadt zu Füßen des Monte Penna in der Toskana. Die Bergwälder des Casentino verloren bereits ihre Blätter. Dort, wo die Kastanienhaine ihr sommerliches Gewand ablegten, vermischte sich das tiefe Grün von Nadelbäumen mit Gold. Plötzlich hatte der Winter Einzug gehalten und versprach lange Abende am wärmenden Kaminfeuer und einen Espresso mit einem Schuss Grappa, um die vor uns liegenden Tage des Nichtstuns mit ein wenig Leben zu erfüllen.

In der Nacht zuvor hatte es geschneit. Jetzt waren die Berge weiß und von einer fast einförmigen Beschaffenheit, und die Bäume auf der Bergspitze sahen aus, als wären sie mit Puderzucker bestäubt. Als ich mich dem Kloster von La Verna näherte, konnte ich mich eines Gefühls der gespannten Erwartung, das schon fast einer Vorahnung glich, nicht erwehren, so als wäre das, was ich besuchen wollte, etwas ganz und gar anderes als ein architektonisches Denkmal. La Verna war nicht einfach nur ein Berg, eine Felswand oder eine Einöde, die der Innerlichkeit der Natur hingegeben war. Es war der möglicherweise bedeutendste Ort Italiens, ja sogar ganz Europas. Denn hier hatte ein Mann versucht, sich der Macht des Unsichtbaren zu nähern und diese Macht für alle Menschen erfahrbar zu machen.

Ich spreche über den heiligen Franziskus von Assisi, den Sohn eines bürgerlichen Tuchhändlers mit dem Namen Pietro di Bernadone. Vieles wurde über die Befähigungen dieses Mannes gesagt, über seine natürliche Gabe der Bußfertigkeit und darüber, dass er jene inspirieren konnte, die mit ihm in Berührung kamen. Wofür er stand – die beinahe vollkommene Nachahmung Christi –, ist durch die Jahrhunderte hindurch zu uns gelangt, ein Rinnsal der Zuversicht und der Hoffnung. Mehr als alle anderen christlichen Heiligen hat er gezeigt, dass es möglich ist, ein einfaches, ganz und gar vom guten Willen anderer Menschen abhängiges Leben zu führen. Geld und Besitztümer bedeuteten ihm nichts. Er gab alles fort, was er besaß, um sich einer schwierigeren Form der Existenz zu widmen – indem er sich selbst zu einem Menschen formte, der fähig war, die wahre Fülle des Seins zu erfahren.

Ich möchte nicht auf alle Einzelheiten seines bemerkenswerten Lebens eingehen, da diese gut dokumentiert sind. Lassen Sie mich nur anmerken, dass er mehr war als ein einfacher Pilger, der Freude daran hatte, auf den Stufen der Marktplätze in ganz Umbrien zu stehen und zu predigen oder die Bibel auszulegen. Natürlich liebte er das Reden, und er genoss es, wenn die Menschen ihm zuhörten. Er war aber kein Savonarola, der denen das Höllenfeuer und die ewige Verdammnis predigte, die es vorzogen, seiner Botschaft keine Beachtung zu schenken. Er war vielmehr ein Mann, der Zeuge eines authentischen und unbezweifelbaren Ereignisses geworden war, das ihn von anderen Menschen abhob. Franziskus war einem Schauer der Erregung begegnet, der so intensiv, so andersweltlich war, der so weit außerhalb des Bereichs normaler menschlicher Erfahrungen lag, dass es ihm unmöglich war, stumm zu bleiben. Anders als die Eremiten der ägyptischen Wüste, die im Angesicht des Absoluten die Stille vorzogen, war Franziskus ein Mann, der mit dem gesprochenen Wort im Bunde war.

Mit seinem Gefährten Leo war er im Frühling des Jahres 1213 nach Montefeltro in der Romagna gekommen. Er war unterwegs nach Marokko, um, wie manche sagen, zu den Heiden zu predigen. Ich vermute, er wollte auch mit den Weisen in Marrakesch und Fez sprechen, vielleicht auch mit denen, die im maurischen Spanien lebten. Es gibt eine Überlieferung, die besagt, dass Franziskus nicht nur von der Dichtkunst der Troubadoure tief geprägt war, die ja selbst von arabischen Gesängen und damit verbundenen sufischen Elementen abstammte, sondern dass es ihm, als er im Sommer 1219 nach Ägypten und Syrien reiste, um sich dem Kreuzzug anzuschließen, und später mit dem Sultan Malik al-Kamil zusammentraf, nicht nur darum ging, die Vorrangstellung des christlichen vor dem islamischen Glauben zu diskutieren, wie es die Chronisten so geflissentlich berichten. Er hatte auch die Absicht, gemeinsam mit den Weisen Ägyptens den subtilen Mystizismus ihrer Denkweise zu erforschen, um daraus zu lernen.[1]

An diesem Frühlingstag in Montefeltro wurde er zu einem Festbankett in der nahe gelegenen Festung San Leo geladen, um die Erhebung eines der Grafen von Montefeltro in den Ritterstand zu feiern. Da er so überaus gerne in der Öffentlichkeit sprach, konnte er auch hier nicht umhin, vor dem versammelten Publikum eine Rede zu halten. Schon kletterte er auf eine niedrige Mauer, seine abstehenden Ohren etwas lebhafter als üblich, und sprach mit solcher Inbrunst und Gnade, dass die Menschen völlig vergaßen, warum sie eigentlich zu dem Bankett gekommen waren. Der wesentliche Inhalt seiner Predigt an diesem Tag war: „So groß ist das Gute, das ich erwarte, dass aller Schmerz für mich eine Wonne ist." Unter den Menschen, die ihn hörten, war ein gewisser Orlando di Chiusi. Er war von den „wunderbaren Dingen", die er aus dem Munde von Franziskus vernahm, so berührt, dass er ihn zu sich rief und ihm ein ungewöhnliches Angebot machte.

„In der Toskana besitze ich einen Berg, der für Dinge des Geistes sehr zuträglich ist", sagte Graf Orlando. „Er ist abgeschieden und natürlich und sehr günstig gelegen für jemanden, der ein zurückgezogenes Leben führen möchte. Wenn es Euch Freude macht, will ich ihn Euch und Euren Gefährten gerne schenken, für die Rettung meiner Seele." So wurde Franziskus zum Besitzer eines Berges. Der Mann, der den Wert allen Besitztums leugnete, war plötzlich zum Grundbesitzer geworden!

Im Namen seines noch jungen Ordens erklärte Franziskus sich bereit, La Verna als einen Ort der Zuflucht anzunehmen. Er konnte natürlich nicht wissen, wie bedeutsam der Ort für Christen auf der ganzen Welt einmal werden würde, und ebenso wenig ahnte er, wie prophetisch seine Predigt in Montefeltro war. Bis zu dem Augenblick, in dem er die Zeichen eines gekreuzigten Menschen am eigenen Körper erfuhr, waren seine Worte „so groß ist das Gute, das ich erwarte, dass aller Schmerz für mich eine Wonne ist" vielleicht kaum mehr als ein frommes Klischee gewesen. An jenem Tag hatte er nicht mehr getan, als im Namen der Brüder seines jungen Ordens das Geschenk eines Berges anzunehmen – einen Ort, der zu einem wahren Berg der Visionen werden sollte.

Meine Reise an diesem verschneiten Morgen unternahm ich nicht so sehr in der Erwartung, einer derartigen Vision zu begegnen. Ich war mit der Vorstellung zufrieden, in ihrer Nähe zu sein, damit auch ich die Fähigkeit erlangen mochte, zumindest über das nachzudenken, was andere bislang bestenfalls unzulänglich beschrieben hatten. Besteht der Grund für solche Reisen nicht in dem Wunsch, durch einen rätselhaften Vorgang der Unmittelbarkeit an einem Geschehnis teilzuhaben, das zeitlos geworden ist? Ich glaube seit langem, dass man, wenn man dazu bereit ist, Geschehnisse in der eigenen Vorstellung rekonstruieren und ihr Leben auf diese Weise über das hinaus verlängern kann, was als ihr scheinbarer Ort und ihre scheinbare Zeit betrachtet wird. Solche Geschehnisse haben ihre eigene Leuchtkraft. Wie ein toter Stern, der im Raum umhertreibt, leuchten sie noch lange, nachdem sie ihr physisches Ende gefunden haben.

Franziskus' Stigmata sind ein solcher Stern. Es zog mich nach La Verna, weil ich glaubte, dass dieses außergewöhnliche Geschehnis tatsächlich stattgefunden hatte – kurz vor der Dämmerung am Morgen jenes 14. September 1224, um genau zu sein. Es würde heißen, Zeugen und Historiker gleichermaßen zu verunglimpfen, wollte man behaupten, es wäre nicht geschehen oder sei nur wenig mehr gewesen als ein „mystisches Ereignis". Außer Franziskus sahen noch andere, was geschah. Als er kurz vor seinem Tod endlich von seinen Erinnerungen berichtete, sagte Bruder Leo, auch er habe aus der Entfernung „einen Seraph, einen Brennenden" gesehen. Die Beobachtungen von Bruder Leo wurden wie folgt aufgezeichnet: „Er schaute hinauf und betrachtete den Himmel. Und während er schaute, sah er, wie aus den Höhen des Himmels eine Fackel aus lodernden Flammen herabkam, die sehr schön und hell und erfreulich anzuschauen war, und die auf den Kopf des heiligen Franziskus hernieder ging. Und er hörte, wie eine Stimme aus den Flammen hervorkam und zum heiligen Franziskus sprach." Einige Bauern erinnerten sich, dass sie früh erwacht waren und angefangen hatten, ihre Packtiere anzuschirren, weil sie dachten, der Morgen sei bereits angebrochen. Erst später, als das schimmernde Licht des Seraphen erloschen war, erkannten sie, dass es immer noch Nacht war.[2]

Ich wusste also, dass ich mich einem Ort näherte, dessen Topographie durch ein außergewöhnliches Ereignis verklärt worden war. Die Stigmata – das Annehmen der fünf Wunden, die man Christus bei seiner Kreuzigung zugefügt hatte, im eigenen Fleisch – sind mehr als ein Akt der Empathie mit dem sterbenden Jesus. Sie haben ganz eindeutig Auswirkungen, die über die Ereignisse der Passion und das Leiden, das sie hervorrufen, hinausgehen. Trotz all seiner berauschenden Symbolik ist das Kreuz immer noch nur eine Garrotte, ein gesetzliches Werkzeug der Hinrichtung. Nein – die Bedeutung des Kreuzes und somit auch der Stigmata ist etwas weit Beunruhigenderes als die Erinnerung an einen Gottmenschen, der sich im Rechtssystem Roms verfangen hatte.

Die Ankunft im Kloster von La Verna war für mich deshalb sehr bedeutungsvoll. Die uralten Gebäude, die Höfe, die Kapellen und die Kirche, die einfache Grotte, wo der Heilige geschlafen hatte, der Souvenirladen, Hotel und Restaurant – für das Hauptereignis waren sie alle nicht notwendig. Sie sind die stofflichen Auswüchse, die sich unweigerlich dort ansammeln, wo rätselhafte Ereignisse stattgefunden haben, die dadurch zugänglich oder sogar harmlos werden. Aus früheren Erfahrungen weiß ich, dass eine Reise zu einem Ort der Kraft, zum Beispiel zu einem Ort, den die Ureinwohner Australiens verehren, oft sehr beunruhigend sein kann. Man wird mit einem profunden Gefühl der Vergangenheit, der Ehrfurcht und manchmal sogar – ja – des Entsetzens konfrontiert. Man kommt nicht daran vorbei: alte spirituelle Stätten haben eine eher abstoßende als anziehende Wirkung. Sie bewahren ihre Lumineszenz durch eine Spaltung, durch einen Abgrund der Trennung: Der Mensch ist vom Unsichtbaren getrennt und wird es immer bleiben.

In einer Hinsicht ist das Kloster von La Verna, das genau an dem Ort gelegen ist, an dem Franziskus an jenem Morgen die Stigmata empfing, kaum mehr als das, was man von einem beliebten Touristenziel erwarten würde. Die engelhaften, glasierten Terrakotta-Reliefs der Familie Della Robbia, die übertriebene Körperhaltung der Statuen des zu den Vögeln predigenden Franziskus, die in Nischen herumstehen, die Plastikblumen und die elektrischen Kerzen, die schon mit einer kleinen Geldspende zum Leben erweckt werden können – solche frommen Bilder stehen für die bequeme Seite der Religion. Sie bieten eine bereinigte Version dessen, was mysteriös ist, was von Ehrfurcht erfüllt ist. Das Blut der Stigmata, die Schmerzen, die damit verbunden sind, wenn der Körper gestreckt und an ein Kreuz genagelt wird, all das, was die Pein und das Leiden eines gedemütigten Gottes ausmacht, fehlt. Heute – und wahrscheinlich war es in den letzten Jahrhunderten nicht anders – ist La Verna ganz sicher kein Ort mehr, an dem ein vielflügeliger Seraph in flammendem Lichterglanz erscheinen würde.

Warum also war ich gekommen? Warum hatte ich mich an einen Ort gewagt, den man zu einem bloßen Bild auf einer Postkarte reduziert hatte? Ich nehme an, dass ich, um meine Reise zu rechtfertigen, im Geiste zu dem zurückkehren musste, was ursprünglich hier einmal geschehen war. Ich musste herausfinden, was es mit diesem septemberlichen erschreckenden Geschehen auf sich hatte, der nicht nur die Bauern in der Gegend verängstigt und das Vieh in Unruhe versetzt, sondern Schockwellen durch die gesamte Christenheit gesandt hatte. Schließlich war es noch nie vorgekommen, dass die Wundmale Christi auf einen anderen

Menschen übertragen worden waren. Doch Franziskus' Wunden waren anderer Art. Was Christus geschehen war, hatte wirklich stattgefunden. Die Nägel, wahrscheinlich auch der Hammer, waren in Palästina hergestellt worden. Menschen waren Zeuge dieses makabren Rituals gewesen, als sie auf Golgatha herumstanden und sich mit Umstehenden vielleicht über Nichtigkeiten unterhielten. Die Kreuzigung war ein öffentliches Ereignis. Man könnte argumentieren, dass in gewisser Weise sogar die beiden Verbrecher links und rechts von Christus an seinem Märtyrertum teilhatten. Die fünf Wunden dienten weniger der Buße als der Politik. Sie waren nicht so sehr eine Geste, mit der die Juden besänftigt werden sollten, als vielmehr ein Stück Bühnenmanagement, um die Autorität Roms zu bekräftigen.

Christus hatte Behauptungen aufgestellt, wie es noch kein Mensch vor ihm getan hatte: Er hatte behauptet, dass er Gott sei. Er war sogar noch weiter gegangen und hatte gesagt, dass kein Mensch zum Vater gelangen könne außer durch ihn. Diese Äußerungen waren nicht nur provokativ, sondern auch gefährlich. Wenn ein Mensch so etwas von sich selbst behaupten konnte, wenn er auf seiner Göttlichkeit bestehen und zugleich weiter als ganz normaler Mensch aus Fleisch und Blut leben konnte, dann maßte er sich bestimmte Kräfte an, die allen anderen verwehrt waren. Indem er sich selbst als Vorbild darstellte, machte er es vielen anderen schwer, sich mit ihm als Mensch zu identifizieren. Vielleicht war das sein Dilemma – zu sehr Gott, hatte er es versäumt, seinem Menschsein genügend Aufmerksamkeit zu widmen.

Aber ist das wirklich wahr? Franziskus glaubte dies offensichtlich nicht. Er hatte sein ganzes Leben darauf ausgerichtet, dem idealistischen und bisweilen auch rastlosen Verhalten Christi nachzueifern. Franziskus war ganz eindeutig nicht das, was man unter einem „feinen Herrn" versteht: Er lebte unter Leprakranken und Armen, er predigte und baute Schreine wieder auf, er verschmähte Besitz und verbannte seine Familie aus seinem Leben, er lebte im Zölibat und unterwarf sich radikalen Akten der Buße (man sagt, er sei der Geißelung nicht abgeneigt gewesen), und er wanderte im Land umher wie ein freier Vagabund. Darüber hinaus war die Gesellschaft des Mittelalters – so kleinbürgerlich, wie sie geworden war – nicht an das Bild eines Mannes gewöhnt, der splitterfasernackt auf dem Marktplatz stand und gerade dabei war, sich von seinen Eltern loszusagen! Sie war auch nicht bereit, einen Menschen zu verstehen, der alle Werte leugnete, die ihr lieb und teuer waren. Eigentum, Geld, Besitztümer, ein fester Wohnort, Verbundenheit innerhalb der Familie, Bürgerschaft als ein erstrebenswertes Ideal – für Franziskus war all das ein Gräuel. Er wollte nicht zulassen, dass die grenzenlose Schwäche seiner Zeitgenossen ihn des Lebens beraubte, das er leben wollte. In seinen Augen fehlte seinen Mitmenschen der Glaube an den freien Lauf einer Welt, die ein Ort ohne Neid war.

Ich vermute, dass genau das ihn so anders gemacht hat, in so hohem Maße bereit, eine außergewöhnliche Aufgabe zu erfüllen. Ich sage „Aufgabe“, weil mir der Gedanke kommt, dass Franziskus sich seiner Bestimmung deutlicher bewusst war als die meisten anderen. Was er in den frühen Jahren seines Lebens auch immer erfahren hatte, welchen Dingen in seinem Inneren er sich auch immer gestellt hatte – sie hatten ihn offensichtlich zu einem Weg inspiriert, den vor ihm noch nie jemand eingeschlagen hatte. Er hatte sein ganzes Wesen zu einem Blitzableiter gemacht, der fähig war, die machtvollsten Energien anzuziehen – er entdeckte zum ersten Mal das, was Nietzsche als den „Menschen im Menschen“ bezeichnet hat. Dieser neue Mensch, nach dem er in sich selbst suchte, besaß keines der Kennzeichen des alten Menschen. Er wollte jemand sein, der den Mut hatte, die Tür zum Heiligen aufzustoßen, damit das Göttliche eintreten und ihn ganz für sich beanspruchen möge.

Es war schon ein seltsames Dilemma, in dem er sich befand. Sehr wahrscheinlich hatte ich genau diesen Gedanken im Kopf, bevor ich La Verna an jenem Morgen betrat. Die Pflastersteine waren schneebedeckt, und die Fußabdrücke eines früheren Besuchers hoben ihre Eintönigkeit noch stärker hervor. Der Wald zu beiden Seiten des Klosters war mit Eiszapfen überzogen, jeder einzelne davon ein dünner Faden aus Licht. Fremdartige, bizarre Felsformationen ragten auf und ließen auf seismische Umwälzungen schließen. War es möglich, dass der Berg Spuren dieser machtvollen Kräfte bewahrt hatte, die vor nahezu achthundert Jahren entfesselt worden waren? Hatte ein Austausch zwischen Mann und Berg stattgefunden? Lagen die Wunden der Stigmatisierung noch immer wie Humus im Boden verborgen und warteten auf ein neuerliches Reifwerden? Diese Fragen stellte ich mir, als ich mich der Stätte näherte, die so eng mit Franziskus verbunden war.

So lag sein Bett zum Beispiel am Ende eines dunklen Abgrundes. Hier, auf einem kalten Stück Fels, hatte er die Fastenzeit des Heiligen Michael verbracht, die zwischen dem Fest Mariä Himmelfahrt und dem Fest des Erzengels Michael liegt. Über eine Brücke, die aus einem

Baumstamm bestand, den seine Freunde dort hingelegt hatten, war er zu diesem felsigen Ort gelangt. Er hatte beschlossen, sich in dieser Zeit des Gebets und der Meditation vollkommen zu isolieren. „Geht zurück an euren Platz und lasst mich allein", bat er die Ordensbrüder eindringlich. „Ich will die Fastenzeit hier ohne Ablenkung oder Störung des Geistes verbringen. Keiner von euch darf zu mir kommen. Bruder Leo, nur du komme einmal am Tag mit ein wenig Brot und Wasser. Komme leise zur Stunde der Morgenandacht, und wenn du am Ende des Baumstammes angekommen bist, sage nur: *‚Domine, labia mea aperies.'* Wenn ich antworte: *‚Et os meum annuntiabit laudem tuam'*, dann komme hinüber in meine Zelle, damit wir gemeinsam die Morgenandacht sprechen können. Wenn ich aber nicht sofort antworte, dann gehe gleich zurück."[3]

Hier war tatsächlich ein Mann, der sich eine unmögliche Aufgabe gestellt hatte: Er wollte das Christentum durch einen höchsten Akt der Selbstverleugnung erneuern. Er wollte sich selbst ganz und gar auslöschen und auf diese Weise anderen die Möglichkeit geben, den wahren Menschen in sich zu entdecken. Während dieser Tage des Rückzugs gelang es Franziskus, sich willentlich in einen Zustand zu versetzen, in dem er sogar die Gedanken des Felsengesteins, das ihn umgab, hören konnte, so als besäße sein Gehör die Fähigkeit einer übermäßig feinen Wahrnehmung. Er war in das eingetreten, was wohl am ehesten als „uranfängliche Wolke" beschrieben werden kann, und so war er vorbereitet auf und bereit für den Augenblick, in dem das Göttliche sich endlich offenbaren würde. Franziskus hatte seine Sinne so sehr verloren, dass er fähig war, den Göttlichen Seufzer als einen Atemzug des Lichts zu erfahren, der auf ihn herabströmte.

Ich wusste, dass ich mich auf dünnem Eis bewegte. Noch während ich die Kirche der Stigmata betrat, fühlte ich, dass ich von einem der wahrhaft bedeutsamen Ereignisse in der Geschichte des Christentums umgeben war. Niemand, am wenigsten Franziskus, ist jemals in der Lage gewesen, die ehrfurchtgebietende Natur dessen, was ihm an jenem Septembermorgen geschah, in angemessener Weise zu vermitteln. Wie sollten sie auch? Worte bieten nur eine armselige Auswahl an Farben auf der Palette eines Malers, wenn er die Ereignisse dieser Nacht malen soll. Viele haben es versucht, und ebenso viele sind auf eine einfache Aussage reduziert worden: Franziskus empfing die Wunden des göttlichen Unaussprechlichen und durchlebte auf diese Weise das Leiden des Todes Christi wieder neu. Lanze und Nägel drangen so tief in seinen

Körper ein, dass sein ganzes Wesen den Schmerz der Kreuzigung auf sich nahm. Er war auf eine mystische Weise sozusagen als Mitleidender mit dem Sohn Gottes gestorben. Der heilige Bonaventura schrieb in seiner Biographie des Heiligen, *Legendae maior et minor*:

> *Als er nun eines Morgens um das Fest Kreuzerhöhung am Bergeshang betete, sah er einen Seraphen mit sechs feurigen, leuchtenden Flügeln von des Himmels Höhen herabschweben. Als er in blitzschnellem Flug dem Orte nahegekommen war, wo der Gottesmann betete, da erblickte Franziskus zwischen den Flügeln die Gestalt eines Gekreuzigten, dessen Hände und Füße zur Kreuzesform ausgestreckt und ans Kreuz geheftet waren... Bei diesem Anblick war Franziskus sehr bestürzt; Freude und Trauer zugleich erfüllten sein Herz...*
>
> *Als sich das Gesicht seinen Augen entzogen hatte, da blieb in seinem Herzen jenes wunderbare Feuer zurück, prägte aber auch seinem Leibe ein nicht minder wunderbares Bild der Wundmale ein. Sogleich wurden nämlich an seinen Händen und Füßen die Wundmale der Nägel sichtbar, wie er sie eben an jenem Bild des Gekreuzigten geschaut hatte. Hände und Füße schienen in der Mitte von Nägeln durchbohrt; ihr Kopf zeigte sich an den Handflächen und an den Risten der Füße, ihre Spitze aber an der Gegenseite. Die Nagelköpfe an Händen und Füßen waren rund und schwarz, ihre Spitzen länglich, ein wenig gebogen und gleichsam umgeschlagen; sie wuchsen aus dem Fleisch hervor und ragten darüber hinaus. In seiner rechten Seite klaffte eine rote Wunde, als wäre sie von einer Lanze durchstochen; aus ihr floss Blut hervor, so dass sein Habit und seine Hose davon benetzt wurden.*

Diese Äußerungen besitzen eine mittelalterliche Gegenständlichkeit. Sie zeugen von der Faszination, die Menschen in dieser Zeit für genaue Beobachtungen empfanden. Niemand kann sagen, dass dieser Bericht nicht genau ist oder nicht vermittelt, in welcher Weise die Stigmata empfangen wurden. Hier wird nichts aus den Fingern gesaugt. Auch das, was Franziskus zustieß, ist offensichtlich: Er wurde von einem Seraphen besucht und metaphorisch gekreuzigt. Noch wichtiger aber ist, dass er zu Gott *sprach*. Er stellte Ihm drei Fragen – Fragen, die mitten ins Herz all unserer Forschungen über das Anderssein und den Ursprung des Daseins treffen. Diese Fragen lauteten: „Wer bist Du, mein liebster

Gott?" „Was bin ich?" und „Warum besuchst du mich?" Sie erinnern an jene Fragen, die Paul Gauguin sich in einem seiner großartigen Gemälde stellte, das viele hundert Jahre später auf der Insel Tahiti vollendet wurde: „Wer bin ich? Wohin gehe ich? Was tue ich hier?" Es sind die grundlegenden Fragen der Existenz.

An diesem Punkt bat Gott Franziskus um etwas Seltsames. Er bat ihn, seine Hand in Brusthöhe in die Falten seiner Kutte zu stecken und herauszuholen, was er dort finden würde. „Ich suchte und fand eine Goldmünze, die so groß und glänzend und schön war, wie ich noch nie eine gesehen hatte. Diese bot ich Gott dar", berichtet Franziskus.

Gott sprach wieder zu Franziskus: „Bringe mir noch eine Opfergabe wie zuvor."

Darauf antwortete Franziskus: „Ich habe nichts, ich liebe nichts, und ich will auch nichts außer Dir. Gold verachte ich. Wenn es in meiner Brust noch mehr zu finden gibt, dann hast Du allein es dort hineingelegt. Also gebe ich es Dir zurück."

Drei Mal bot Franziskus Gott eine Goldmünze dar. Erst nach der dritten Opfergabe erkannte er ihre Bedeutung: Es waren das Gold des Gehorsams, das Gold der Armut und der goldene Glanz der Keuschheit. Diese waren Gottes Geschenke an ihn. Sobald er die Natur dieses Austauschs verstanden hatte, spürte Franziskus, dass etwas über ihn kam. Er fühlte, wie er selbst sagte, dass seine Seele „so von Gott erfüllt war, dass mein gesamtes Wesen zu einem Lobgesang für Seine Person wurde." In diesen dramatischen Momenten machte Franziskus sich selbst zu einem Werkzeug des Göttlichen, zu einem Gefäß für den Geist Gottes.

Für uns bleiben lediglich die Symbole: ein Seraph, ein gekreuzigter Mensch, der in seine Schwingen geschmiegt ist, und drei Goldmünzen, die Währung Gottes. Auf seine eigene Weise sagt ein jedes von ihnen sehr viel über die ungewöhnlichen Arbeitsweisen der Göttlichkeit aus. Sie spricht natürlich in Bildern, denn sie weiß, dass der Verstand nur in Bildern vom Willen belebt werden kann. Wenn wir uns allerdings einmal die Mühe machen, solche Bilder von ihrer greifbaren Natur zu befreien, dann bleibt uns nicht mehr als eine seraphische Erscheinung, ein Werkzeug der Hinrichtung und ein Grundsatz des monetären Austauschs. So betrachtet, bedeuten sie kaum etwas. Als Bilder beschworen haben sie hingegen die Macht, einen Menschen für alle Zeit zu verwandeln. Die frühen Chroniken berichten, dass Franziskus nicht so sehr ein körperliches Martyrium ertrug, als er die Male des gekreuzigten Christus empfing, sondern eher von einem „Entflammen des Geistes“ belebt wurde. Die Stigmata waren einfach dies: ein Überfließen, ein Erfülltsein von einer übergroßen Lebensfülle, die nur dann geschehen kann, wenn ein Mensch sich endlich von sich selbst abgewandt hat.

Wo blieb ich bei all dem? Bedauerlicherweise hatte ich in der Kirche der Stigmata nicht das Gefühl, dass mein Geist in besonderem Maße entflammt wäre. Die von Della Robbia geschaffene Kreuzigung über dem Altar war zu elegant, zu fein, um in meinem Interesse irgendwelche Ansprüche an spiritueller Bereicherung durchzusetzen. Überdies war es dem Künstler nicht gelungen, die Ungeheuerlichkeit des Vorfalls einzufangen, der unter den Marmorfliesen zu meinen Füßen geschehen war. Irgendwo unterhalb der Ebene des Fußbodens liegt an der Kante eines Abgrundes ein Stein, auf dem Franziskus gekniet hatte, um die Wundmale zu empfangen. Ein Stein mit lateinischer Inschrift markiert die Stelle, die durch eine in den Boden eingelassene Glasscheibe zu sehen war. Ich spürte jedoch, dass dies nicht mehr als ein Zugeständnis an die Wirklichkeit war, dass niemand wusste, wo er tatsächlich gekniet hatte.

Erst nachdem ich die Kirche der Stigmata wieder verlassen hatte und eine Reihe von Stufen bemerkte, die in das alte Oratorium des heiligen Bonaventura hinabführten, geschah etwas. Ich konnte es spüren. Das Oratorium war von einfacherer Bauweise, nicht viel mehr als ein niedriger Raum, der aus genau jenem Fels herausgehauen war, auf dem Franziskus gekniet hatte. In einer Nische über dem Altar stand sein Bildnis, auf beiden Seiten von Vasen mit Plastikblumen umrahmt. Durch ein kleines Fenster auf der linken Seite sah man hinab ins Tal. Licht strömte durch die Öffnung herein und machte Kerzen überflüssig. Es war, als sei ich ganz zufällig in jenen Moment hineinversetzt worden, in dem der Seraph Franziskus erschienen war. Da wusste ich, dass ich mich in unmittelbarer Nähe eines der ergreifendsten Vorfälle befand, die es in der Geschichte des menschlichen Bewusstseins jemals gegeben hatte.

„Dies sind die Wahrzeichen meines Leidensweges“, verkündete Christus aus den Schwingen des Seraphen heraus. „Mögest du mein Bannerträger sein.“

Ich konnte seine Worte hören. Ich konnte die gefiederten Schwingen des Seraphen sehen, in unerträgliches Weiß getaucht. Ich konnte die Unruhe des Geistes spüren, als er in Form der Worte herabkam. Für eine körperlose Wesenheit ist es keine leichte Aufgabe, die Eigenheiten der

Sprache zu meistern, denn der Umgang mit Bildern ist ihr vertrauter. Dieser jedoch war es gelungen. Sie hatte mich auf die Leiden des Gekreuzigten Christus aufmerksam gemacht und darauf, wie ein solches Ereignis geschehen war. Ganz plötzlich erkannte ich, dass wir es sind, die für Gottes Tod die Verantwortung tragen. Und dass wir selbst uns daran gemacht haben, das Göttliche in uns zu zerstören.

Die Stigmata erinnerten mich an die einzigartige Macht der Penetration: daran, dass Kreuz und Nagel bloße Werkzeuge der Tändelei mit der gefährlichsten aller Waffen sind – der Hybris. Wenn wir das Göttliche in uns selbst töten, begeben wir uns auf einen Weg der Selbstzerstörung und werden auf diese Weise zu Kreaturen der Verneinung von allem, des Nichts. Wenn die Stigmata heute überhaupt eine Botschaft für uns haben, dann die, uns auf die vielen Risiken aufmerksam zu machen, die wir in unserem Versuch, die Natur zu kontrollieren, eingehen. Die Stigmata sind ein Bindeglied zwischen uns selbst und den Kräften des Chaos, die uns unwissentlich unterstützen. Wenn wir diese Kräfte in einer Weise beherrschen wollen, die einzig der Menschheit dient, der Materie selbst aber schadet, dann laufen wir Gefahr, das Göttliche ein für allemal zu vernichten. Ich erkannte langsam, dass dies die Botschaft des Seraphen war, dieses Geschöpfes mit sechs Flügeln, dessen Zuhause in einer Wolke des Nichtwissens liegt, die wir nur so selten zu besuchen geruhen.

In der Kapelle des heiligen Bonaventura, tief im Felsen, hatte ich einen Abgrund überschritten. Erstmals war ich über mein eigenes Selbst hinaus und in die unschätzbaren Tiefen des anderen gelangt. Obwohl ich die Stigmata nicht empfangen hatte, konnte ich sie zumindest besser verstehen. Franziskus war von seiner Zeit verwundet worden. Um diese Wunden zu heilen, war ihm die Gelegenheit zuteil geworden, das höchste Geschenk zu empfangen – das Geschenk der Wunden des sterbenden Christus. Das Leiden Gottes pulsierte durch seinen gesamten Körper. Die Begegnung Gottes mit dem zerstörerischen Drang der Menschheit war in seinen Gliedmaßen eingebrannt. Der Rückzug Gottes aus dieser Welt nach Verrat, falscher Anschuldigung und gerichtlicher Verdammung blieb auf seinem Körper sichtbar, Wahrzeichen des höchsten Opfers.

Ich fragte mich auch, welche Wirkung die Stigmata letztlich auf Franziskus gehabt haben mochten. Obgleich er diese Wunden, die tagtäglich gereinigt und versorgt werden mussten, für den Rest seiner Tage an seinem Körper trug, erkannte er immer an, dass ihre Symbolik über den Akt des Leidens selbst hinausging. Was sie für ihn sicherlich wirklich verkörperten, war dieses „Entflammen des Geistes": eines Geistes, der in eine lebendige Fackel verwandelt wurde, die dazu fähig war, den Weg über den bloßen Schein, die bloße Erscheinung oder Ordnung hinaus zu erhellen – eines Geistes, der dazu fähig war, einen Kurs zu kartografieren, der durch die Untiefen des Wissens als Macht und des Wissens als Reliquienschrein für die Selbstbehauptung des Menschen hindurchführte: von solcher Art war dieser Geist, für dessen Verwirklichung Franziskus vielleicht sein ganzes Leben lang gekämpft hatte.

Das Sinnbild des Geistes als Feuer war ein Bild, das gut geeignet war, um es aus dem Kloster von La Verna mitzunehmen. Dieses Bild hatte eine große Aussagekraft. Es sagte mir, dass ein derartiges Geschenk jeden Verlust mehr als wettmachte, den ich durch meinen eigenen Starrsinn oder durch meine Kompromisse mit den unsichtbaren Zeichen, die der Geist mir schickte, womöglich erlitten hatte. Ich musste an ein Wunder denken, das Franziskus vollbracht hatte, indem er einen Jungen heilte, der an einem schrecklichen Geschwür litt. Dreimal schlug er das Kreuzeszeichen über der Wunde, und der Junge war geheilt. Als die Mutter des Kindes am nächsten Morgen zu ihm kam, um es zu trösten, stellte sie fest, dass sein Verband verschwunden war. Wo einmal das Geschwür gewesen war, hatte sich das Fleisch in Form einer roten Rose neu gebildet.

Dieses geistige Feuer, das Franziskus verliehen worden war, war auch mir zuteil geworden – nicht, wie mir nun klar wurde, in Form der Stigmata, sondern in Form einer Rose. Die rote Rose des Intellekts, des Mutes, über das Offensichtliche, das Plausible, das bloß Verständliche hinauszudenken – sicherlich hatte auch Franziskus diese Erfahrung gemacht. Allein unter den Menschen seiner Zeit, hatte ein Durst nach Unmittelbarkeit ihn verzehrt, ein Wunsch, alle Beweise seines früheren Lebens zu zerstören und in sich selbst eine neue Welt zu errichten, welchen Preis er auch immer dafür bezahlen mochte. Indem er das tat, hatte Franziskus die mysteriöse Wesensnatur seines Weges offenbart – über die weißen Schwingen des Seraphen hinaus zu gelangen, die Wundmale der Erfolglosigkeit und der Machtlosigkeit zu akzeptieren und das, was am Ende übrig blieb, in das Wunder einer roten Rose zu verwandeln.

Am ersten Wintertag war ich nach La Verna gekommen, um von meiner eigenen Offenbarung begrüßt zu werden. Noch immer hungerte diese Winterlandschaft aus alten Kapellen, Grotten, Fresken, Relikten und schneebedeckten Bäumen nach einer erneuten Begegnung mit dem Seraphen. Ich konnte es fühlen. Auch wenn Franziskus seine Reise in die geistigen Metropolen der Welt schon vor langer Zeit angetreten hatte – auf diesem Berg in der Toskana hatte er dennoch seine Spuren hinterlassen. Alles, was er getan hatte, waren die Handlungen eines Verrückten gewesen, der geistige Gesundheit außerhalb des gesunden Menschenverstandes suchte. Aus diesem Grund mochte ich ihn. Er war ein Mann nach meinem Herzen. Ich fing an zu glauben, dass ich zumindest eine Vorahnung des Seraphen, wenn auch nicht seinen Besuch, mit ihm teilte. Die Wundmale Christi waren für mich nicht mehr ein Zeichen der Qual. Sie waren in eine Blüte von großer Anmut verwandelt worden.

Kapitel 2

Wenn Steine sprechen könnten

Ich habe gesagt, dass Franziskus mit dem gesprochenen Wort im Bunde war, dass Schweigen nicht zu seinen Stärken gehörte. Das möchte ich richtig stellen. Er genoss die Stille ebenso sehr wie die Sprache. Wenige vor ihm hatten sich so erfolgreich und mit so großer Wirkung in Disput, Dialektik und sogar Rhetorik versucht, aber dennoch hatte er auch immer das Bedürfnis, zu verschiedenen Zeiten in seinem Leben die Einsamkeit zu suchen. Diese Widersprüchlichkeit machte ihn sogar für seine Zeitgenossenen zu einem verwirrenden Charakter. Die Menschen waren es nicht gewohnt, dass ein Mann Theologe, Dichter, Politiker und Eremit in einer Person war. Deshalb hatten sie den Verdacht, dass er verrückt oder zumindest zum Teil von bösen Geistern besessen sein könnte. Franziskus gehörte zu den ersten Menschen des Spätmittelalters, denn er hatte herausgefunden, dass Sprechen durch Schweigen enorm an Schärfe gewinnt. Im Schweigen konnten Worte verinnerlicht und neu geformt werden, um ihre Eindringlichkeit zu erhöhen.

Franziskus liebte es, sich an entlegene Orte in der Landschaft Umbriens oder der Toskana zurückzuziehen. Eremiten hatten in Europa eine lange Tradition, und daher galt es nicht als außergewöhnlich, wenn ein Mönch sich aus der Gesellschaft der Menschen zurückzog und die Gesellschaft der Natur suchte. Diese Tradition ging zurück bis zu den ägyptischen Eremiten in der Wüste Nitria und den einsam gelegenen Höhlen des heiligen Antonius und des heiligen Paulus hoch oben in den Bergen, die das Rote Meer säumten. Dort bekämpften die frühen Christen den Teufel und lebten von Wasser und Brot, während sie ihr Bewusstsein langsam bis zu dem Punkt vertieften, an dem es zu einem Quell der Einfachheit und der Weisheit transformiert wurde. Das war die Belohnung für ein Leben der Einsamkeit: Der Eremit suchte Zuflucht in der Wüste, um außerhalb der Geschichte zu leben, und lernte auf diese Weise, mit Engeln zu sprechen.

Auf meiner Reise durch Mittelitalien konnte ich einige der Orte besuchen, an die Franziskus sich zurückgezogen hatte, um der Welt zu entfliehen. Auf der Isola Maggiore im Trasimenischen See entdeckte ich eine Höhle, in der er einmal die Fastenzeit verbracht hatte. In Le Celle, außerhalb der Mauern von Cortona, liegt ein Kloster, das einer Höhle gewidmet ist, die er sich im Jahr 1211 selbst gegraben hatte. An einem Ort, der unter dem Namen San Illuminato bekannt ist und in der Nähe von Alviano im südlichen Umbrien liegt, fand ich schließlich eine Krypta, in der er eine lange Zeit der Einsamkeit verbracht hatte. Ganz in der Nähe liegen die Ruinen einer winzigen Einsiedelei, die im Jahr 1006 von den Kamaldulensern, den Angehörigen eines Ordens, der aus dem Benediktinerorden hervorgegangen war, gegründet worden war. Die zerbrochenen Bögen und Säulen der mittelalterlichen Kapelle liegen auf dem Boden verstreut und geben Zeugnis für das, was eine bittersüße und verträumte Spiritualität gewesen sein muss, die viele Jahrhunderte in diesen Hügeln überlebt hat.

Als ich im Gras zwischen den weißen Steinen umherwanderte, die einmal Schiff und Chor der alten Ruine gewesen waren, hatte ich ein machtvolles Gefühl gesungener Worte, eines gesprochenen Breviers, eines Gebetes, das in der Stille des Ortes geflüstert wurde. Man sagt, dass der Stummheit der Natur ein Gefühl von Traurigkeit innewohnt und alle Natur zu wehklagen begänne, wenn ihr die Fähigkeit zur Sprache verliehen würde. Sprachlosigkeit wird zum großen Kummer der Natur. Ich habe den Verdacht, dass die Steine von San Illuminato, wenn sie sprechen könnten, dieser Feststellung zustimmen würden. Die Abneigung der Natur gegenüber der Kommunikation, die womöglich daran liegt, dass sie sich in einem fortwährenden Zustand der Trauer befindet, ist eine Sprache in sich selbst – die Sprache des Unfassbaren. Wenn ein Ding einmal bekannt ist, liegt der tiefste sprachliche Grund zur Melancholie darin, es zu benennen.

Hat Franziskus dies intuitiv gespürt? Sein Zauber liegt zum Teil auch darin, dass er anscheinend dazu fähig war, mit der Natur zu kommunizieren. Er war so etwas wie ein Wilder, ein Primitiver, der sein eigenes Schweigen zur Grundlage eines Dialogs machen konnte. Vieles von dem, was er sagte, ist weniger tief als selbstverständlich. Wäre das sein einziger Beitrag zum menschlichen Abenteuer gewesen, dann wäre die Geschichte vielleicht unbemerkt an ihm vorübergegangen. Es besteht kein Zweifel daran, dass er Freude darin fand, mit Tieren und Vögeln zu sprechen und dass sie ebenso gerne mit ihm redeten. Somit werden wir auf eine andere Energie aufmerksam gemacht, die in diesem Mann am Werke war. Er wollte eine Ausdrucksweise finden, die die Begrenztheit von Worten transzendiert.

Die Grotten, in denen er Zuflucht suchte, um zu beten und zu meditieren, sind so etwas wie frühe Laboratorien des Geistes. Die Grotte in San Illuminato zum Beispiel ist mit einem steinernen Sturz geschmückt, in den das Wort „Krypta" eingemeißelt worden war. Aber seltsamerweise – oder war es ein Fingerzeig der Natur? – war eine Weinranke über das Wort herabgefallen und hatte es teilweise verdeckt. Was ich zuerst las, war das Wort „Cry".[4] Ich erkannte sofort, dass hier die Natur zu mir sprach, nicht in ihren Worten, sondern in meinen eigenen. Ich blickte auf die Tränen in Franziskus' Augen, als er darum kämpfte, sich mit dem Unmöglichen abzufinden, nämlich die Kluft zwischen sich selbst und der Göttlichkeit zu überbrücken.

Dieser Vorfall erschien mir bedeutsam. Die enge Höhle, in der Franziskus einmal geschlafen hatte, erinnerte mich an eine prähistorische Unterkunft, die ich in der Sahara besucht hatte. Ich glaube, ich stellte mir Franziskus als einen Mann der späten Altsteinzeit vor, der es zufrieden war, sich unter der kühlenden Wirkung des Felsgesteins die Zeit zu vertreiben. Es war dessen Unbeweglichkeit, die mich auf etwas hinwies, wovon der Rest von uns nicht einmal träumen würde – die Aussicht, durch Kommunikation mit der Erde einen Zustand der Verzückung zu erlangen.

Nun konnte es natürlich geschehen, dass man in seiner Verzückung „mitgerissen" oder „fortgetragen" wurde und dadurch auch in körperlicher Hinsicht „außer sich" geriet. Als Franziskus in einer Höhle wieder einmal einen seiner Anfälle gehabt hatte, sagte ein Freund von ihm, dass der Mann, der herauskam, ein anderer Mensch gewesen sei als der, der zuvor hineingegangen war: „Seine Erscheinung strahlte, blendete den Betrachter, und es schien, als sei Franziskus nicht mehr derselbe Mann, den ich vor kurzem in die Höhle hineingehen sah." In gewissem Sinne war er an einen anderen Ort getragen worden, an einen Ort der Verzückung.

Diese über die ganze Toskana und ganz Umbrien verteilten Höhlen und Grotten sind prähistorischen Kultstätten nicht unähnlich. Statt jedoch seine Kleider abzulegen, um ein Feuer herumzutanzen und die Wände mit den Bildern exotischer Kultfiguren zu bemalen, entschied

Franziskus sich für einen subtileren Weg. Er reiste in sein Inneres. Er hatte eine Vorliebe für den inneren Dialog. Natürlich gab er ihm den Namen „Gebet" und sprach davon, dass er den Worten Gottes lausche. Ich vermute, dass er es vielleicht so ausgedrückt hat, um die Ängste der weniger Gebildeten zu beschwichtigen, die neben ihm standen. Diese Sprache war ihnen vertraut, da es die Sprache des frommen Dialogs war. Mir scheint allerdings, dass Franziskus sich mit problematischeren Angelegenheiten auseinandersetzen musste. Er wollte einen Weg finden, um den Abgrund zu überbrücken, von dem ich bereits gesprochen habe: die tiefe Kluft zwischen der Menschheit und dem Unsichtbaren.

Man sagt, dass die Vorstellung von Wahrheit nicht nackt, sondern als ein Bild in die Welt gekommen sei. Diese Ansicht legt nahe, dass Sprache mit der Offenbarung von Wahrheit nichts zu tun hat. Viele Jahre später wies Friedrich Nietzsche, auch ein einsamer Mann, darauf hin, dass es die Kunst gäbe, damit wir nicht an der Wahrheit umkommen. Die Aussage ist im Wesentlichen dieselbe: dass das Unsichtbare sich ausschließlich durch die Macht des Bildes zum Ausdruck bringt. Kunst ist die einzige Methode, durch die wir die Stabilisierung der rein äußerlichen Erscheinung bloßstellen können, die Äußerlichkeit des Objekts im Verhältnis dazu, wie wir es sehen, dessen manifeste Illusion die Wahrheit ist. Nur durch die Kunst sind wir fähig, über uns selbst nachzudenken.

Ich glaube, dass es im Wesentlichen das ist, was Franziskus zu tun versuchte. Für ihn war das Problem der Wahrheit nicht durch Theologie zu erklären. Er war sich völlig darüber im Klaren, dass ein solches Gedankensystem dazu diente, die Wahrheit in einer Form zu festigen, die als akzeptabel, zugleich aber auch als illusorisch betrachtet werden konnte. Die Kirche war die Wächterin dieser theologischen Systeme und trat natürlich für sie ein. Daran war nichts auszusetzen. Wenn es jedoch darum ging, eine neue Sprache zu entwickeln, eine neue Möglichkeit, das Unbeschreibliche zu ergründen, dann hatte es wenig Sinn, zu diesen alten Methoden der Stabilisierung zurückzukehren, denn dadurch wurden bestehende Gedanken lediglich verknöchert. Ich bin ganz sicher, dass Franziskus nicht die Absicht hatte, seiner lebhaften Vorstellungskraft und seiner Neugierde von der schweren Hand dogmatischer Lehren Fesseln anlegen zu lassen.

Also versuchte er eine neue Methode zu finden, um das Problem zu überwinden. Er flüchtete sich sprichwörtlich in die Berge. Er beschloss, dass das, was er tun musste, eine Art von Erneuerung war. Er musste seinen Geist und seinen Körper einer Reihe von Prüfungen aussetzen, nicht so sehr, um seinen Willen zu brechen – oder, wie er sagte, um „Bruder Esel“ bis zur geistigen und körperlichen Erschöpfung zu treiben –, sondern um herauszufinden, ob es möglich war, aus all dieser Selbstbestrafung neue Erkenntnisse zu gewinnen. Sein Körper und sein Geist wurden zu einem Amboss, auf dem er bestimmte Werte herauszuhämmern versuchte, Werte, die andere Menschen auffordern sollten, sich Ziele für sich selbst und für ihre Geschichte zu setzen.

Es war keine einfache Aufgabe. Franziskus war sich der Schwierigkeiten voll und ganz bewusst. Die Kirche des Mittelalters war, zumindest in Teilen, verknöchert. Einen großen Teil ihrer Zeit verbrachte sie damit, die Ketzerei auszurotten, wo auch immer sie entstand. Sie unternahm äußerst schlecht durchdachte Kreuzzüge ins Heilige Land und exkommunizierte Kaiser und Könige, weil sie das Papsttum nicht unterstützten, während sie selbst derweil in Simonie und Vetternwirtschaft schwelgte. Als große Organisation, die unermessliche Besitztümer in ganz Europa ihr Eigen nannte, übte die Kirche eine Macht aus, der einzig die Macht von Kaisern das Wasser reichen konnte. Außer in der Schlacht wagte niemand, sich ihr entgegenzustellen. Jede abweichende Stimme wurde entweder durch das Schwert oder durch das Feuer der Inquisition zum Verstummen gebracht. Eine völlig andere Herangehensweise war notwendig, damit Franziskus in diesen Zeiten eine neue Sprache des Geistes einführen konnte. Er würde Autorität ausüben müssen, indem er eine machtvolle moralische Kraft in der Kirche selbst anrief.

Franziskus musste eine neue Seinsweise ersinnen. Noch wichtiger war, dass er es würde tun müssen, indem er sich einem Leben der Subversion verschrieb. Auf der einen Seite würde er auf den Rechten und Privilegien des Papsttums bestehen, was Fragen des doktrinären Glaubens und der doktrinären Orthodoxie betraf, während er auf der anderen Seite durch sein eigenes Handeln für ein Leben plädieren würde, das die Bedeutung von Hierarchie und spirituellen Privilegien in vollem Umfang leugnete. Er würde die Kirche des Mittelalters nahezu vollständig untergraben, indem er ein neues Ideal vorbrachte, ein Ideal, das auf der Lehre und dem Wirken Christi beruhte.

Die Idee war natürlich nicht neu. Neu war dagegen, dass Franziskus sie als einen Aufbruch betrachtete, nicht als ein Ziel in sich selbst. Er argumentierte, dass Gehorsam, Armut und Keuschheit nicht nur die

Werkzeuge einer religiösen, sondern die Grundlage einer heroischen Lebensweise seien. Wenn man sie aufrichtig lebte und sie zum Leitmotiv der Existenz machte, wurde es möglich, sich auf eine neue Art von Kreuzzug zu begeben, einen Kreuzzug des Geistes. Verwundert es, dass er wiederholt davon träumte, an einem Kreuzzug ins Heilige Land teilzunehmen? Einmal machte er sich sogar auf den Weg nach Apulien in Süditalien, um sich Walter de Brienne gegen die Normannen anzuschließen.[5] Er hatte keine Ahnung, dass der Kreuzzug, auf den er sich da begeben hatte, nicht mit seinen Beweggründen in Einklang stand.

Seinem ersten Biographen Thomas von Celano zufolge wurde Franziskus zu jener Zeit von einem seltsamen Traum heimgesucht: „Da Franziskus ruhmbegierig war, lockte und begeisterte er [Gott] ihn mit dem Höchstmaß von Ruhm. Es kam ihm nämlich so vor, als habe er sein gesamtes Haus voll von Waffen, Sätteln, Schilden, Lanzen und sonstiger Ausrüstung… Insgeheim wunderte er sich, was das wohl bedeuten sollte… Es wurde ihm gesagt, alle diese Waffen gehörten ihm und seinen Rittern. Vom Schlaf erwacht, erhob er sich am Morgen frohen Herzens und glaubte ganz sicher – das Gesicht hielt er nämlich für das Vorzeichen großen Glückes –, dass sein Zug nach Apulien erfolgreich verlaufen werde.“

Das tat er natürlich nicht. Franziskus hatte den Traum falsch interpretiert. Der Ruf zu den Waffen war keine Einladung, den sicheren Hafen des Soldatenlebens anzusteuern – eines Lebens voller Wagemut und militärischer Unternehmungen, das er bereits als das seine angesehen hatte. Seine eigenen Phantasievorstellungen verleiteten Franziskus zu dem Glauben, dass es sein Schicksal wäre, Krieg gegen die papstfeindlichen Truppen im Süden zu führen, während das Bild des Traums ihn in Wahrheit aufforderte, gegen einen ganz anderen Gegner zu kämpfen: gegen sich selbst. Die Sprache des Unsichtbaren, der er in dieser Phase seiner Laufbahn noch nicht begegnet war, blieb undurchdringlich. Der jugendliche Eiferer eilte, bis an die Zähne bewaffnet (und mit materieller Unterstützung seines Vaters), nach Süden, als ihm in Spoleto ein weiterer Traum auflauerte, während er im Bett lag und sich entschieden krank fühlte.

Der heilige Bonaventura, ebenfalls ein Biograph von Franziskus, weist darauf hin, dass der Dialog mit Gott in seinem zweiten Traum einen direkteren Ton annahm: „Wer kann mehr für dich tun, Franziskus? Der reiche oder der arme Mann?“ Franziskus sagte, dass der reiche

Mann ihm natürlich mehr von Vorteil sei. „Warum wendest du dich dann dem Diener zu, statt dem Herrn?" Franziskus war von diesen Worten völlig verdutzt und fragte, was er denn tun solle. „Kehre nach Hause zurück. Warte dort auf den Ruf. Wenn er kommt, handle."

Thomas von Celano machte hinsichtlich des Fiaskos in Apulien eine interessante Anmerkung. Nachdem Gott ihm erschienen war, erfüllte Franziskus eine „solche Freude, dass er sich vor Jubel nicht mehr beherrschen konnte und, ohne es zu wollen, vor den Ohren der Menschen etwas verlauten ließ. Obschon er infolge der Größe der entfachten Liebe nicht schweigen konnte, redete er dennoch etwas vorsichtig und in Rätseln. Wie er nämlich zu seinem besonderen Freund, wie gesagt, nur vom verborgenen Schatz sprach, so bemühte er sich, auch zu den übrigen nur in Bildern zu reden." Wir sehen sofort, wie Franziskus darum kämpfte, das auszudrücken, was geschehen war. Bereits hier ließ ihn die Sprache im Stich. Er traf auf Hindernisse, die es ihm verboten, direkt zu sagen, was geschehen war. Schließlich nahm er Zuflucht zu einer neuen Ausdrucksweise, als er auf die Frage, ob er die Absicht habe, zu heiraten, gestand: „Eine edlere und schönere Braut, als ihr jemals gesehen habt, will ich heimführen." Es fragte allerdings niemand, welche Art von Hochzeit er denn im Sinn habe.

So redete ein Mann, der ein Geheimnis hat. Von dieser Zeit an wusste Franziskus, dass er sehr genau darauf achten musste, was er sagte. Es ist möglich, dass seine häufigen Wanderungen durch Italien, Spanien, Frankreich und durch das Heilige Land Teil seines Versuchs waren, den Folgen des Alltäglichen zu entfliehen. Alles, was er bewirkte, indem er sich längere Zeit von den Angelegenheiten des Ordens fernhielt, zu dessen Einrichtung er beigetragen hatte, war, dass seine Gegenwart mystifiziert wurde. Was immer er sagte oder tat, wurde zu einem Omen und zu seiner eigenen Metapher. Franziskus jedoch hatte gelernt, wie er über sich selbst hinausgelangen konnte, indem er das Leben auf der Straße umarmte.

Es besteht kein Zweifel daran, dass er sich seiner Macht über andere bewusst war. Sein Gewahrsein für das eigene Selbst war so groß, dass er alle anderen daran maß. Seine persönlichen Schwächen verstärkte er bis zu dem Punkt, an dem sie ihn zu überwältigen schienen. Während andere solche Schwächen als bloße charakterliche Schönheitsfehler betrachteten, waren sie für Franziskus zutiefst störend für den Prozess der Erneuerung, in dem er sich befand. Zum Glück war Franziskus psychisch nicht labil, denn anderenfalls wären seine Handlungen mit Sicherheit in die eine oder andere Kategorie von Psychose eingeordnet worden. Es gab noch keinen Freud, der die schwierige Beziehung zu seinem Vater oder die stille, liebevolle Akzeptanz seiner Mutter hätte hinterfragen können. Hätte er es getan, dann wäre er wahrscheinlich auf das Bild eines abwesenden Vaters (Pietro di Bernadone verbrachte einen großen Teil seiner Zeit in Frankreich, um Stoffe zu kaufen), eines Kindes in den liebenden Armen seiner Mutter Pica (die selbst Französin und somit in gewissem Sinne von exotischer Abstammung war) und eines Sohnes gestoßen, der von seinem Vater seines eigentlichen Namens Giovanni (der volle Name seiner Mutter war Giovanna) zugunsten von Franziskus beraubt worden war. Frankreich war das Land der Träume seines Vaters, und nach seiner Geburt wurde es ihm bei der Rückkehr des Vaters nach Assisi als Name verliehen, beinahe so, als wolle Pietro die Herkunft seines Sohnes und den Wunsch seiner Frau, ihn Johannes zu nennen, verleugnen. In gewisser Hinsicht war das Kind in ein „fremdes Land" verwandelt und des Schoßes seiner Heimat beraubt worden. Obendrein war es zum Stellvertreter für einen Ausschluss geworden – den seines Vaters.

Man muss das Verhalten von Pietro di Bernadone im Kontext seiner Zeit sehen. Die meisten Biographen sind der Auffassung, dass er die späteren Bestrebungen seines Sohnes ablehnte, dass er ein Despot war, der Franziskus unbedingt zwingen wollte, ins Familiengeschäft einzusteigen. Vielleicht ist es sogar wahr. Für mich ist Pietro jedoch ein Mann, der unter der Zeit litt, in der er lebte. Er gehörte der Kaufmannsgilde der Stadt an und verabscheute die Adeligen, die außerhalb der Mauern von Assisi in ihren Festungen lebten – und wurde von ihnen verabscheut. Diese Männer trugen nur wenig dazu bei, den Wohlstand der Gemeinschaft zu mehren. Sie forderten lediglich Wegezölle ein, erhoben Steuern und schröpften die Bauern. Als Mann, der es aus eigener Kraft zu etwas gebracht hatte, stand Pietro der Aura des Privilegiertseins, die ihrer Klasse anhaftete, ablehnend gegenüber. Vielleicht hat Pietros Stand als Kaufmann in ihm den Wunsch wachgerufen, dass in Assisi eine neue Ordnung errichtet werden sollte, die auf den Grundsätzen von harter Arbeit, Unternehmungsgeist und Fleiß begründet war.

Alle Zeichen weisen eindeutig darauf hin, dass er die Welt mit materialistischen Augen sah. Gleichzeitig war er möglicherweise dem Einfluss des katharischen Dualismus ausgesetzt, dem man im provençalischen Frankreich und auch in den Städten Norditaliens begegnete, durch die er reiste. Es könnte durchaus sein, dass es, wenn er von einer Reise nach Hause zurückgekehrt war, in seinen Gesprächen um Gut und Böse als individuelle Größen ging oder um die spirituelle Strenge der katharischen Priester in ihrem Bestreben, einen Ausgleich für diese gegensätzlichen Kräfte zu finden. Vielleicht fühlte Pietro eine Geistesverwandtschaft mit den Katharern, weil deren Religion kein verschanztes Dogma darstellte und auch nicht so ausdrücklich für hierarchische Prinzipien eintrat, wie es die Kirche tat. Möglicherweise hatte Pietro das Gefühl, unter Gleichgesinnten zu sein, wenn er auf den kleinen Landstraßen zwischen Foix, Carcassonne, Albi und Béziers unterwegs war. Die Katharer waren freie Geister in einer Welt der institutionalisierten Privilegien, sowohl in weltlicher als auch in kirchlicher Hinsicht. Ihre Sprache war die Sprache einer neuen Art von Freiheit: Es war die Freiheit eines Volkes, das für sein eigenes Verständnis von Göttlichkeit eintrat und – als Folge davon – für das Recht, sein Leben selbst in die Hand zu nehmen.

Möglicherweise waren es Anflüge dieser Art von spiritueller Anarchie, die Pietro di Bernadone seinem Sohn nahe bringen wollte. Franziskus sollte Träger all dessen sein, was das Beste an Frankreich war. Eine unorthodoxe Herangehensweise an die Religion, eine ferne Sprache und die Dichtkunst der Troubadoure, die versuchte, den noch jungen Bestrebungen eines Volkes Ausdruck zu verleihen, das sich intellektuell und spirituell in einem Umbruch befand – alle diese Dinge sollte sein Sohn nach dem Willen Pietros in sich aufnehmen. Das katharische Frankreich stand für die Auflösung des mittelalterlichen Europa. Wodurch es ersetzt werden sollte, nämlich durch die Geburt des Einzelnen, der sowohl dem Staat als auch der Kirche überlegen war, geschah freilich erst viel später, während des vierzehnten und fünfzehnten Jahrhunderts. Im zwölften und dreizehnten Jahrhundert war die Identität der Menschen immer noch eher durch ihre Zugehörigkeit zu einer Gilde als durch ihren Charakter definiert.

In der Zwischenzeit wuchs Franziskus als Ausländer in seiner eigenen Stadt auf. Zumindest im Hinblick auf körperliche Selbstaufopferung und Disziplin war er schon in jungen Jahren katharischen Vorstellungen von Dualismus ausgesetzt. Er sang Minnelieder und war der Sohn eines zumeist abwesenden Vaters, der sich selbst überlassen blieb. Ich vermute, dass die Freiheit als Sohn eines wohlhabenden Kaufmanns seine Ernüchterung darüber, wie die Dinge im mittelalterlichen Assisi liefen, noch verstärkte. Man sagt, er sei ein fröhlicher, lebenslustiger Bursche gewesen. Das aber war Teil der Geheimhaltung, die er praktizierte, um seinen wahren Konflikt zu verschleiern, denn schon lange, bevor die Träume und Omina seiner späteren Biographen den Weg dorthin wiesen, hatte Franziskus sich für seine Vorgehensweise entschieden. Er war zu der Erkenntnis gelangt, dass er nur durch einen bewussten Akt der Zurückweisung hoffen konnte, zu dem Mann zu werden, der er sein wollte.

Das bedeutete, dass er sich von jeglicher Autorität, ob bürgerlich, familiär oder spirituell, distanzieren musste, und demzufolge entschied er sich für einen Weg, der weit über alle Wege hinausging, die man in Frankreich oder Norditalien ersonnen hatte. Die katharischen Führer erwarteten zum Beispiel von Männern und Frauen, dass sie, um dem Bösen zu widerstehen, der Fortpflanzung endgültig entsagten. Trotz all ihrer Fröhlichkeit und ihres unkonventionellen Verhaltens waren die Troubadoure noch immer mit der *fin' amour* im Bunde, jener Liebe aus der Ferne, die der Herrschaft der Ehe trotzen sollte, da diese nicht mehr als ein Vertrag war. Auf ihre eigene Weise waren sowohl die Katharer als auch die Troubadoure der Vorstellung von bewusster Unfruchtbarkeit verbunden – dem Mangel an Fruchtbarkeit als einem Ideal menschlicher Beziehung. Die Fortpflanzung wurde zum Gräuel für ein Volk, für das seine eigene Fruchtbarkeit kaum mehr war als ein Vasall für die alte aristokratische Willkür.

Ich weiß, es mag seltsam klingen, dass die Sexualität – oder der Mangel daran – bei der Geburt jedes neuen, spiritualisierten Wesens für Franziskus' Wahrnehmung eine sehr wichtige Rolle gespielt hat. Man könnte sogar argumentieren, dass seine Leugnung des Körpers einer geistigen Verirrung entsprang, dass sie lediglich zu einem allgemeinen Gefühl des Abscheus vor sich selbst beigetragen hat, von dem das Christentum ohnehin durchdrungen ist. Die Leugnung des Körpers hat ihre Gegner. Sie wird als Abwendung von der durch die Sinne erfahrenen Realität betrachtet – hin zu dem, was bestenfalls eine abgeschwächte Vision des inneren Menschen ist. Der entsexualisierte Mensch entwickelt sich zu jemandem, der die Vorrangstellung des Sinnlichen als Mittel zur Erlangung der Kontrolle über den Geist des Menschen untergräbt. Mönch, Nonne und Priester sind *von sich aus* diejenigen, die ihren Körper durch diesen Akt der Leugnung mit einer Aura der Heiligkeit umgeben. Für andere, strengere Richter ist ein solcher Akt nicht mehr als eine kollektive Täuschung seitens der Kirche.

Natürlich litt auch Franziskus an dieser kollektiven Täuschung. Er war ein Mann seiner Zeit. Wir können uns der Tatsache nicht entziehen, dass er Frauen mit recht großem Argwohn begegnete (nicht Ablehnung, wie ich betonen möchte). Gleichzeitig mahnte er seine Gefährten, ihren Körper als „Bruder Esel“ zu betrachten, als Lasttier, das gut war, um Fleisch und Knochen zu tragen, und sonst nichts. Der Geist und, was noch wichtiger war, seine *Absichten* mussten von einer stofflichen Dimension getragen werden, doch es sollte niemand das Stoffliche auf Kosten des Gedankenprozesses der Losgelöstheit, den die Askese inspirieren sollte, vorziehen. An dieser Stelle sind wir weit von den Athleten entfernt, die bei den Olympischen Spielen nackt darum kämpften, dass ihnen der Preis in Form eines Kranzes auf den Kopf gesetzt würde.

Sexuelle Enthaltsamkeit war ein tief verwurzeltes Prinzip der Leugnung. Für die Katharer war es eine Form von Narzissmus, da es sie in ihrer Vorstellung bestärkte, dass ein wahrer Mensch, ein wahres spirituelles Wesen, sich im Leben stets seines endlichen Zustandes gewahr sein sollte. Sein eigenes Ende, vorbehaltlos und mit Hingabe gelebt, war der einzige Weg, auf dem er das Böse bekämpfen konnte, denn das Böse forderte das, was ihm zustand, in Form von Fortbestehen, im Akt der Zeugung selbst. Um dem Bösen das tiefsitzende Bedürfnis zu versagen, den Wunsch des Menschen nach Unsterblichkeit gierig zu verschlingen, sollte das Böse durch Aushungern zur Unterwerfung gezwungen werden. Die freiwillige Zerstörung des Körpers, seiner Begierden und Wünsche, war das Teilhaben an einem Akt der Trennung: Damit wurde die Seele endgültig von der Materie getrennt. Gott zu lieben bedeutete, die Möglichkeit des Sterbens zu lieben.

Ich vermute, dass Franziskus dieser Vorstellung insgeheim zustimmte. Er hätte es natürlich niemals laut ausgesprochen, aber trotzdem lebte er es. Für ihn war sein Körper ein Palimpsest[6], auf das eine neue Göttlichkeit niedergeschrieben werden konnte. Diese Göttlichkeit war mit seinem Wunsch verbunden, das nachzuahmen, was er für die Ermahnung Christi hielt: „Liebet eure Feinde, und tut wohl denen, die euch hassen“ (Mt 5,44). Durch einen außergewöhnlichen logischen Gedankensprung gelang es Franziskus, diesen Satz so zu interpretieren: „Wir wollen unseren Körper mit all seinen Lastern und Sünden hassen… Durch ein Leben, das sich nach dem Fleisch richtet, will der Teufel uns des ewigen Lebens berauben und uns in die Hölle hinabstoßen." Wieder einmal ist dem Körper seine Rolle als Tempel des Geistes verweigert worden.[7]

Als ich mich in den Ruinen von San Illuminato umschaute, war ich bekümmert. Das Schiff und die Kapitelle waren völlig zerfallen. Gewölbe und Apsis lagen herum wie prähistorische Gebeine. In einem nahegelegenen Kuhstall erinnerte der Geruch von Spreu mich daran, dass in diesen Ruinen schon sehr lange nicht mehr die Mönche, sondern das Vieh ein Zuhause gefunden hatte. Neben der Krypta von Franziskus stand ein winziges Bildnis des Heiligen auf einem Stein – Blumen, Münzen und ein Wolf aus Kunststoff zu seinen Füßen. So schlicht war es in seiner Wirkung, dass es mich an ein Lingam in einem Hindu-Tempel erinnerte. Der Stein war nicht blutverschmiert, aber ich spürte, dass hier ein Opfer dargebracht worden war. Mir kam der Gedanke, dass Pilger, die zu diesem Ort kamen, trotz der Tatsache, dass er seinen Körper verleugnet hatte, Franziskus' erhabene Erotik erahnen mussten. Im Bildnis war er gefühllos geworden, ein urzeitlicher Stein, die Opfergabe all jener, die Christi Ehelosigkeit als eine Art von ekstatischem Höhepunkt der Seele betrachten.

Ich fragte mich, ob vielleicht nicht allein die Sprache das Riff war, das Franziskus schließlich auf Grund laufen ließ. Natürlich benutzte er Worte mit demselben gerissenen Eifer wie jeder Proselyt. Natürlich wurde jeder biblische Text, dessen er habhaft werden konnte, zu einem Teil seiner Rüstung, wenn er seine Argumentation unterstützen konnte. Natürlich besaß er die Begabung, Gedanken zu seinem eigenen Vorteil umzukehren.[8] Das leugnet niemand. Was ich an seiner Persönlichkeit aber weiterhin faszinierend fand, war seine Fähigkeit, die Komplexität des Glaubens in einer solch scharfen Weise zu bündeln. Seine Intelligenz, die mit der Ungezähmtheit der umbrischen Landschaft und mit seinem Bedürfnis, ein Teil von ihr zu sein, gepaart war, hatte gelernt, in der menschlichen Psyche Dinge zu entdecken, die anderenfalls womöglich unbemerkt geblieben wären. Anstelle von Worten benutzte er vielmehr eine Art von Intensität, ein tief verwurzeltes Chrisam[9] der Entschlossenheit, die Menschen mit der Macht und der Richtigkeit seiner Aufgabe zu salben. Niemand, noch nicht einmal der Papst, konnte ihm das Wasser reichen.

Der einzige Mensch, der dieser außerordentlichen Transformation menschlicher Natur nicht unterlag, war Franziskus' Vater, Pietro di Bernadone. Aus irgendeinem Grund hatte sein Sohn diesen Mann zurückgewiesen, der auf der Suche nach Reichtum und der berauschenden Polemik eines konkurrierenden Glaubens nach Frankreich gegangen war. Zwischen ihnen gibt es anscheinend keine Andeutung von Liebe oder Versöhnung. Was war geschehen? Was war in einer solchen Weise zwischen sie getreten, dass, soweit wir wissen, Vater und Sohn niemals wieder miteinander sprachen? Wo steht das gebrochene Herz von Pica in diesem Riss, der durch die Familie geht? Gab es jemanden, der versucht hatte, zwischen einem alten Tuchhändler, den sein emotionales Glück im Stich gelassen hatte, und seinem Sohn, einem religiösen Reformer, dem man bei seiner Geburt sogar den Namen gestohlen hatte, einen Frieden auszuhandeln?

Diese Fragen kamen mir in den Sinn, als ich an jenem Tag in den Ruinen von San Illuminato umherwanderte. Merkwürdigerweise konnte ich die Gegenwart des Heiligen spüren. Er war in meiner Nähe, lag vielleicht auf dem kalten Boden seiner Grotte in einem Zustand der Verzückung angesichts des ungeheuren Ausmaßes seiner Aufgabe. Das Wort „Cry“ auf dem Sturz verhöhnte mich mit seinen Tränen. Da wusste ich, dass Franziskus ein Mensch gewesen war, dessen Zerrissenheit angesichts seiner Umstände größer war, als wir es vielleicht jemals erahnen werden. Vor ihm lag die Möglichkeit, nicht nur vom Vater geliebt und mit diesem versöhnt zu werden, sondern – obschon verspätet – auch mit Pietro di Bernadone.

Kapitel 3

Der nackte Krieger

Wenn man den Fußspuren von Franziskus folgt, kann es schon einmal geschehen, dass man einen Umweg macht. Alle Fakten weisen auf einen bestimmten Weg hin, dem man folgen sollte, aber dessen ungeachtet verspürt man das Bedürfnis, auch einmal auf Nebenwegen umherzuwandern. Mittelalterliche Landstreicher würden das gut verstehen: Sie brachten ihr Leben damit zu, auf den kleinen Landstraßen Europas umherzuziehen. Anders als der Mönch in seinem Kloster verschmähten sie die Beständigkeit und Disziplin des Lebens an einem festen Ort. Sie wollten mehr – ein Gefühl, dass die Welt ihr eigenes Kloster ist, ihr eigener Tempel, ihr eigenes Gefäß, erfüllt von der Flamme der Entfernung, die jeden Kilometer verzehrte, den er zurücklegte.

Manchmal sehe ich mich selbst als Landstreicher, denn ich weiß, dass Franziskus dem zugestimmt hätte. Trotz der Tatsache, dass er in Assisi in ein gutes Zuhause hinein geboren worden war, betrachtete er die Straße als seinen Hauptwohnsitz. Ich nehme an, dass die Tatsache, dass sein Vater ein international tätiger Tuchhändler war, dazu beitrug, dass er niemals zu lange an einem Ort bleiben würde. Warum sollte er nicht nach Spanien oder Ägypten gehen, wenn eine Stimme ihn rief? Die Ritterlichkeit der Straße bietet eine seltene Freiheit: die Chance, die Mauern, die einen einschließen, hinter sich zu lassen und in die Weite des Unbekannten hinauszugehen.

Auf einem Waldweg nordwestlich von Assisi stieß ich auf eine kleine Kapelle, die am oberen Rand einer engen Schlucht erbaut worden war. Ihr Eingang wies in Richtung des steilen Abhangs auf der anderen Seite und auf einen entfernten Wasserfall. Ich hörte zuerst nur das Geräusch fallenden Wassers, ehe ich den schlanken Wasserstrahl bemerkte, der in die darunter liegende Schlucht stürzte. Als ich am Eingang der Kapelle stand und in das schattige Innere hineinspähte, da wusste ich, dass ich eines jener seltenen Objekte gefunden hatte, dessen Weite Franziskus wahrscheinlich ebenso verführt hatte wie mich selbst.

Auf der Wand der Apsis oberhalb des Altars befand sich ein Fresko der Jungfrau. In ihren schlanken Fingern hielt sie etwas, das wie eine Frucht oder ein Herz aussah – es war schwer zu sagen, was von beiden es war. Ihr schönes Gesicht, im umbrischen Stil gemalt, war zum Christuskind hinabgebeugt, das in ihrem Schoß saß. Auf beiden Seiten der Madonna waren Engel, ihre zart gemalten Flügel ein Prisma aus Farben. Das Gesicht der Jungfrau zeigte tiefes Staunen angesichts ihres Kindes. Ihr Blick drückte jedoch mehr aus als die reinen Gefühle einer Mutter: Es kam mir so vor, als sei ich in der Gegenwart eines Menschen, der sich im Zustand tiefer Verzauberung befindet. Ihre Augen, Wangen und Lippen waren von Innerlichkeit eingerahmt. Die „Madonna am Abgrund" hatte ihre Entscheidung getroffen, indem sie dem Kind ihr Herz darbot: Das Christuskind war des Geschenks würdig.

Solch ein Ort der Ruhe im Wald! War es ein Wunder, dass Franziskus das Leben der Wanderschaft so sehr genoss? So alt Italien auch ist, so geschichtsträchtig jeder Stein auch sein mag – mir fiel auf, in welch hohem Maße eine Winterlandschaft dennoch sehr enge Bindeglieder an das bewahren kann, was ein uraltes Vermächtnis ist. Schon allein die Vorstellung, dass eine jüdische Frau, die im fernen Palästina ein Kind geboren hatte, in Umbrien an der Wand einer Kapelle abgebildet war, kam mir wie ein Wunder vor. Sie, die Mutter Gottes, hatte es geschafft, die vielen Kultfiguren der Vergangenheit beiseite zu stoßen und eigene Wurzeln zu schlagen. Außerdem hatte sie aus dem Osten eine gewisse Reinheit mitgebracht, eine Großzügigkeit und eine Liebe, die alles andere übertrafen. Es waren diese Eigenschaften, die den Abgrund vor der Kapelle verklärten und bewirkten, dass er sich vor ihrem Blick verneigte.

Es war nicht zu bestreiten, dass ich einem Pfad durch den Wald folgte, der seit unzähligen Jahrhunderten von Wanderern begangen worden war, und auch nicht, dass ich in *Madonna delle Ripe* auf eine Manifestation dessen gestoßen war, was man einmal als die „Seele des Weges" gekannt hatte. Es ist ein völlig natürliches Verlangen, die Natur mit einem Verhalten ausstatten zu wollen, das sowohl visionär als auch erhaben ist. Aus dem Grunde werden Heiligtümer und Kapellen an bestimmten Orten gebaut, an anderen wiederum nicht. Es gibt etwas, das einen Ort von einem anderen unterscheidet. Ich habe noch nicht herausgefunden, warum das so ist. Ich kann nur sagen, dass solche Orte sich in der Tat anders anfühlen.

Franziskus war diesen Weg wahrscheinlich entlang gegangen, nachdem er eines der traumatischsten Ereignisse seines Lebens erfahren hatte. Mit Mitte Zwanzig hatte er plötzlich eine Entscheidung getroffen, die alles verändern sollte. Etwa eine Woche zuvor hatte er Assisi unter Umständen verlassen, die ihn seiner Familie, seinen Freunden und bis zu einem gewissen Grad auch seiner Stadt entfremdet hatten. Er hatte mit einer sehr bestimmten Geste öffentlich kundgetan, dass er die Welt verließ. Darüber hinaus hatte er endgültig jegliche Loyalität gegenüber seinem Vater aufgekündigt.

Dieses Ereignis geschah im Jahr 1207. Zu dieser Zeit hatte Franziskus sich einen Ruf als Exzentriker erworben, und viele dachten sogar, er sei ein wenig verrückt. Er hatte versucht, eine zerfallene Kirche vor den Mauern Assisis wieder aufzubauen. Dazu hatte er in Foligno einige Stoffe seines Vaters verkauft und das Geld den zögernden Priestern gegeben, damit sie es für die Reparaturarbeiten verwendeten. Seine fixe Idee, die Kapelle wieder aufzubauen, lässt auf einen Mann schließen, der das wiederherstellen will, was in ihm selbst zerfällt. San Damiano war bloß das äußere Zeichen des Konflikts, in dem Franziskus sich befand: Die verfallenen Mauern sprachen zu ihm von Verzweiflung und vom Zusammenbruch seines eigenen bruchstückhaften Selbst. Franziskus befand sich in dieser Phase auf der Suche nach einer neuen Persönlichkeit, damit er die alte endgültig zur Ruhe betten konnte.

Man könnte meinen, es sei nicht mehr als ein spätjugendliches Trauma. Zu dieser Zeit seines Lebens hatte Franziskus bereits ein Jahr im Gefängnis von Perugia verbracht, nachdem Assisi die Schlacht gegen das benachbarte Perugia verloren hatte, das den Adel von Assisi unterstützte.[10] Er hatte sich einem Kreuzzug in Süditalien anschließen wollen. Einmal war er wegen seines bizarren Verhaltens in seinem eigenen Haus in Ketten gelegt worden.[11] Er hatte sogar versucht, eine verfallene Kirche wieder aufzubauen, indem er Waren seines Vaters stahl. Alle seine Handlungen erscheinen ohne Zusammenhang, so als sei der junge Mann auf der Suche nach etwas, das seinem Leben eine Richtung verleihen würde. Die Aussicht, sich dem Vater im Familiengeschäft anzuschließen, war offenkundig in keiner Weise verlockend. Erfüllt von Dichtkunst und romantischen Vorstellungen von Ritterlichkeit und umgeben von einem erstickenden Familienumfeld blieb Franziskus nur eine Wahl – sich auf die Suche nach seiner Identität zu machen.

Dies kann allerdings nur eine oberflächliche Betrachtung sein. Sein inneres Leben war in Aufruhr. Es geschah etwas, das in pathologischem Sinne nicht zu beschreiben ist. Wenn er krank war, dann waren seine Symptome die eines Mannes, der am Rande der Verzweiflung ist. Auf jede nur erdenkliche Weise versuchte er sich mit seinem Schicksal abzufinden. Er versuchte, mit lebenslangen Angewohnheiten zu brechen, die ihn dahin bringen wollten, ein normales Leben zu führen, ein gutbürgerliches Leben und ein Leben als zufriedener Familienmensch in Assisi. Seine gesamte Erziehung drängte ihn dazu, ein Kaufmann zu werden wie der Vater und in seine Fußstapfen zu treten. Aber etwas in ihm widersetzte sich dieser Erwartung. Es kommt mir so vor, als habe Franziskus sich bereits mit der Tatsache abgefunden, dass er anders war – und in gewisser Weise gesegnet.

Mir ist bewusst, dass diese Bemerkungen so klingen, als seien sie rückblickend gemacht. Darin waren auch seine frühen Biographen gut. Hoch auf dem Berg außerhalb von Assisi liegt eine Stelle, die heute unter dem Namen *Eremo delle Carceri* bekannt ist. Dorthin zog Franziskus sich oft tagelang in eine Höhle zurück, um mit seinen Furien zu ringen. Heute befindet sich dort ein Kloster, und Besucher können die Höhle besichtigen, in der er schlief. Neben dem Weg, der durch den Wald jenseits des Klosters führt, findet sich eine Messingstatue, die Franziskus zeigt, wie er auf dem Rücken liegt und die Sterne betrachtet. Man sagt, er sei von den Konstellationen des Großen und des Kleinen Bären fasziniert gewesen und habe in ihnen das stellare Abbild der Namen seiner späteren Orden gesehen, der „Fratres maiores" und der „Fratres minores".

„Während sein Gefährte draußen wartete", schreibt Thomas von Celano, „betete Franziskus inständig zum Vater, von einem neuen, ungewöhnlichen Geist durchdrungen. Dringend wünschte er, niemand solle wissen, was er hier innen tue… Voller Hingebung betete er, der ewige, wahre Gott möge ihm den Weg weisen und ihn lehren, seinen Willen zu tun. Große Seelenqual stand er aus und fand keine Ruhe, bis er im Werke erfüllt, was er in sein Herz aufgenommen hatte… In seinem Inneren brannte er von göttlichem Feuer und konnte die Glut des Geistes, die er aufgenommen, nach außen nicht verbergen."

Auch wenn diese Worte rückblickend recht drastisch erscheinen mögen, so weisen sie doch darauf hin, dass Franziskus seine Seele weitaus gründlicher erforschte als andere junge Männer, die entschlossen sind, ihren Platz in dieser Welt zu finden. Franziskus war ganz sicher kein Schwindler. Wenn er „von einem neuen, ungewöhnlichen Geist“ erfüllt und unfähig war, „die Glut seines Geistes“ nach außen hin zu verbergen, dann deutet das darauf hin, dass er sich in einer ziemlich großen Stresssituation befand. Ich würde sogar behaupten wollen, dass Franziskus eine echte spirituelle Krise durchlebte. Seine gesamte Zukunft hing davon ab, ob er seinen grundlegenden Konflikt lösen konnte. Das bedeutete, dass er alle Erwartungen, die andere (einschließlich seines Vaters) möglicherweise an ihn hatten, aufgeben und ein neues Leben beginnen musste.

Was war sein Leben? Ein Leben in vollkommener Armut. Es trieb ihn dazu, seine gesamten Besitztümer in Foligno zu verkaufen, einschließlich seines Pferdes. Er wollte von allem frei sein, was die Entwicklung dieses „neuen, ungewöhnlichen Geistes“, von dem er besessen war, hätte behindern können. Er wollte das tun, was Sören Kierkegaard so treffend ausdrückte: das Menschliche durchleben und es in nie da gewesener Intensität erfahren. Noch wichtiger ist vielleicht, dass Franziskus danach streben wollte, jene naive Wesensnatur wiederzufinden, von der er glaubte, dass sie sein ewiger Ursprung sei. Wie Kierkegaard es ausdrückte, wollte er eine Persönlichkeit finden, für die das Ethische eine heilige Keuschheit bewahrt…, die in diesem Leben jene jungfräuliche Reinheit ethischer Leidenschaft erlangt, im Vergleich zu der die Reinheit einer Kindheit nicht mehr als ein liebenswürdiger Scherz ist.

Wenn ich hier von einer naiven Wesensnatur spreche, dann meine ich damit eine Eigenschaft, die eine Erinnerung an das wachruft, was Kierkegaard das „ewige Zeichen der Göttlichkeit“ nennt, das einen Menschen von der Zeit befreit. Dieser besitzt dann die Freiheit, sich ein Leben außerhalb des Weltgeschichtlichen, außerhalb der Anforderungen der Gesellschaft, außerhalb sogar der drängenderen Anforderungen des Körpers zu Eigen zu machen. Hier liegt die Wurzel der Askese. Der Mensch muss sich von der Geschichte, der Gesellschaft und der einzigartigen Gegenwart seiner selbst lösen, um den Prozess der Erneuerung beginnen zu können. Überdies muss er, wie Empedokles rät, sich vom Bösen fernhalten und darf nicht nach dem Rausch des Erstaunlichen streben. All das macht einen Asketen aus, einen Menschen, der die Fähigkeit erlangt hat, Wichtiges zu erkennen und Irrtümer in etwas Wesentlicheres zu verwandeln.

Ich habe die Vermutung, dass Franziskus sich mit ganz ähnlichen Vorstellungen herumschlug. Abgesehen von dem, was er im normalen Alltag beobachtet hatte, wusste er natürlich nur wenig oder gar nichts über Askese. Mönche und Flagellanten waren im mittelalterlichen Italien kein ungewöhnlicher Anblick, und deshalb hatte er zumindest die primitiveren Techniken wie Selbstgeißelung und Fasten sicherlich schon gesehen. Wenn er je zu einem Asketen werden wollte, musste er sich wahrscheinlich ohnehin mit diesen recht schmerzhaften Opfergaben abfinden. War er bereit, ein Leben der Enthaltsamkeit, ein Leben der Ehelosigkeit, ein Leben – denn darauf lief es ja hinaus – der Einsamkeit zu führen? Dies waren mit Sicherheit Fragen, die er sich in Carceri gestellt haben muss in jenen warmen Sommernächten, in denen es leicht war, draußen auf dem Boden zu liegen und die Sterne zu betrachten.

Der Druck wuchs. Franziskus musste eine Entscheidung treffen. Seine Versuche, dem Ruf aus dem Weg zu gehen, waren bestenfalls fehlgeleitet. Der Ausritt nach Apulien, die Investition in eine Ruine, die Annäherungsversuche an die Leprakranken – es waren nicht mehr als die Gesten eines Mannes, der den Boden unter den Füßen verloren hatte. Er hatte noch nicht jene Innerlichkeit des Geistes erlangt, die ihn dazu befähigen würde, eine grundlegende Entscheidung für sich zu treffen: dass er nämlich keine Wahl hatte, als das Leben eines obdachlosen Asketen zu führen, eines himmlischen Wanderers. Was vor ihm lag, war nicht das abgeschiedene Leben eines Mönchs oder die privilegierte Domäne eines Bischofs, sondern vielmehr die Rolle des ewigen Außenseiters. Diese Fragen waren die Grundlage der Entscheidung, die Franziskus treffen musste. Damit er ein Leben wahr machen konnte, das in Einklang mit dem stand, was er trotz seiner Unentschlossenheit für seine Aufgabe hielt, musste er jegliche Form gesellschaftlicher Gedankengebäude und alle Formen herkömmlicher religiöser Routine aufgeben.

Er war aufgefordert, eine Persönlichkeit zu entwickeln, deren wahre Identität auf die höchstmögliche Ausübung seiner Kräfte ausgerichtet war. Seine schwerste Aufgabe bestand darin, in der äußeren Welt außergewöhnliche Dinge zu bewirken und zugleich zu wissen, dass solche Gesten seine Aufmerksamkeit in keiner Weise fesseln durften, weil er akzeptieren musste, dass das, was er vielleicht vollbrachte, nicht allein auf seine Kräfte zurückzuführen war. Aus diesem Grund musste er sich entscheiden, in Unkenntnis dessen zu bleiben, was er würde vollbringen können, damit sein Streben nicht dadurch gehemmt wurde, dass er sich mit Äußerlichkeiten befasste. Das Nichtwissen würde zum Kernstück seiner Persönlichkeit, seines Geschicks und der Ausübung seines Willens werden. Nicht einmal in der Stunde seines Todes würde er wissen, dass sein Leben eine Bedeutung hatte, die größer war als sein stetes Streben danach, das Joch zu verleugnen, unter dem Bruder Esel sich ein Leben lang geplagt hatte – das Joch der Selbstbestätigung.[12]

Man könnte argumentieren, dass nicht die Armut, sondern die Keuschheit seine größte Herausforderung darstellte, denn schließlich konnte er ja jederzeit zu seinem Vater zurückkehren und ihn um Verzeihung bitten, falls seine Pläne nicht gelingen sollten. Ein Leben der Ehelosigkeit würde ihn jedoch dazu zwingen, außerhalb des Bereichs normaler menschlicher Beziehungen zu leben, und es würde ihn von einer der größten Triebkräfte des Lebens fernhalten – von der Erfahrung des Lebens innerhalb einer Familie. Wie wir ja bereits festgestellt haben, ist die Ehelosigkeit ein symbolischer Akt des Stillstands, so etwas wie eine Metapher für Selbstmord. Wenn der Mensch diesen so elementaren Trieb verleugnet, betritt er die Domäne der Geschlechtslosigkeit, die ihn in einer anderen Form von Leben verankert. Er ist auf ewig in der Dunkelheit der Unfruchtbarkeit eingesperrt, auf der Höhe ungestillten Verlangens.

So würden zumindest manche Menschen die Keuschheit betrachten. Für andere, nämlich Mönche und Geistliche, unterscheidet Keuschheit sich hingegen nicht von jeder anderen Form körperlicher Übung. Wenn ein Sportler seinen Körper bis zum Äußersten treibt, um eine Leistung zu vollbringen, die ihm eine Medaille einbringt, dann tut er dies in dem Wissen, dass alles, was er aufgegeben hat, um dieses Ziel zu erreichen, die Mühe wert war. Die körperliche Disziplinierung ist nicht das Ziel, sondern das Mittel, um das Ziel zu erreichen. Die Befriedigung, die im Gewinnen liegt, darin, einen Rekord zu brechen, gilt einem Körper, der bis zur absoluten Effizienz – und Verleugnung – perfektioniert ist. Er hat auf sehr viel verzichtet, um diesen Punkt der Vollkommenheit zu erlangen.

Ein Mönch würde argumentieren, dass er durch die gleichen Regeln gebunden ist. Bruder Ägidius sagte dazu: „Ein Mensch kann unmöglich Gnade erlangen, wenn er nicht die Sinnlichkeit aufgibt." Er sagte nicht, dass Sinnlichkeit schlecht sei. Er sagte nur, dass man, wenn man einen Zustand der Gnade erlangen will, auch etwas dafür hingeben muss. Er gab sogar ein anschauliches Beispiel: „Derjenige, der große Steine und lange Balken bewegen will, versucht eher, sie durch Können als durch Kraft zu bewegen. Wir müssen auf dieselbe Weise vorgehen.“ Mit anderen Worten, Keuschheit ist eine *Fertigkeit*. Man kann sie nur erlangen, wenn man sich der vor einem liegenden Aufgabe mit sorgfältiger Aufmerksamkeit widmet. Für einen Mönch ist die Keuschheit wie ein klarer Spiegel, der schon allein dadurch getrübt werden kann, dass man ihn anhaucht.

Deshalb wusste Franziskus also, was er sich selbst abverlangte, als er sich für die Ehelosigkeit entschied. Die Keuschheit konnte den leiblichen Aspekt seines Daseins nur verschönern. Er musste trainieren, um den größten Preis von allen zu gewinnen – diesen Zustand erhöhter Gnade, den er viele Jahre später in La Verna finden sollte. Er wusste zu jener Zeit natürlich nicht, was ihn erwartete, wenn er sich einem Leben der Ehelosigkeit verschrieb. Alles, womit er wahrscheinlich vertraut war, waren die normalen Grundsätze von Asketen überall auf der Welt – dass sinnliche Mäßigung zu neuen, tiefen Einblicken in das Wirken des menschlichen Geistes führen kann.[13] Diese Wahlmöglichkeit reichte für den jungen Mann aus. Neben der heiligen Armut hängte Franziskus auch die Keuschheit an seinen Gürtel. Das Leiden und das Bedürfnis nach einer Entscheidung, das er in jenen einsamen Sommernächten in Carceri erfahren hatte, konnte nur durch einen einzigartigen und allumfassenden Einsatz verwirklicht werden. Er würde das Leben der Sinne aufgeben müssen, Bruder Esel an das Geschirr gewöhnen und „das Land bewirtschaften, das lange Zeit nicht bewirtschaftet worden war“.

Nun fehlte noch der Gehorsam, das letzte seiner Gelübde. In gewissem Sinne war sein gesamtes Leben bis zu diesem Zeitpunkt ein Leben des *Nicht*-Gehorsams gewesen. Als recht ausschweifender Lebemann, verhinderter Soldat, Möchtegern-Kreuzritter und erfolgloser Kaufmann zeigte Franziskus alle Merkmale eines Menschen, dem jede Form von Disziplin ein Gräuel war. Selbst der Gehorsam gegenüber seinem Vater provozierte bei ihm garantiert den einen oder anderen Ausbruch. Nicht umsonst verschwand er in ein Loch oder eine Höhle, wo er oftmals wochenlang blieb, um dem Missfallen seines Vaters zu entfliehen – oder es zu leugnen. Man bekommt das Gefühl, dass Franziskus in einem ständigen Konflikt mit Pietro di Bernadone lag, weil er sich ganz einfach weigerte, ihm zu gehorchen. Mehr als alles andere wollte er für ein Leben eintreten, das nicht von den Erwartungen seines Vaters abhängig war.

Um den Gehorsam als letztes Gelübde annehmen zu können, musste Franziskus in einer Weise handeln, die höchsten Ungehorsam bewies. Er musste in der Gemeinschaft eine Spaltung herbeiführen, die seiner Beziehung mit der Welt endgültig ein Ende setzen würde. Nichts weniger als eine absolute Zurückweisung seiner Vergangenheit und seiner vermeintlichen Zukunft war gefordert. Tief in sich hat Franziskus vielleicht den Wunsch verspürt, Christi Spaziergang im Garten Getsemani kurz vor seinem Verrat noch einmal zu durchleben. Möglicherweise wollte er in Gottes Gegenwart stehen und sich auf seine eigene Begegnung mit der Verleugnung gefasst machen. Es blieb ihm keine andere Wahl, als vor denen zu stehen, die dazu beigetragen hatten, ihn zu dem zu machen, was er war – seine Freunde, seine Familie und die Stadtväter –, und ihre Erwartungen an ihn ein für allemal zurückzuweisen.

Was danach an diesem Tag im April geschah, sollte zu einem der bedeutsamsten Ereignisse für das spirituelle Wachstum in Europa werden. Ein junger Mann beschloss, seinem Vater öffentlich zu trotzen, und versetzte der Achtung des Sohnes gegenüber den Eltern damit den Todesstoß. Bis zu diesem Zeitpunkt war die mittelalterliche Hierarchie zumindest nach außen hin anscheinend intakt: Dem Vater eines Hauses zollten alle seine Bewohner Respekt, wie auch die große Familie der Gläubigen Gottvater in seinem Haus Ehrfurcht und Ehrerbietung entgegenbrachte. Als Franziskus' Vater ihn an diesem Tag im Frühjahr vor den Bischof schleppte, um sich wegen Diebstahls zu verantworten, löste er allerdings eine Trotzhandlung aus, die noch heute durch die Jahrhunderte hallt.

Thomas von Celano liefert eine anschauliche Schilderung dieses großen Akts der Entkleidung, der auf den Stufen des Bischofspalastes von Assisi stattfand. Er weist sogar darauf hin, dass alle beide, Vater und Sohn, in ein Schattenspiel verwickelt waren. Jeder trieb den jeweils anderen dazu, eine noch radikalere Geste der Widerlegung zu machen, so als wollte jeder ein für allemal beweisen, wer von ihnen beiden im Aufstieg begriffen war. Thomas berichtet: „Daraufhin schleppte er seinen Sohn vor den Bischof der Stadt, damit er in dessen Hände alles zurückgebe, was er habe. Dem stimmte Franziskus nicht nur freudig zu, vielmehr beeilte er sich voll Freude, diese Forderung mit bereitwilligem Herzen zu erfüllen. Vor den Bischof geführt, duldete er weder Aufschub noch irgendeine Verzögerung. Nicht einmal Worte wartete er ab, noch sprach er selbst, sondern er legte sofort alle seine Kleider ab, warf sie hin und gab sie dem Vater zurück. Nicht einmal die Hose behielt er zurück, vollständig entblößte er sich angesichts aller."[14]

Giotto, der große Maler des dreizehnten Jahrhunderts und einer der Vorboten der Renaissance, machte sich die Mühe, diese Szene in der Basilika San Francesco in Assisi zu malen. Wir sehen Franziskus, um seine Hüften einen Mantel gewickelt, den Bischof Guido festhält. Links davon steht sein Vater, Pietro di Bernadone, die abgelegten Kleider in seinen Armen. Er sieht seinen Sohn wütend an. Gleichzeitig wird er von einem Freund zurückgehalten, der befürchtet, dass Pietro seinen Sohn schlagen könnte. Man erahnt die enorme Spannung zwischen den beiden Männern. Vater und Sohn spielen den letzten und entscheidenden Akt in ihrer Beziehung aus. Gesellschaftliche Akzeptanz und spirituelle Anarchie stehen sich in einem Kräftemessen unnachgiebig gegenüber. Was wir sehen, ist der Tod der alten Ordnung, denn Franziskus hat seine Aussage getroffen: Die Nacktheit ist seine einzige Verteidigung gegen eine Gesellschaft, die alles in die Ziele materiellen Standes, gesellschaftlichen Rangs, Zugehörigkeit zur Gilde und Kollektivität im Glauben hüllt. Sogar die Kirche war an dieser Übereinkunft beteiligt, denn auch sie hatte sich fest hinter dem Status quo verschanzt. Trotz der gelegentlichen Zurschaustellung mangelnder Geschlossenheit stufte das Mittelalter den Glauben und die Bedeutung gesellschaftlicher Identität höher ein als den einzelnen Menschen. Durch das Ablegen seiner Kleider gelang es Franziskus, sich endgültig von diesen erstickenden Zwängen zu befreien.

Was Giotto malte, war ein Akt der Rebellion, auch wenn ihm das womöglich gar nicht bewusst war. Indem er sich nackt auszog, hatte Franziskus allen seine Position ganz unmissverständlich klar gemacht. Nichts auf dieser Welt konnte ihn mehr demütigen als seine eigenen Taten. Überdies besaß niemand Macht über ihn, nicht einmal sein Vater. Er hatte dem Vater seine Waren, seine Stellung, seine Identität und alle anderen Ansprüche zurückgegeben, die dieser vielleicht an ihn stellen wollte. Jetzt war Franziskus ein freier Mann. In einem der Evangelien, die in Nag Hammadi entdeckt wurden, findet sich eine Äußerung, die uns eine nicht-evangelische, aber dennoch interessante Erkenntnis gewährt und in vollkommener Weise das widerspiegelt, was Franziskus in diesen Augenblicken womöglich durch den Kopf ging: „Jesus sprach: ‚Wenn ihr eure Scham ablegt und eure Kleider nehmt, sie unter eure Füße legt, wie die kleinen Kinder, und sie zertretet, dann werdet ihr den

Sohn des Lebendigen sehen, und ihr werdet euch nicht fürchten.'" Wie es schien, hatte Franziskus seine Angst vor der Angst endlich abgelegt.

Es war ein bedeutsamer Augenblick. Uns ist bewusst, dass Franziskus einen Kurs eingeschlagen hatte, von dem es kein Zurück mehr geben sollte. Nackt in die Welt hinauszugehen hieß, ihren Lügenmärchen, ihren Heucheleien und ihrem Glauben an den rein zufälligen Akt weltlicher Akzeptanz abzuschwören. Ein Mensch, der im buchstäblichen und im übertragenen Sinne nackt geht, nimmt eine einzigartige Verantwortung auf sich, denn er stellt sich zwischen den Menschen, der eine Gestalt der Verheimlichung und des Selbstbezugs ist, und die rätselhafte Unruhe des Unsichtbaren. Dies ist genau die Kluft, die Franziskus an jenem Tag in Assisi überquerte, so wie er viele Jahre später die Kluft in La Verna überqueren sollte, um die Wundmale Christi zu empfangen. Die Nacktheit war der Baumstamm, über den er kletterte, um sich in den Zustand vollkommener Akzeptanz zu versetzen. Jetzt lag sein Schicksal in Gottes Händen.

Es ist interessant, dass Giotto als Künstler so viel von sich selbst eingebracht hat, als er das Leben von Franziskus malte. Historiker sind sich einig, dass Giotto mit diesen Fresken den Weg für die Geburt des Humanismus in der italienischen Kunst gebahnt hat. Was sie dagegen nicht sagen, ist, dass Giotto sich anscheinend persönlich mit Franziskus identifizierte. Schließlich war er fast schon ein Zeitgenosse, kaum mehr als vierzig Jahre nach dem Tod von Franziskus geboren. Ich vermute, dass Franziskus durch sein Vorbild, durch seine Bereitschaft, den Konventionen der Gesellschaft zu trotzen, Giotto dabei half, sein Modell auf eine neue Weise zu sehen. Was er auf den verschiedenen Tafeln an den Wänden der Basilika San Francesco gemalt hat, ist ein Mensch, dessen Würde durch eine strenge und nicht unweltliche Innerlichkeit gemäßigt wurde. Unter Giottos Händen wurde Franziskus in der westlichen Malerei zum ersten Menschen, der für sich alleine stand. In diesem Sinne wurde durch Giotto erstmals ein einzelner Mensch geehrt. Er war mehr an Franziskus' Psyche als an den rituellen Gesten interessiert, die bis dahin Gegenstand und Thema der mittelalterlichen Kunst gewesen waren.

Wohin konnte Franziskus gehen, nachdem er nun alle Verbindungen mit seinem heimatlichen Assisi durchschnitten hatte? Sein Vater hatte sich von ihm abgewandt. Der Bischof, der seinen Motiven zwar wohlwollend gegenüberstand, hatte keine Verwendung für ihn. Seine Mutter

Pica, ob sie bei dieser Szene geistiger und körperlicher Entmannung nun Zeugin gewesen war oder nicht, hatte ihn ganz offenkundig im Stich gelassen. Ihm blieb keine Wahl, als Assisi zu verlassen und sich nach Norden in Richtung Gubbio auf den Weg zu machen, wo er angeblich Freunde hatte. So fand sich dieser Mann, der es gewagt hatte, allen Konventionen zu trotzen, in einer ungezähmten Natur wieder. Er begab sich auf die Wanderschaft, allein und halb wahnsinnig aufgrund der seelischen Belastung durch das, was geschehen war, und in dem Wissen, dass er irgendwie seine Beherrschung zurückerlangen musste. Die, die ihm unterwegs begegneten, erinnern sich überrascht und mit einem nicht geringen Maß an Bestürzung, dass er wie ein Irrer lauthals französische Lieder sang. Es scheint, dass eine fremde Sprache, die Sprache des Außenseiters und der Troubadoure, zu seinem einzigen Gefährten geworden war.

Noch bevor er die Abtei von Valfabbrica in der Nähe des Flusses Chiascio erreicht hatte, traf ihn der nächste Schlag. Eine Bande von Räubern stellte sich ihm entgegen und wollte wissen, wer er sei. In diesem Augenblick begreifen wir allmählich die volle Tiefe des Traumas, das er erst so kurz zuvor erfahren hatte. Dieser junge Mann, der das Feiern liebte, der Kriegsgefangene von Perugia, der in der Ausbildung befindliche Tuchhändler, der die Straßen der Provence durchwanderte, dieser Mann war endgültig vergessen. Der alte Franziskus war ausgelöscht worden. Vor diesen Räubern stand ein nackter Mann, ein Mann, der mit dem Unsichtbaren im Bunde war. Auf ihre Drohungen antwortete er mit lauter und zuversichtlicher Stimme – der Stimme eines Mannes, der nichts zu verlieren hatte: „Der Herold des großen Königs bin ich! Was geht das euch an?“ Es verwundert nicht, dass die Diebe wütend wurden, ihn noch einmal nackt auszogen und ihn in einen Graben warfen. Es schien ihnen absurd, mit einem Mann zu kämpfen, der gleichermaßen unehrenhaft war wie sie und noch dazu behauptete, er wäre der Herold des Kaisers. Wie sie konnte auch er nur ein Knappe des Teufels sein.

Ich beschloss, die Abtei von Valfabbrica zu besuchen, in der Franziskus die ersten Tage als Verbannter verbracht hatte. Während andere Orte sein Streben und sein Leiden beschützten, war diese Abtei der erste Ort, an dem er sich aufgehalten hatte, nachdem er seinen Beschluss, die Welt zu verlassen, in die Tat umgesetzt hatte. Hier hatte er sich am einsamsten gefühlt. Niemand hatte ihn aufgenommen, noch nicht einmal die Kirche. Er war vor den Toren des Klosters angekommen – zerzaust, voller Blutergüsse, ohne einen Freund in der Welt und in dem Wissen, dass es keinen Ort gab, wo er hingehen konnte. Er war – im wahrsten Sinne des Wortes – zu einem Bittsteller geworden. Als er ankam, behandelten die Mönche ihn jedoch wie einen Vagabunden. Einige Tage lang musste er in der Küche des Klosters sogar als Küchenjunge arbeiten.

Schließlich fand ich die Abtei neben dem Friedhof, vor den Toren der Stadt. Das Wohngebäude – oder das, was davon noch übrig war – war in ein Haus umgewandelt worden. Die alte Kirche gab es noch, war aber aufgrund der Einsturzgefahr nach einem Erdbeben verschlossen. Nach einer Diskussion mit dem Hausbesitzer fuhr ich zurück in die Stadt, um den örtlichen Priester um den Schlüssel zu bitten. Pater Gianfranco Castagnoli, ein liebenswürdiger Mann, der ein wenig Zeit für mich erübrigen konnte, erklärte sich bereit, mich nach Santa Maria Assunta zu begleiten und die Tür zu öffnen. Als ich die zerstörte Kirche betrat, konnte ich die Anwesenheit des Heiligen sogleich spüren. Er war dort und wachte über die wenigen noch verbliebenen Fresken an den Wänden. Trotz der schlechten Behandlung, die ihm die Mönche früher einmal hatten zuteil werden lassen, war er über ihren Mangel an Nächstenliebe hinausgelangt und hatte diesem Ort den Stempel seiner eigenen Heiligkeit aufgedrückt.

Pater Gianfranco deutete auf ein großes Fresko von der Kreuzesabnahme Christi, die von der Schule des Malers Cimabue im dreizehnten Jahrhundert gemalt worden war. Es war ein außergewöhnliches Bild. Der tote Christus lag auf einem Bett, das mit einem gewundenen Laken aus komplexen und lebhaften Mustern verziert war. Seine Gestalt war jedoch auf eine seltsame Art bar jedes Anzeichens von Schmerz. Sein Ausdruck strahlte Ruhe aus, so als habe sein Geist sich von der Qual gelöst, die sein Körper mit Sicherheit erdulden musste, und sei nun in eine Meditation über den Zustand des Todes versunken. Ich musste an die bewegende Äußerung denken, die Empedokles dazu gemacht hatte: „In seinen Gliedmaßen fand sich keine Disharmonie und kein ungebührlicher Zwist."

Die Gestalt ließ mich an Franziskus denken. Auch er hatte sich einer Kreuzigung unterworfen. Auch er hatte Folterqualen erlitten. Die Gestalt Christi, die man vom Kreuz abgenommen hatte, war ein Spiegel dessen, wie er sich vielleicht gefühlt hatte, wenn er seine kärglichen Brosamen aß, die ihm die Mönche in Valfabbrica so zögerlich gegeben hatten. Endlich verstand er, was es hieß, verleugnet, gegeißelt und in ein Grab absoluter Zurückweisung geworfen zu werden. Doch sonderbarerweise hatte er gelernt, sich selbst zu entsagen. Außer einer inneren Bewegung des Geistes war von ihm nichts geblieben. Er war an einem Punkt angelangt, an dem er lernen musste, das geringe Maß an innerer Einsamkeit, das er erreicht hatte, zu bewahren. Dies war alles, was die Welt ihm gelassen hatte: die Stärke und den Mut, sich seine eigene innere Freiheit zu erschaffen.

In der Figur Christi, die so friedlich in diesem kostbaren orientalischen Raum des Freskos lag, konnte ich Spuren dieses neuen Menschen erkennen, der Franziskus werden wollte. Er ganz allein kämpfte mit dem Dilemma, wie er der „Herold des großen Königs" werden sollte. Er ganz allein bereitete sich auf den Moment vor, in dem er sein Zeitalter transformieren würde. Natürlich lag all dies noch in der Zukunft, und sein unmittelbares Anliegen war es zu überleben. Ungeachtet dessen sollte das, was er in den kommenden Jahren entdecken würde, zu einem der fundamentalen Glaubenssätze der Freiheit werden. Er würde lernen, wie man vertraut.

Gemeinsam mit Pater Gianfranco verließ ich die Kirche von Santa Maria Assunta, und wir traten in die frostige Luft des frühen Winters hinaus. Ich glaube, uns beiden war bewusst, dass wir Zeugen einer Qual geworden waren, die vor langer Zeit stattgefunden, ihre Botschaft der Erneuerung jedoch trotzdem bewahrt hatte. Sie schmälerte auch nicht eine andere Sache, die wir miteinander teilten: Wir beide waren die Erben eines großen historischen Akts der Rebellion. Franziskus hatte uns auf einen Kurs gesetzt, der uns von uns selbst fortführen würde. Meister Eckhart hat einmal gesagt, dass das der einzige freie Besitz ist, den wir bewahren können.

Kapitel 4

Die Stimme des Kreuzes

Gibt es eine Beschreibung von Franziskus? Thomas von Celano hat versucht, die Eindrücke der Menschen festzuhalten, die ihn zu seinen Lebzeiten kannten. Wir erblicken einen Mann von kleinem Wuchs mit mäßig großem Kopf und einem länglichen Gesicht. Seine Stirn ist niedrig und eben. Er hat schwarzes Haar, eine gerade Nase und ziemlich kleine Ohren, die seitlich von seinem Kopf abstehen. Ein späteres Porträt von Cimabue in der Basilika San Francesco zeigt ein ähnliches Aussehen, nur mit dem Unterschied, dass sein Haar nun tonsuriert ist und er ein kleines Bärtchen trägt. Giotto bewahrt dieses Bild des Heiligen in seinen Fresken, fügt seinem Gesicht aber eine gewisse spirituelle Strenge und Einsicht hinzu. Körperlich ist er uns also nicht unbekannt. Wir sehen auf einen Mann von mittlerer Größe, schlank, mit kleinen Füßen und dürren Beinen.[15]

Es ist sehr wichtig, dass wir wissen, was für ein Mensch Franziskus gewesen ist. Ungeachtet seiner Begeisterung für lange Wanderungen auch im rauesten Wetter war er kein Krieger. Manchmal vergessen wir, wie weit Umbrien von Spanien entfernt ist – und er ging zu Fuß dorthin, ohne über die körperliche Anstrengung nachzudenken. Nachdem ich nun sehr viele der Orte besucht habe, die mit seinem Leben verbunden sind, kann ich bezeugen, welche Herausforderung die Lage mancher dieser abgeschiedenen Zufluchten gewesen sein muss. Umbrien ist gebirgig und sogar heute noch wild. Auch die kleinsten Städte sind auf hohen Hügeln hinter abweisenden Mauern erbaut, und es muss äußerst ermüdend gewesen sein, am Ende eines Tages dort hinaufzuklettern. Im Winter kann es sehr kalt sein, und häufig liegt Schnee, der das Land unter seiner weißen Decke begräbt. Bei diesem Wetter müssen Franziskus und seine Anhänger oft zurückgeschreckt sein, ehe sie ihren langen Marsch zu einem der anderen Weiler entlang der Straße begannen.

Und doch ist es ein Land süßer Melancholie. Man muss nur einmal die Gemälde umbrischer Künstler wie Perugino, Gentile da Fabriano und Benedetto Bonfigli genauer betrachten, um zu erkennen, wie tief die Menschen in jenen Tagen den baumbedeckten Hügeln, den bizarren Steingewölben und den von Weinreben überrankten Gartensitzen verbunden waren. Ich spüre eine gewisse Wehmut, die im Geist dieser Künstler am Werk war: Sie wollten etwas einfangen, von dem sie spürten, dass es da war, das zwischen dem Sichtbaren und dem Verborgenen schwang. Es war das sich allmählich offenbarende Bild der Natur, die versuchte, über sich selbst nachzusinnen. Für die umbrischen Künstler war diese Form der Meditation der höchste Akt der Verständigung. Vielleicht sollte Umbrien nach ihrem Wunsch die oft sehr stark empfundene Überzeugung widerspiegeln, dass die Erde in Wirklichkeit ein verkleideter Engel war.

Es ist kein Zufall, dass umbrische Künstler ihre Bildnisse von der Madonna und dem Christuskind viel lieber vor dem Hintergrund der Natur statt vor dem geschlossenen architektonischen Hintergrund malten, den florentinische Künstler bevorzugten. Meiner Meinung nach waren sie überzeugt, dass die Jungfrau sich zwischen Felsen, Bäumen und blumenbedeckten Gärten wohler fühlen würde als in einem hoheitsvollen Gemach in der Stadt. Schließlich war sie nur die Frau eines Zimmermanns, nicht die eines Prinzen. Ihre Landschaft war die Natur, die harte, steinige Umgebung Palästinas und die sandigen Ufer am Nil, wohin sie und Josef vor den Häschern des Herodes geflohen waren.

Franziskus wurde in diese Berge mit ihren Almen, ihren Hochlandwäldern und ihren geröllbedeckten Flussbetten hineingeboren. Sehr wahrscheinlich hatte er in seiner Jugend mit den Bauern in der Gegend an deren Herd gesessen und das Mahl mit ihnen geteilt. Er hatte Schwertschmieden, die Kriegswerkzeug hämmerten, bei ihrer Arbeit an der Schmiede zugeschaut. Er verstand etwas von den Feinheiten bei der Herstellung einer Rüstung und wusste, wie man die Ernte einlagerte, um sich vor dem Mangel des Winters zu schützen. Dann und wann hatte er sich womöglich sogar an der Olivenernte beteiligt oder geholfen, nach den ersten Gewitterstürmen im Herbst die Traubenlese einzubringen. Auf diese Weise war er ein Mann seines Ortes und seiner Zeit, durch ihre Begrenzungen eingeengt und doch fähig, Stärke aus ihrem ewigen Bund mit der Landschaft Umbriens zu ziehen.

Wenn man solche Orte besucht und durch die Zeit zurückblickt, dann betritt man die Landschaft dieser umbrischen Künstler. Ich hatte allerdings das Gefühl, dass ich nicht auf Franziskus' Leben zurückblickte, sondern es bei seiner Entfaltung beobachtete. Ich war auf der Landstraße nach Gubbio entlanggewandert und hatte Ausschau nach Wölfen gehalten. Ich war durch den Wald zum Berg von La Verna hinaufgestiegen. Ich hatte in der winzigen Zelle vor den Mauern von Cortona gesessen und die Zeichen an der Wand betrachtet, die er mit bloßen Händen hineingeritzt hatte. Ich hatte auf dem Marktplatz von Alviano gestanden, wo Franziskus einst die Schwalben getadelt hatte. Ungeachtet seiner Unnahbarkeit und seiner Inwendigkeit war Umbrien ein vertrauter Ort. Es ist, als sei ich, indem ich in seinen Fußspuren folgte, fähig gewesen, es so zu sehen, wie er es vielleicht gesehen hatte – als einen Ort, an dem der Geist all seinen Schrecken abschwören kann, wenn er sich dem Lächeln eines Baumes gegenübersieht.

Das große Abenteuer von Franziskus begann in San Damiano, heute ein kleines Kloster am Hang unterhalb von Assisi. Es war dieses Gebäude, das den Bruch mit seinem Vater ausgelöst hatte, und es war dieser Ort, an dem er eine Botschaft Gottes empfangen hatte. Ein altes Kruzifix an der Wand war Zeuge der Unterhaltung, denn der verwundete Christus hatte Franziskus seine erste Anweisung erteilt: „Gehe hin und stelle mein Haus wieder her. Wie du siehst, ist es dem Verfall preisgegeben.“ Dieses Kruzifix aus bemaltem Holz hängt auch heute noch dort über dem Altar, wo Franziskus es zum ersten Mal sah. Als ich das Bild des Gekreuzigten betrachtete, entstand in mir das Gefühl, dass es noch immer als Mikrofon für die Stimme Gottes dienen könnte, sollte dieser beschließen, eine neue Verkündigung zu tun.[16]

Thomas von Celano behauptet, Franziskus habe die Kirche nicht neu aufgebaut, sondern habe sie vielmehr „mit großem Eifer wieder hergerichtet“. Da er das Geld, mit dem er ursprünglich gehofft hatte, dieses Unternehmen finanzieren zu können, bei ihrem Bruch an seinen Vater zurückgegeben hatte, stand Franziskus vor einem Dilemma. Wenn er seinen Traum wahr machen wollte, dann würde er die Kirche aus eigener Kraft wieder aufbauen müssen. Dies gelang ihm, indem er bei den Einwohnern von Assisi Steine und Baumaterial erbettelte. Für ihre Großzügigkeit versprach er ihnen eine „Belohnung vom Herrn.“ Anscheinend hatte er bereits angefangen, mit einer neuen Form von Währung zu handeln. Armut hatte vielleicht seine Kaufkraft beschränkt, aber sie hatte ihn nicht daran hindern können, San Damiano wieder aufzubauen. Es war ein erster Schritt, um eine neue Lebensweise für sich selbst zu entwickeln – eine Lebensweise, die nicht mehr länger von Geld abhängig war.

Zuerst konnte ich nur schwer verstehen, warum Geld für Franziskus ein solcher Gräuel war. In seinen jungen Jahren gab es nichts, was darauf hinwies, warum er eine so fanatische Abneigung dagegen haben sollte. Seine Einstellung wird jedoch vielleicht ein wenig verständlicher, wenn man einmal tiefer in die Vorstellung eintaucht, die er von der Armut als seinem Tauschmittel mit der Welt hatte. Armut war für ihn die Befreiung von seiner Angst vor *Verlust*. Da liegt der Schlüssel. Geld hat Güter zur Folge, die Besitz zur Folge haben. Der Besitz von Dingen beschwört das Gespenst der Verantwortung für die Dinge und zugleich die Notwendigkeit herauf, Energie aufwenden zu müssen, um diese Dinge zu beschützen. Aus der Sicht von Franziskus kann diese Energie nur verschwendet sein, da sie an die Unbeweglichkeit der Objekte und ihre Neigung zum Verfall gebunden ist. Ein Leben, das der Bewahrung materieller Objekte gewidmet ist – sei dies nun Haus, Geschäft, Besitztum oder Landgut –, erfordert eine bestimmte Art von Bindung, die den Menschen von dem wahren Geschäft ablenkt, das vor ihm liegt: von der Kultivierung des Geistes.

Franziskus war sich dieser Gefahr deutlich bewusst. Etwas in seinem Charakter, eine Art von Poesie der Besitzlosigkeit, ließ ihn die Schwachstellen der mittelalterlichen Gesellschaft sehen. Der Aufstieg der Kaufmannsschicht in Städten wie Florenz, Assisi, Siena und Perugia unterminierte allmählich die alten Ideale der Aristokratie. Man könnte sogar argumentieren, dass die zu dieser Zeit herrschende Vorliebe für die Organisation von Kreuzzügen ein Versuch von seiten der Päpste, der Könige und des Adels war, vom Verfall einer Gesellschaft abzulenken, die noch immer fest in hierarchischen Grundsätzen verankert war. Die Kaufmannsschicht hingegen war in höherem Maße gleichberechtigt, weniger vom Stammbaum der Familie abhängig und stärker darauf bedacht, die in sich geschlossenen Netze der Stadtstaaten abzuschaffen, die von für beide Seiten blutigen und verlustbringenden Fehden heimgesucht wurden. Wenn ein Mann wie Pietro di Bernadone nach Frankreich reisen und dort Geschäfte mit seinen Partnern machen konnte, ohne dass es notwendig war, entweder territoriale Ansprüche geltend zu machen oder durch Heirat eine Allianz einzugehen, dann war seine Gegenwart in dieser mittelalterlichen Gleichung zweifellos potentiell zerstörerisch. In seinen Händen hatte eine Schiffsladung Baumwolle aus Flandern auf dem Markt von Assisi oder Foligno einen höheren Stellenwert als ein Dutzend gut bewaffneter Ritter, die auf dem Weg nach Akkon oder Jerusalem waren, um ein überholtes aristokratisches Ideal zu verteidigen.

Infolge seiner Begeisterung für die alten ritterlichen Gepflogenheiten und seiner Abstammung als Sohn eines Kaufmanns verkörperte Franziskus diesen Konflikt nahezu vollkommen. Einerseits wollte er sich auf den Weg nach Palästina machen, um heroische Taten zu vollbringen, andererseits war er es zufrieden, seine Waren in Spello oder Rieti gewinnbringend zu verkaufen. Er kannte den Wert von Tuch. Vielleicht half die Tatsache, dass er beide Welten kannte, ihm dabei, die wahre Natur kaufmännischer Ausbeutung zu verstehen. Der Adel stützte seine Werte auf Verschwendungssucht, Blutsverwandtschaft und den Besitz immens großer Anwesen. Die Werte der Kaufleute gründeten dagegen auf Genügsamkeit, Gegenseitigkeit und der Anhäufung von Kapital. Ein Vertreter des Adels wäre beispielsweise Friedrich II. von Sizilien, der sein Königreich mit Waffengewalt und diplomatischer Gewandtheit beherrschte. Ein Vertreter der Kaufleute wäre ein Mann wie Cosimo de Medici, die Zierde des florentinischen Handels.

Viel später behauptete der Philosoph Leon Battista in einer Schrift, in der es noch immer um die Dinge ging, die dem Herzen eines Kaufmanns im dreizehnten Jahrhundert nahe standen, dass es für jemanden, der arm war, „nicht leicht ist, kraft seiner Tugenden Ehre und Ruhm zu erwerben“, dass Armut „die Tugend ins Dunkel wirft“ und sie einem „verborgenen und dunklen Elend“ aussetzt. Matteo Palmieri, ein anderer florentinischer Philosoph alter kaufmännischer Abstammung, stimmte mit dieser Ansicht überein. Seiner Auffassung nach hatte nur der erfolgreiche Kaufmann, der in großem Maßstab handelte, es verdient, dass ihm Anerkennung oder Ehren zuteil wurden. Gregorio Dati, der zu den internationalen Seidenhändlern von Florenz gehörte, behauptete sogar: „Ein Florentiner, der kein Kaufmann ist, der nicht durch die Welt gereist ist, fremde Nationen und Völker gesehen hat und wohlhabend nach Florenz zurückgekehrt ist, ist ein Mann, der keinerlei Wertschätzung verdient hat.“ Auch wenn zu der Zeit, als diese Männer ihre Auffassungen kundtaten, bereits über hundert Jahre vergangen waren, seit Pietro di Bernadone mit dem Schiff nach Frankreich gereist war oder die Alpen überquert hatte, hätten ihre Aussagen die Zustimmung des Kaufmanns aus Assisi gefunden. Mit Sicherheit hätte auch er seine kaufmännischen Erfolge als „der Anerkennung wert“ und seinen Reichtum als „großartig und ansehnlich“ betrachtet. Möglicherweise war es ja genau diese Selbstherrlichkeit, die Franziskus dazu gebracht hatte, den mittelalterlichen Handel als das zu betrachten, was er war: eine fortschreitende Materialisierung des kollektiven Geistes seiner Epoche, der mit der Zeit dem Aufstieg des Säkularismus im fünfzehnten Jahrhundert den Weg bahnte. Man kann durchaus den Standpunkt vertreten, dass die Renaissance in Italien ohne die Unterstützung der florentinischen Kaufmannsschicht nicht stattgefunden hätte. Das gilt in gleichem Maße für England: Ohne den kaufmännischen Gewinn, der aus den Heldentaten von Freibeutern wie Drake und Hawkins auf den spanischen Meeren herrührte, hätte es die Renaissance nicht gegeben.

Natürlich war Franziskus sich dieser historischen Prozesse, die zu seiner Zeit am Werke waren, nicht bewusst. Er war sich jedoch mit Sicherheit bewusst, dass die Dinge sich veränderten. Es kann durchaus sein, dass das kaufmännische Engagement des Vaters und dessen Stolz auf seinen eigenen Erfolg bei Franziskus einen wunden Punkt berührt haben. Als Außenseiter, der feststellte, dass er mehr denn je zum Hauptziel des Spotts in Assisi geworden war, konnte er erkennen, wofür andere blind waren: den zunehmenden Drang wohlhabender Menschen, Armut und geistige Angelegenheiten geringschätzig zu behandeln. Frömmigkeit ist die eine Sache – und reiche Leute sind immer die ersten, die zur Kirche gehen –, aber die verloren gegangene Berührung mit diesem tiefen Strom der Religiosität, der Italien zu einem so zivilisierten Zufluchtsort hatte werden lassen, machte seine Menschen zu Eichhörnchen. Bedacht und Besitz traten an die Stelle des einfachen, schlichten Glaubens.

Franziskus' Eintreten für die Armut rührte weniger daher, dass er wie die Armen leben wollte (obwohl es das stillschweigend beinhaltete), als vielmehr daher, dass er sich von allen Verhaftungen befreien wollte. Er erkannte, dass er ein Gefangener ihrer Ketten gewesen war. Wohlstand, Familie, gesellschaftliche Stellung, Beruf – sie spannten ihn in ein Netz aus Beziehungen ein, das es unmöglich machte, sich als Mensch in ganzer Fülle im Abbild Christi zu definieren. Das Ablegen seiner Kleider war ein machtvoller Akt der Zurückweisung gewesen: Alles musste aufgegeben werden, wenn man das Schwert gegen ein Leben der Verwicklungen führen wollte. Der innere Mensch musste endlich vortreten, statt noch länger in kostbare Seiden- und Samtstoffe gehüllt zu bleiben.

Franziskus unterschied sich in dem, was er tat, in nichts von einem Yogi in Indien oder von einem wandernden Derwisch in Arabien. Diese

Visionäre hatten sich ein Leben zu Eigen gemacht, das bestimmt war von dem, was man im Griechischen als *enthymios* bezeichnet – der Akt, in dem man mit der vollen Kraft seines Herzens und seines Geistes über das Objekt der eigenen Sehnsucht meditiert, es begreift, sich vorstellt und projiziert. Es überrascht nicht, dass ein gemaltes Holzbild in einer zerstörten Kirche zu Franziskus „sprach", denn er hatte sich der suggestiven, ja geradezu magischen Natur des Bildes als der Hüterin des Geistes bereits geöffnet. Man könnte sagen, dass er das Bewusstsein der Worte Gottes in seiner Brust trug und sie auf das Kruzifix projizierte. Wie auch immer – es war ein Wunder: Christi Bild auf dem Kreuz gab seinen Gedanken eine schöpferische Kraft, die ein Handeln erforderlich machte. „Stelle meine Kirche wieder her", das waren die Worte, die Gott an ihn, die Franziskus aber *auch* an sich selbst gerichtet hatte.

Jede Geste ist ein Akt der Kommunikation, eine visuelle Sprache. Man sollte das Verhalten von Franziskus nicht als bizarr oder „neben der Spur", sondern als die Syntax einer tieferen Ausdrucksform betrachten. Natürlich ist bizarres Verhalten entnervend, da es einen zerstörerischen Einfluss hat. Als er nackt durch die Straßen lief oder von einem Freund forderte, dass dieser den Fuß auf seinen Kopf stellen und dann auf seinem Körper herumlaufen solle,[17] oder als er einen Bruder bestrafte, weil dieser Geld angefasst hatte,[18] waren das extreme Verhaltensweisen. Franziskus verlegte sich jedoch nicht auf sie, weil er verrückt war, sondern weil er schon früh erkannt hatte, dass ein vernünftiges Gespräch nicht dieselbe Wirkung erzielen würde. Tief in seinem Inneren wusste er, dass die Leute nur allzu gerne schockiert werden wollten.

Die Vorstellung von Armut wurde für Franziskus zu einer konzertierten Aktion des Opferns. Er wollte zeigen, dass man alles aufgeben konnte, um sich von der Welt zu befreien. Man darf seinen Begriff von Armut aber nicht mit Mittellosigkeit verwechseln, die nicht freiwillig, sondern von außen aufgezwungen ist. Dass Franziskus einen Zustand wählte, der mit menschlicher Verzweiflung verbunden ist, könnte man damit vergleichen, dass Christus sich aus freien Stücken für den Tod entschied. Armut wurde zu Franziskus' Martyrium, zu seinem Golgatha, zu seinem feurigen Wagen. Wie der Buddha unter dem Bodhi-Baum sich von allem karmischen Leben lossagte, so war die Armut für Franziskus das große Verweigern – oder das große Hinnehmen.

Das erinnert mich an das, was Christus diesbezüglich gesagt hat: „Selig sind, die da geistlich arm sind, denn das Himmelreich ist ihrer."[19]

Es ist klar, dass Christus damit nicht nur gemeint hat, dass wir ein Leben des Mangels oder der völligen Armut als Mittel zum Zweck annehmen sollen. Ich glaube, seine Botschaft lautete, dass diejenigen, die ein profunderes Verständnis von ihrer spirituellen Armut haben, sich aus ihrem Zustand nur befreien können, wenn sie ein Leben der Losgelöstheit annehmen. Franziskus tat nichts anderes, als in die Fußstapfen bestimmter japanischer Bodhisattvas zu treten, die oftmals extreme Verhaltensweisen annahmen, um gewisse Aspekte ihres Empfindungsvermögens zu befreien. In diesem Sinne wird die Armut zu einem Schlüssel für eine höhere Stufe des Verstehens und der Selbstaufgabe.

Armut war ein Mittel, um aus den Konventionen zwischenmenschlichen Dialogs herauszutreten. Franziskus wusste instinktiv, dass seine Vision für die Menschheit einzig und allein durch eine große Treue gegenüber der Armut ausgedrückt werden konnte. Für ihn war es fast schon ein Akt der Aufwiegelung, denn es stellte das gesamte Fundament seiner Gesellschaft in Frage. Es hieß, sie von innen heraus wieder völlig neu aufzubauen. Diesen Unterschied wollte Franziskus seinen Anhängern nahe bringen. Oft waren seine Aktionen nur deshalb so extrem, weil er – wie jeder revolutionäre Lehrer – versuchte, die Menschen aus ihren gewohnheitsmäßigen Gedankenmustern aufzurütteln. Er wollte, dass sie sich Hunger, Ohnmacht, Zurückweisung, dem Verlust der Verbundenheit, Krankheit, Entbehrung, Isolierung und Verbannung – allen diesen sogenannten negativen Werten – stellen sollten, weil er all die oberflächlichen Notwendigkeiten seiner Zeit zu Fall bringen wollte.

Denn vielleicht war das Reich Gottes für Franziskus kein Ort, wie andersweltlich er auch sein mochte, sondern ein Zustand des Geistes. Er betrachtete es möglicherweise so, wie es ein Zen-Buddhist heute tun würde – als einen Zustand des *Satori* oder gar des Nirwana. Viele Christen sehen ihre Religion nur sehr ungern als die Quelle ekstatischer Erfahrungen, wenn diese nicht mit tief emotionalen religiösen Geschehnissen verbunden sind. „Glückseligkeit" ist aber doch nicht mehr als das Eingeständnis, dass man in einen Zustand gelangt ist, in dem man die Ewige Natur versteht. Im Zustand der Glückseligkeit erhascht man einen Blick auf das bedeutungsvollste Fundament des Reiches Gottes – auf die endgültige Loslösung der Menschen von der Zeit. „Glückseligkeit" erfahren wir dann, wenn wir diesen Zustand verstehen.

Thomas von Celano beschreibt eine Begebenheit mit Bruder Ägidius, der zu den Gründungsmitgliedern der franziskanischen Bruderschaft gehörte. Er erzählt, wie König Ludwig von Frankreich den Bruder auf seiner Pilgerreise ins Heilige Land besuchte. Die beiden Männer begegneten sich, umarmten sich und sprachen kein Wort miteinander. Als seine Gefährten ihn später fragten, warum sie denn nicht miteinander gesprochen hätten, antwortete Bruder Ägidius:

> *Seid nicht überrascht, dass weder er noch ich etwas zueinander sagen konnten. In jenem Moment, als wir uns umarmten, offenbarte das Licht göttlicher Weisheit mir sein Herz und ihm das meine. Ohne die Laute, die von Lippen und Zunge gemacht werden, hörten wir noch besser, als wenn wir mit unseren Lippen gesprochen hätten. Denn wenn wir mit der Hilfe unserer Stimmen hätten erklären wollen, was wir in unseren Herzen fühlten, dann hätte wegen des Mangels der Sprache, welche die geheimen Mysterien Gottes nicht anders als durch mystische Symbole klar zum Ausdruck bringen kann, diese Unterhaltung uns eher traurig gestimmt als getröstet.*

Diese Äußerung ist ein bemerkenswertes Eingeständnis, da sie uns sehr viel über die innere Wesensnatur dieser Männer sagt. König und demütiger Mönch begegnen sich auf dem Feld des Verstehens. Beide hatten sie den Zustand der Glückseligkeit erlangt, ein jeder auf seine Weise. Was sie erfahren hatten, war *unaussprechlich*. Durch sie hatte sich das Göttliche für sich selbst offenbart, indem es sich in ihrem jeweiligen Sein unterschied. Sie versanken in etwas, das viel größer war als sie selbst.

Johannes von La Verna (1259–1332), ein Bruder, der gleichfalls in die Fußstapfen von Franziskus trat, gelangte in den Zustand der Glückseligkeit, während er als Einsiedler in La Verna lebte. Von ihm erzählt man: „Er wurde zu einem solch wundersamen Licht in Gott erhoben, dass er im Schöpfer alle geschaffenen Dinge sah, sowohl im Himmel als auch auf Erden, alle in ihrem jeweiligen Reich befindlich… Danach erhob Gott ihn über jedes Geschöpf, und so wurde seine Seele in den Abgrund der Göttlichkeit und des Lichts aufgenommen und erhoben, und sie wurde im Meer der Ewigkeit und der Unendlichkeit Gottes begraben, bis er nichts mehr fühlen konnte, das geschaffen oder geformt, endlich oder denkbar oder sichtbar war, welches das menschliche Herz ersinnen oder die Zunge beschreiben konnte." Als er später über das meditierte, was geschehen war, kam Bruder Johannes zu „unaussprechlichen Erkenntnissen", die ihm sagten, dass nur durch Christus das ewige Leben erlangt werden konnte.

Dieses „Meer der Ewigkeit und der Unendlichkeit" beschreibt in passender Weise das, was Menschen wie Franziskus unbedingt verstehen wollten. Echte Abenteurer des Geistes waren sie, und ihr Ziel war stets die ekstatische Erfahrung. Armut, Keuschheit und vertrauensvolle Selbstgenügsamkeit waren Teil der Disziplin, die sie sich auferlegten, weil sie wussten, dass sie auf diese Weise ihren Verstand und ihren Geist gewissermaßen für das Erscheinen des Seraphen bereit machten. Schilderungen von Erfahrungen, wie sie Johannes von La Verna und Franziskus selbst erlebt haben, sollten uns nicht überraschen. Sie sind das Produkt einer achtsamen Anwendung des Geistes auf die Materie, der wohl überlegte und entschlossene Versuch, das Sichtbare im Streben nach etwas Erhabenerem zu entmaterialisieren.

Im Zeitalter computergesteuerter Zauberkunststücke mag all das ziemlich obskur klingen. In Franziskus' Zeit war die Kommunikation mit der anderen Welt dagegen kein technologisches Ereignis, sondern geschah erst nach einer langen Zeit der Verbundenheit mit den Emanationen, die das durchdrangen, was man damals für den „Äther" hielt. Die Wissenschaft glaubte, der Äther sei ein erhabener und äußerst elastischer Stoff, der den gesamten Raum durchdrang, einschließlich der Zwischenräume zwischen den einzelnen Materieteilchen. Diese Auffassung ließ die Vorstellung von „ätherisch" entstehen, womit eine nicht greifbare, überirdische Zartheit und Feinheit des Geistes gemeint war. Zugang zu diesem Äther zu gewinnen war kein unmöglicher Traum. Es erforderte nicht mehr als eine „Veränderung im Herzen" des Empfängers, damit die Urwolke sich öffnen und ihre Geheimnisse preisgeben würde.

Ich vermute, dass genau das geschah, als Franziskus zum ersten Mal einen Blick auf das Kruzifix in San Damiano warf. Alle seine Erfahrungen verbanden sich mit dem, was er dort in der Apsis der Kirche hängen sah. Die Kreuzigung stellte einen kosmischen Bruch der alten Ordnung dar, und Gottes Anweisung, die Kirche wieder aufzubauen, war eine Stimme, die aus den Urtiefen dieses Bruches sprach. Als der naive Mensch, der er war, wollte Franziskus die Last dieses Bruches tragen und zum Kerninhalt seines Lebens machen. Er wollte das *Wesen der Kreuzigung* auf seinen Schultern tragen und auf diese Weise das Geschehnis als ein fortgesetztes Ereignis wiederholen. Wenige vor ihm hatten sich an diese Aufgabe herangewagt, und kaum einer würde ihm jemals auf seine Reise in die dunkle Nacht der Seele folgen. Man muss diesen Prozess jedoch verstehen: Es ist der Prozess eines Mannes, der auf der Flucht vor dem Gewöhnlichen war, vor dem, was einen Menschen weniger sein lässt, als er ist, vor Bedingungen, die dem Glauben seine Einheit des Willens und des Handelns verwehrten. Franziskus hatte sich selbst das Zeichen des Kain aufgedrückt, damit er seine Zeit läutern konnte.

In San Damiano wurde mir bewusst, welchen Kampf Franziskus gefochten hatte, um das zu verteidigen, was er für das neue Glaubenssystem hielt. An dieser Stelle hatte er die Stimme Gottes gehört, die aus einem Kruzifix zu ihm sprach. Hier hatte er während seines letzten Lebensjahres, als er körperlich gebrochen war und sich in der Obhut des Menschen befand, den er am tiefsten liebte, nämlich Klara di Offreduccio, auch seinen Sonnengesang komponiert, sein Loblied an die Welt, der er widerstanden, die er umarmt und ertragen hatte. In der Kirche selbst hängt das Kruzifix noch immer über dem Altar, Zeugnis für diese Stimme. Es zeigt, wie bereits erwähnt, keinen Christus in Todesangst, sondern die ätherische Gestalt Gottes, der aus Liebe zur Menschheit in erhabener Weise leidet. Man spürt, dass diese winzige Kirche eine Reihe denkwürdiger Ereignisse erlebt hat, deren Anfänge im Wunsch eines jungen Mannes begründet liegen, eine Ruine wieder aufzubauen und so seinen eigenen Glauben zu erhöhen.

Ich fragte mich, warum ich wohl hierher gekommen war. Um dieses Kruzifix zu betrachten? Oder um mir einfach jene Tage in Erinnerung zu rufen, in denen Franziskus Steine brach und Wände mauerte? Ich sehe ihn vor mir, die Haare voller Steinstaub, wie er dankbar Dachbalken und anderes Baumaterial von den Menschen entgegennahm, die gekommen waren, um ihn bei der Arbeit zu beobachten. Die Menschen waren fasziniert. Trotz ihrer Zurückhaltung spürten viele, dass sie mehr sahen als den Wiederaufbau einer zerstörten Kapelle. San Damiano war der Beginn von etwas. Der nackte Krieger aus ihrer Heimatstadt war nun endlich aktiv mit etwas beschäftigt. Vielleicht würde er doch noch in den Schoß der Gemeinde zurückkehren. Vielleicht würde er ja doch das Leben eines Bettelmönchs aufgeben und seinen ihm rechtmäßig zustehenden Platz im Schoße seiner Familie wieder einnehmen.

Diese Träume von Normalität klingen hohl. Ich wusste, dass Franziskus sich nie und nimmer mit einem solchen Leben abgefunden hätte. Er hatte sich verpflichtet, mehr als nur eine Kirche wieder aufzubauen: Er wollte eine ganze Denkungsart erneuern. Für ihn war San Damiano ein *Omphalos*, ein „Mittelpunkt der Welt“, nicht anders als Delphi im alten Griechenland oder Benares in Indien. Es sollte für etwas stehen, das auch dann noch eine Bedeutung haben würde, wenn er schon lange gegangen war. Das Kruzifix, das dort in der Kapelle hing, war die lebendige Verkörperung einer Stimme, die nie verhallen würde, solange Menschen an übernatürliche Realitäten glaubten, an ihr Recht, mit dem Unsichtbaren in Berührung zu sein.

Kapitel 5

Klaras Stelldichein

An einer Wand in der unteren Kirche der Basilika San Francesco findet sich ein von Simone Martini gemaltes Fresko. Es zeigt eine junge Frau mit Adlergesicht, schlanker Nase und kleinem Mund. Stirn und Haare sind in eine weiße Kapuze gehüllt, die locker über eine Schulter geworfen ist. Unter ihrem Habit ahnt man eine junge Frau in der Blüte ihrer Jugend. Ihr Blick jedoch ist nach innen gerichtet. Sie sieht den Betrachter nicht an, sondern erforscht einen entfernten Gegenstand, der sich außerhalb des Rahmens befindet. Hinter ihrem Kopf sieht man ein großes Mandala mit einem verschlungenen Muster, das aus Rosetten und den Köpfen von Cherubim besteht. Jenseits des Heiligenscheins selbst liegt ein Nebel aus purpurner Farbe, der auf einen Ozean der Tiefe und der Beherrschtheit hindeutet.

Als ich dieses Bildnis mit einem anderen Gemälde in der benachbarten Basilika Santa Chiara verglich, war ich von der Ähnlichkeit der äußeren Erscheinung überrascht.[20] Auch hier wird Klaras Gesichtsausdruck durch den fehlenden Augenkontakt beherrscht. Offensichtlich fiel es ihr schwer, einen anderen Menschen direkt anzuschauen. Natürlich hätte sie scheu sein können. Da ich aber von ihrer Charakterstärke und ihrem Eigensinn weiß, glaube ich, dass ich hier vielmehr eine Frau vor mir sehe, die mit einem Geheimnis aufgewachsen ist. Bereits sehr früh im Leben hatte sie in sich etwas erkannt, das weder durch kindliche Zuneigung noch durch Freundschaft oder menschliche Liebe zu erlangen war. Ihre Haltung ist weniger durch Kälte als vielmehr durch ein Gefühl unerreichbarer Einsamkeit gekennzeichnet. Mir scheint, dass Klara di Offreduccio einer jener seltenen Menschen war, die das in sich tragen, was man als transzendente Intuition, als Kenntnis Gottes bezeichnen könnte.

Warum sage ich das? Alle Berichte über Klara deuten auf eine junge Frau hin, die sich schon sehr früh in Franziskus verliebte. Ihre Vernarrtheit in ihn war ebenso sehr von ihrer eigenen jugendlichen Begeisterung für das Leben wie von der puren Verwegenheit seines ungehörigen Verhaltens auf den Straßen von Assisi bestimmt. Hier war ein junges Mädchen – kaum siebzehn Jahre alt, während er bereits auf die Dreißig zuging –, das die Kühnheit besaß, in seiner Umkehrung von Werten, in seiner mutwilligen Nichtanpassung etwas zu erkennen, mit dem sie sich unmittelbar identifizieren konnte. Ihre Liebe wurde nicht von einer starken körperlichen Anziehungskraft bestimmt. Es war die Liebe eines Menschen, der durch eine Geistgestalt verführt worden war. Diese Gestalt in Person von Franziskus verkörperte eine engelhafte Funktion und war für sie die Bestätigung, dass es eine Zuneigung zwischen dem Unsichtbaren und dem Sichtbaren, zwischen Spiritualität und Vernunft, geben konnte.

Diese Leistung ist nicht zu unterschätzen. Andererseits hatte Franziskus jedoch bereits gezeigt, dass er noch nicht einmal vor dem Gericht für sittliche Maßstäbe Angst hatte, seine eigenen Maßstäbe zu entwickeln. Dadurch, dass er sich von den Gesetzen der gesellschaftlichen Rechtschaffenheit und Akzeptanz losgesagt hatte, hatte er einen Kurs in unbekannte Gewässer eingeschlagen. Das ließ seine Reise – zumindest für ein distanziertes Auge – gefährlich erscheinen. Wie die Seefahrer seiner Zeit riskierte er möglicherweise den Tod, wenn er über Kap Bojador an der fernen Westküste Afrikas hinaussegelte, von dem man damals dachte, es sei jener Ort, an dem die Scheibe der Erde plötzlich zu Ende war. Vielleicht war sein Verhalten eine Einladung, in den Abgrund zu springen. Vielleicht war es aber auch äußerst verführerisch.

Bis zu dieser Zeit in ihrem Leben hatte Klara das normale Dasein eines Kindes aus wohlhabender Familie geführt. Aufgrund der Spaltung, die durch den Krieg zwischen Assisi und Perugia entstanden war, hatte sie ihre frühen Jahre zum größten Teil nicht in ihrer Heimatstadt verbracht. Während dieser Zeit gesellschaftlicher Konflikte waren die adeligen Familien in Assisi nicht gut gelitten, und so hatten ihr Vater und ihre Mutter den Haushalt klugerweise nach Perugia verlegt. Dort war sie in einer geschützten Umgebung aufgewachsen, als Tochter eines Verbannten und daher von den Einwohnern von Perugia in gewisser Weise geduldet. Sehr wahrscheinlich wusste sie, dass zu jener Zeit zumindest einige ihrer Mitbürger aus Assisi in den Verliesen unter der Stadt eingekerkert waren, aber es ist unwahrscheinlich, dass in einem Gespräch der Name Francesco di Bernadone fiel. Er war ein einfacher Gefangener und sie die Tochter eines Unterdrückers.

Allein wegen ihrer Klasse und ihrer gesellschaftlichen Stellung gab es zwischen ihnen eine unvermeidliche Kluft, und die zusätzliche Bürde der Verbannung musste den Träumen eines jungen Mädchens von zu Hause einen bittersüßen Hauch verliehen haben. Auch wenn sie erst siebzehn Jahre alt war, war Heirat eine durchaus reale Möglichkeit für eine Familie, die seit langem an Eheverträge und Allianzen gewöhnt war. Womöglich hatte man unter den anderen aristokratischen Verbannten in Perugia bereits einen Mann ausgewählt, der sie heiraten sollte, wenn die Zeit dafür gekommen war. Klaras Schicksal schien klar: Ihre Schönheit, diese ruhige Losgelöstheit, die alles andere als eine einsame Distanz ausschloss, würde mit einem jungen Mann verlobt werden, der in der Lage war, ihre Mitgift als eine Ergänzung seines eigenen Reichtums zu beanspruchen.

Was also geschah, das diese Zukunftsaussichten veränderte? Diese Frage habe ich mir oft gestellt, wenn ich durch die Straßen von Assisi lief oder die Basilika Santa Chiara betrat, um ihren mumifizierten Leib zu betrachten, der hinter Glas in seinem vergoldeten Schrein liegt. Zeit und Tod hatten sie nicht zugänglicher gemacht. Dort lag sie in ihrem schwarzen Habit, den Kopf weiß verhüllt, einen Strauß künstlicher Lilien in den Händen. Ihr Blick schien noch immer auf einen entfernten Ort gerichtet. Heute ist Assisi natürlich eine Ansammlung von Touristenläden, die Schmuckgegenstände zum Gedenken an Klara und Franziskus verkaufen. Diese Symbole können aber nur an die gewöhnlichen Aspekte ihrer Beziehung erinnern: an zwei fromme Menschen, die sich gegenseitig zu einer tiefen Bindung an Gott inspirierten. Ich habe allerdings die Vermutung, dass das, was wirklich geschah, mehr mit innerer Erkenntnis als mit Frömmigkeit zu tun hatte.

Es ist nicht leicht, über eine Liebe zwischen zwei Menschen zu sprechen, die den normalen Anforderungen gegenseitiger Anziehungskraft nicht entspricht. Nahm man das gesellschaftliche und politische Gefüge, das die Ehe im Mittelalter umgab, einmal fort, blieb noch genügend Raum, um Herzschlag und Gefühle zu beflügeln. Die Troubadoure hatten die höfische Liebe nach Italien gebracht, und in die Studierzimmer der Gelehrten von Florenz waren viele Vorstellungen gelangt, die aus dem maurischen Spanien kamen. Der aus Córdoba stammende Dichter Ibn Hazm, der zur Zeit der Omaijaden-Dynastie im 11. Jahrhundert lebte, stellte fest: „Ich sehe eine menschliche Form, doch wenn ich tiefer meditiere, dann glaube ich, sie in einem Körper zu sehen, der aus der himmlischen Welt der Sphären kommt." Er fuhr fort, indem er argumentierte: „Liebe in und aus sich selbst heraus ist Zufall und kann deshalb nicht die Grundlage für andere Zufälle sein." Nahezu dreihundert Jahre später gab Dante diese Ansicht in fast genau denselben Worten wieder: „Liebe existiert nicht in und aus sich selbst heraus als ein Stoff: Sie ist der Zufall eines Stoffes."[21] Ibn Hazm zitiert auch Ibn Dawud, der seinerseits Platons *Symposion* anführt: „Meine Meinung [über das Wesen der Liebe] ist, dass sie aus der Vereinigung von Seelen besteht, die nun getrennt voneinander umhergehen im Vergleich dazu, wie sie zu Beginn in ihrem erhöhten Wesen waren." Platos Vorstellung, dass Seelen einander suchen, weil sie schon einmal eine Beziehung zueinander hatten, bevor sie zur Erde hinabstiegen und einen Körper annahmen, ist als die Lehre von der *Erinnerung* bekannt.

Fin' amour, also die Liebe aus der Ferne, erkennt die Lehre von der Erinnerung stillschweigend an. Aber wenngleich sie uns darauf aufmerksam macht, dass noch andere Realitäten existieren, nämlich Realitäten, die in dem verkörpert sind, was Ibn Hazm die Welt der Sphären nennt, so ist sie dennoch auf einer höfischen Erotik begründet. Unter der Oberfläche sind noch immer körperliche Dinge am Werk. Ein Mensch mag sich zwar an ein erhabenes Geschehnis aus einem früheren Leben erinnern, doch das befreit ihn in keiner Weise von den körperlichen Forderungen der Liebe selbst. Dadurch entsteht echte Spannung – eine Spannung, von der Klara ganz eindeutig erfüllt war, als sie Franziskus zum ersten Mal sah.

Niemand weiß, wann das wirklich geschah. Wahrscheinlich ist aber, dass sie ihm zum ersten Mal begegnete, nachdem sie, mittlerweile eine junge Frau, aus dem Exil nach Assisi zurückgekehrt war und man Franziskus aus dem Gefängnis von Perugia entlassen hatte. Vielleicht hatte sie ihn auf einem ihrer behüteten Spaziergänge durch die Stadt bemerkt, als er beim Betteln auf der Straße seine Mätzchen machte. Wahrscheinlich erinnerte sie sich auch an seinen Ruf als „König der Feste" und daran, wie er später allen seinen weltlichen Besitztümern abgeschworen hatte. Es ist durchaus möglich, dass diese Begegnung einen tiefen Eindruck bei ihr hinterlassen hat: Ihrem jungen Verstand fiel es sicherlich schwer, mit einem solchen Gegensatz zurechtzukommen. Ein reicher Mann beschließt, das Leben eines Bettlers zu führen. Ein junger Kaufmann lässt sein Geschäft im Stich. Etwas im Verhalten von Franziskus muss sie jedoch berührt haben: Womöglich war es das Gefühl, dass der gesellschaftliche Aufruhr, den er hervorrief, von einem viel profunderen Aufruhr seines Geistes herrührte.

Wenn junge Menschen an einem kritischen Punkt in ihrem Leben stehen, sind sie vielfach offen für Einflüsse, die sie später wieder verwerfen. Dieser Punkt tritt fast immer dann ein, wenn die Fähigkeit zur Entscheidung erwacht, die Unschuld der Jugend indes noch unverdorben ist. Es ist ein heikler Augenblick. Diese – für wie lange auch immer – in Besitz zu nehmen kann das gesamte Leben verändern. Das Wunder und das Chaos der Existenz als ein zusammenhängendes Ganzes zu erfahren kann jedoch auch machtvolle Gefühle des Widerspruchs auslösen. Junge Menschen fühlen sich, als würden sie von einem Sturm durchgerüttelt, als seien sie unfähig, mit der ständigen Anwesenheit des Unheimlichen umzugehen. Denn das ist es, was ihnen begegnet: Das Unheimliche ist schließlich eine Annäherung an die Urtiefen der Existenz. Die Auseinandersetzung damit ist so, als müsse man einen wilden Tiger bezwingen.

Wenn zwei Menschen diese Gefühle gleichzeitig und noch dazu in der Gegenwart des jeweils anderen erfahren, bieten sie der Welt ein äußerst starkes menschliches Elixier. Gewöhnliche Dinge werden auf eine andere Weise wahrgenommen: Ein Musikstück wird als schmerzhaft schön empfunden, die Zeile eines Gedichts erlangt eine unendlich große Ausdruckskraft, eine Blumenwiese wird zu einem sichtbaren Gedicht. Was geschieht, ist paradox und verwirrend zugleich: Wir werden von unseren Emotionen, unseren Gefühlen und unserem Empfindungsvermögen in die Irre geführt, und es gelingt uns nicht, wieder „auf den Boden zu kommen".

Wie geht man mit einer solchen Erfahrung um? Man kann sie einfach abtun und sich den fleischlichen Begierden hingeben. Man kann sich auch in einen Elfenbeinturm zurückziehen und äußerster Empfindsamkeit die Herrschaft überlassen. Oder aber man erkennt die volle Bedeutung dessen, was geschieht, und begibt sich in die Domäne dieser transzendenten Intuition. Ich glaube, dass Klara genau das getan hat, als sie Franziskus begegnete. In ihren Augen verkörperte er all das, womit sie sich herumschlug, denn auch sie wurde von religiösen Fragen gequält. Sie sehnte sich nach einer Welt, die frei war von der Falschheit der Politik, von den Problemen des Alltags und vom Wunsch ihrer Familie, sie gut verheiratet zu sehen. Mit einem Wort: Klara war verwirrt.

Konnte man dasselbe auch von Franziskus sagen? Er war zwölf Jahre älter als sie und hatte sich bereits dem Leben eines Bettelmönchs verschrieben. Alles, was er in der letzten Zeit getan hatte, ließ es so scheinen, als sei er mit einem göttlichen Wahnsinn im Bunde. Er hatte sich zum Gewissen von Assisi gemacht und forderte dessen Einwohner heraus, ihn entweder zu akzeptieren oder aus der Stadt zu jagen. Andere schlossen sich seiner Bewegung bereits an. Bruder Ägidius, Sabbatino, Morico, Giovanni di Capella, Philippus der Lange, Angelo Tancredi, Bernhard von Quintavalle, Elias Buonbarone von Cortona, Juniper, Leo, Masseo da Marignano, Petrus Cattani und Bruder Rufino waren seiner noch jungen Bruderschaft schon beigetreten.[22] Die Männer lebten in einem rauen Lager auf der Ebene unterhalb von Assisi, an einem Ort namens Portiunkula.

War Franziskus bereit, in der Person Klaras ein unvergängliches Gefühl für einen anderen Menschen zu erfahren? Die Chroniken scheinen es zu glauben – allerdings stets unter der Bedingung, dass es zwischen ihnen keine körperliche Intimität gab. Ihre Liebe, so geht die Geschichte, wurde im Himmel gemacht. Was sie ineinander sahen, ist genau das, was Ibn Hazm beschreibt: die Erkenntnis, dass ihre Seelen in einem früheren Leben miteinander vereint gewesen waren und sich in diesem Leben wiedergefunden hatten. Es klingt fast wie romantische Unterhaltungslektüre. Doch das Bild von zwei „miteinander verbundenen Atomen", die einander finden und sich demselben Ideal verschreiben, bleibt bestehen. Dadurch haben sie sich anderen Größen wie Abélard und Héloïse, Tristan und Isolde, Paolo und Francesca, Dante und Beatrice angeschlossen. Natürlich verehren alle großen Liebesbeziehungen verschiedene Aspekte des menschlichen Zustandes. Was die Beziehung zwischen Franziskus und Klara zum menschlichen Experiment beitrug, war das gemeinsame Erkennen des transzendenten Wertes, den radikale Armut besitzt.

Den Porträts nach zu urteilen, die ich von Klara gesehen habe, vermute ich, dass Franziskus sich sehr stark von ihr angezogen fühlte. Sie war tatsächlich eine Schönheit. Kein Mann, für wie keusch er sich auch immer halten mochte, kam umhin, eine Frau zu bemerken, die in der vollen Blüte ihrer Jungfräulichkeit war – und zugleich ein gewisses Maß an Losgelöstheit und Kühle ausstrahlte. Jungfräulichkeit kann ein Aphrodisiakum sein, besonders wenn sie mit einer Unberührbarkeit einhergeht, die fast schon provokant ist. Franziskus muss das gespürt haben.

Er muss auch gewusst haben, dass er es nicht mit einer durchschnittlichen Frau zu tun hatte. In Klara war er einer Frau begegnet, die sich schon längst dem widersetzte, wofür sie stand, auch wenn es ihr selbst überhaupt noch nicht klar war. Einen solchen Zustand verstand nur er, weil er selbst begonnen hatte, auf eine sehr ähnliche Weise zu leben.

Was also empfand Franziskus, wenn wir davon ausgehen, dass er auf seine eigene Weise in Klara vernarrt war? Ich glaube, dass er in einer ganzen Reihe widersprüchlicher Emotionen gefangen war. Einerseits war er dankbar, ein offenes Ohr gefunden zu haben, das zuhörte, wenn er von seinen Träumen und seinen Hoffnungen erzählte. Andererseits muss er sich der Gefahren bewusst gewesen sein, für die er sich öffnete. Liebe zwischen der Tochter eines Aristokraten und einem Bürgerlichen war schon riskant genug. Liebe zwischen einer Jungfrau und einem Mann, der erklärtermaßen im Zölibat lebte, roch nach einem abscheulichen Verbrechen. Auch wenn die Leidenschaft zwischen Francesca und Paolo erst fünfundsiebzig Jahre später ausbrach, ist sie dennoch bezeichnend dafür, wie man eine solche Liaison zu Franziskus' Zeit betrachtet hätte.[23] Den Ruf einer jungen Frau – und noch dazu einer di Offreduccio – zu beschmutzen, hätte schwerwiegende Folgen seitens ihrer Familie nach sich gezogen. Vielleicht hätte man ihn sogar getötet.

Ich vermute, dass Franziskus gezwungen war, sich in seiner Beziehung zu Klara mit seinen Gefühlen abzufinden. Trotz seines erklärten Glaubens an die Keuschheit muss seine Jugend einer gewissen Art von Tortur unterworfen gewesen sein. Er muss in diese eindringlichen Augen – die bislang nicht mehr als eine einsame Distanz gezeigt hatten – geschaut und sich gefragt haben, was er empfand. War sein Traum Wirklichkeit? Er muss sich auch die Frage gestellt haben, ob er mutig genug war, sein selbstauferlegtes Gelöbnis aufrechtzuerhalten. Klara stand für die Mutwilligkeit der Schönheit, die es zum Objekt ihrer Begierde drängte: zu jener Vereinigung von Geist und Körper in einem stürmischen Akt tief empfundener Leidenschaft. Konnte er widerstehen, oder war auch er nur einer jener Möchtegern-Asketen, die ihre wahren Gefühle unter ihrer Kutte verbargen?

Als ich in der Basilika Santa Chiara auf Klaras verdorrten Körper blickte, kamen mir diese Fragen in den Sinn. Es reichte nicht aus, Franziskus als einen Mann zu sehen, der eine übermenschliche Willenskraft besaß, den Körper verabscheute und Frauen als nicht ebenbürtig betrachtete. Es ist wahr, dass er sich von ihnen distanzierte und seinen

Brüdern riet, dasselbe zu tun, aber das heißt nicht, dass er ein Frauenfeind war, wie es oft von ihm behauptet wird. In seinen späteren Lebensjahren war sein Umgang mit Frauen von einer großen, mit Zurückhaltung gemischten Sympathie gekennzeichnet. In Gubbio zögerte er nicht, einer Frau ihr Augenlicht zurückzugeben und die verkrüppelten Hände einer anderen Frau zu heilen. Thomas von Celano berichtet: „Als sie erfahren hatte, dass Franziskus in die Stadt gekommen war, eilte sie zu ihm… sie zeigte ihm ihre gelähmten Hände und bat ihn, er möge sie berühren. Von Mitleid gerührt, berührte er ihre Hände und heilte sie. Sofort kehrte die Frau voller Freude nach Hause zurück, buk mit ihren eigenen Händen einen Käsekuchen und bot ihn dem heiligen Mann an. Er nahm freundlich ein Stück davon und gebot der Frau, den Rest mit ihrer Familie zu essen.“[24]

Die Zeugnisse sind widersprüchlich. Thomas von Celano berichtet zum Beispiel, dass Franziskus den Kopf senkte, als er auf der Reise nach Bevagna einer Frau und ihrer Tochter dafür dankte, dass sie ihm etwas zu essen gegeben hatten. Von einem Gefährten gefragt, warum er diesen so freundlichen Menschen denn nicht ins Gesicht geblickt habe, antwortete er: „Wer muss sich nicht fürchten, die Braut Christi anzuschauen? Wenn aber eine Predigt mit den Augen und mit dem Gesicht gepredigt wird, dann blickt sie mich an, nicht aber ich sie.“ Oft sagte er, dass Frauen frivol seien. „Was sollte ein minderer Bruder wohl mit einer Frau zu schaffen haben?“ Und doch schrieb er kurz vor seinem Tod einen Brief an Giacoma di Settesoli, eine römische Dame, und bat sie, an seine Seite zu eilen, wenn sie ihn vor seinem Tod noch sehen wolle. „Bringe ein Stück dieses aschefarbenen klösterlichen Tuches mit, um meinen Körper zu verhüllen, und das Wachs, das für meine Beerdigung benötigt wird“, bat er sie. „Darüber hinaus bitte ich dich, mir auch ein wenig von der Speise zu bringen, die du mir immer gabst, wenn ich krank in Rom lag.“[25] Dies sind ja wohl kaum die Äußerungen eines Mannes, der eine Abneigung gegen das andere Geschlecht hatte.

Wenn ich an diese Geschehnisse denke, dann sehe ich einen Mann vor mir, der in der Gesellschaft von Frauen ein gewisses Maß an Distanz zeigte, aber keinen Mann, der Frauen nicht mochte. Offenkundig hatte er sich selbst darin geschult, in ihrer Gegenwart reserviert und sogar unnahbar zu bleiben, aber er war niemals abfällig. In seiner Jugend hatte er immer den Ruf eines Mannes gehabt, der die Gesellschaft junger Damen genoss, und als „König der Feste“ war es ohnedies seine Pflicht gewesen, gesellig zu sein. Was ich hier am Werk sehe, ist jedoch eine gewisse Zwiespältigkeit in seinem Verhältnis zur Sexualität. Unterschied Franziskus sich in dieser Hinsicht so sehr von anderen Menschen seiner Zeit? Trotz des Einflusses der Troubadoure, der sich in den meisten Fällen an den Geschmack der aristokratischen Klasse richtete, waren die Frauen in der Gesellschaft des Mittelalters in der Regel kaum mehr als bewegliches Hab und Gut. Im politischen Spiel konnten sie wie Schachfiguren verheiratet werden, sie hatten kaum gesetzlich verbriefte Rechte, und die Tatsache, dass sie die Kinder gebaren, war die einzige Anmaßung, die sie sich gegenüber den Männern leisteten. Franziskus war mit seiner Anschauung also ganz offensichtlich nicht sehr weit von der herrschenden Meinung entfernt. Seine Biographen hatten jedenfalls keine Gewissensbisse, seine Einstellung gegenüber Frauen zu schildern – sehr wahrscheinlich, weil sie diese teilten.

Ich wollte also nicht glauben, dass er Frauen nicht mochte. Ebenso wenig wollte ich akzeptieren, dass er sie aufgrund eines ihnen innewohnenden Mangels ablehnte.[26] Es war einfach so, dass er um seine Schwächen wusste, auch wusste, dass der Weg, für den er sich entschieden hatte, eine bestimmte Art der Abstinenz von ihm forderte. Er musste die Fülle des Daseins, die ihm die Anwesenheit einer Frau bieten konnte, zugunsten von etwas aufgeben, das weitaus schwieriger zu erlangen war. Damit sollte die Frau nicht als Wesen, sondern als Objekt herabgesetzt werden. Franziskus verstand diesen Unterschied besser als die meisten anderen Menschen, und er wusste auch, wie schnell er der Eva in der Frau erliegen und so den taumelnden Adam in sich selbst offenbaren konnte.

Auf jeden Fall war Klara von seiner Vision so sehr berührt, dass sie beschloss, ihr Leben als Tochter eines Adeligen aufzugeben und das Risiko eines Lebens als Asketin einzugehen. In der weltlichen Zeit, in der wir leben, ist nur schwer zu verstehen, warum eine junge Frau aus einer tief christlichen Familie (ihre Schwester und ihre Mutter folgten ihr später in ihr frommes Leben) die vornehme Gesellschaft verlassen und ihren eigenen, geschlossenen Orden gründen sollte. Angesichts der verlockenden Möglichkeiten, die ihr im geschlossenen Umfeld des aristokratischen Privilegs offen standen, hat das schon fast den Beigeschmack von Selbstaufgabe. Sie jedoch hatte keine Angst davor, auch wenn sie erst siebzehn Jahre alt war.

Das letzte Argument gegen mögliche Vorwürfe der Frauenfeindlichkeit, die man Franziskus machen könnte, betrifft Klara selbst. Wenn Frauen der Feind waren, warum gab er ihr dann so viel von sich selbst? Warum übte er einen so großen Einfluss auf ihre Entscheidung aus, ihr normales Leben zugunsten des Rückzugs aus der Welt aufzugeben? Ich vermute, er tat es, weil er in Klara etwas erkannt hatte, das einzigartig war: Sie war, wie es nur wenige Menschen sind, eine wahre Aristokratin des Geistes. Franziskus war dabei, Menschen – Männer und Frauen – um sich zu versammeln, die würdig waren, als Mitglieder seiner *illuminati* betrachtet zu werden. Damit sie einer solchen Bruderschaft beitreten konnten, mussten beide Geschlechter das Reich sinnlicher Begierden verlassen. Dazu mussten sie sich verpflichten. Er wollte, dass die Menschen erkennen sollten, dass Sexualität nicht böse, aber ein Hindernis für das Verstehen und Erfahren transzendenter Intuition war. Für ihn war Sex eine körperliche Emotion, die im Reich der Fleischeslust bleiben musste. Dort hatte sie ihren Nutzen. Für alle Menschen, die eine tiefere Realität erforschen wollten – eine Realität, die davon abhängig war, dass sie die Rolle Gottes in ihrem Leben erkannten und verstanden –, war Sex allein durch seine Natur ein Hemmnis. Das sollte die Sexualität nicht herabsetzen, sondern ihre Begrenzungen offenbaren.

Man kann die Beziehung zwischen Franziskus und Klara deshalb nicht beurteilen, indem man die Kriterien normaler Anziehungskraft anwendet. Täte man es, würde man eine Beziehung von äußerst großer Komplexität herabsetzen – eine Beziehung, die ihre Inspiration nicht im alltäglichen Wechselspiel zwischen Mann und Frau fand. Franziskus übte nicht unbedingt eine starke körperliche Anziehungskraft auf Klara aus, selbst wenn das nach unserem heutigen Verständnis nicht zu verurteilen wäre. Aber auch dann, wenn es so gewesen wäre, hätten solche Erwartungen angesichts ihrer jeweiligen gesellschaftlichen Stellung nie erfüllt werden können. Nein, was zwischen diesen beiden jungen Menschen geschah, war Teil von etwas ganz anderem: Meiner Meinung nach waren sie durch den gemeinsamen Wunsch inspiriert, einen Zustand der Glückseligkeit zu erlangen. Es war die Vorstellung von Glückseligkeit, die sie drängte, im jeweils anderen ihr himmlisches Gegenüber zu erkennen.

Diese Vorstellung ist womöglich nur schwer zu verstehen oder zu akzeptieren. In einem Zeitalter emotional geprägter Liebe ist eine spiritualisierte Liebe kaum vorstellbar. Sie ist der Stoff, aus dem Heldengedichte oder mittelalterliche Romanzen gemacht sind. Sind ein neunundzwanzigjähriger Mann und ein siebzehnjähriges Mädchen fähig, ihre natürlichen Instinkte so weit zu unterdrücken, dass eine andere Art von Liebe aufblühen kann? Ihren Porträts nach zu urteilen waren beide attraktive Menschen. Welches Maß an gegenseitiger Entschlossenheit musste also aufgebracht werden, um diese erhöhte Liebe zu verwirklichen? Das ist die Frage, die keiner der Kommentatoren in der Vergangenheit hinlänglich beantwortet hat, weil – wie ich glaube – dafür eine tiefere Kenntnis von und ein tieferes Verständnis für das Wesen der Liebe erforderlich ist, als es ein Mönch oder ein Mann der Kirche gewöhnlich besitzt. Das aber waren die ersten Menschen, die über das Leben von Franziskus berichteten.

Als ich Klaras Körper ansah – nein, über ihre sterblichen Überreste nachsann –, kam mir der Gedanke, dass ihre Beziehung zu Franziskus ein Vorbote für die Beziehung zwischen Dante und Beatrice vierundsechzig Jahre später gewesen war. Es gab allerdings einen Unterschied: Es ist fraglich, ob Beatrice jemals wusste, dass sie für den Dichter das höchste Objekt der Anbetung war. Klara wusste dagegen ganz genau, dass Franziskus sie erwählt hatte. Sie wusste, dass er sich wünschte, sie möge ein besonderes Opfer bringen, um sich ihm in einer „Hochzeit des Geistes" anzuschließen. Für sie war es eine einmalige Chance. Mit seiner außerordentlich großen Überzeugungskraft ermutigte Franziskus sie zu dem Glauben, dass vielleicht auch sie ihren eigenen Weg hin zur Verwirklichung einer persönlichen spirituellen Erkenntnis gehen konnte.

Man sollte sich der Bedeutung eines solchen Augenblicks bewusst sein. Ohne es zu wissen, trifft eine junge Frau im Alter von nur siebzehn Jahren eine Entscheidung, die später die gesamte westliche Spiritualität beeinflussen wird. Sie beschließt, die Grenzen gesellschaftlicher Redlichkeit zu überschreiten und sich in einer „Bruderschaft", die von der Kirche noch nicht einmal gebilligt worden ist, einer ungewissen Zukunft als Asketin zu verschreiben. Im Mittelalter muss eine solche Tat als der schiere Wahnsinn betrachtet worden sein. Und doch tat sie es. Eines Nachts floh sie aus ihrem Zuhause in Assisi und eilte in die Arme der ziemlich verblüfften Brüder, die in Portiunkula in ihren Schilfhütten lebten. Als eine Zurschaustellung von Mut steht dies der Tat von Franziskus sechs Jahre zuvor, als dieser sich mitten auf dem Marktplatz von Assisi nackt ausgezogen hatte, mit Sicherheit in nichts nach.

Sie tat es aus Liebe. Es war die Liebe zu diesem Mann und auch zu dem, wofür er stand. Sie sah in Franziskus das, was Dante in Beatrice erkannte und was auch Ibn Arabi in Nizam, der Tochter eines Scheichs aus Mekka, sah. Im Grunde hatten beide Seiten den „Blick“ erwidert. Wir wollen Ibn Arabi seine Erfahrung schildern lassen:

> *Dieser Scheich hatte eine Tochter, ein geschmeidiges junges Mädchen, das den Blick all derer fesselte, die sie kannten, deren bloße Gegenwart die Zierde unserer Versammlungen war, und die all jene verwirrte, die bis zur Benommenheit über sie nachsannen. Ihr Name war Nizam, und ihr Nachname war „Auge der Sonne und der Schönheit.“ Gelehrt und fromm und im spirituellen und mystischen Leben erfahren, verkörperte sie das ehrwürdige Alter des ganzen Heiligen Landes. Der Zauber ihres Blicks und die Anmut ihrer Konversation waren von solchem Entzücken, dass ihre Worte aus der Quelle flossen, wenn sie bisweilen mitteilsam wurde; sprach sie präzise, war sie ein Wunder der Redegewandtheit; legte sie ein Argument dar, war sie klar und transparent... Gäbe es nicht jene erbärmlichen Seelen, die zum Skandal bereit und der Bösartigkeit zugeneigt sind, so würde ich sie wegen der Schönheiten ihres Körpers und auch ihrer Seele preisen, die ein Garten der Großmut war...*[27]

Meiner Meinung nach spiegeln diese Äußerungen auch die Begegnung zwischen Klara und Franziskus wieder. Der ältere Mann erkennt in der jungen Frau Eigenschaften, die einzig und allein für denjenigen sichtbar sind, der sie erkennen kann. Er macht sie auf deren Schönheit und Bedeutung aufmerksam. Er macht Klara bewusst, in welch hohem Maße ihr Wesen bestrebt ist, etwas zu erkennen, das jenseits von ihr selbst liegt. Darüber hinaus erkennt er, dass Klara dieselbe herausragende spirituelle Begabung besitzt wie er selbst. Trotz ihrer Jugend ist sie mit der Gabe gesegnet, sich selbst als ein Gefäß für diese tiefe innere Erkenntnis Gottes zu sehen, die in jedem Menschen angelegt ist. Das war es, was sie in Franziskus gesehen hatte, und genau das hatte Franziskus auch in ihr erkannt. Gemeinsam wurde aus diesen beiden Menschen ein Ganzes. Sie feierten eine wahrhaft mystische Hochzeit.

Klaras Leben war Zeugnis für die verklärende Macht einer Vorstellung: Es war die Vorstellung von heiliger Armut und ihrer Fähigkeit, die Empfindsamkeit in so hohem Maße zu schärfen, dass sie die Arglisten einer falschen Spiritualität zu durchschneiden vermochte. Sie verbrachte über vierzig Jahre in dem kleinen Kloster in San Damiano und praktizierte eine besondere Form der Askese. Man sagt, dass ihr Gesicht, wenn sie vom Beten zurückkam, schöner gewesen sei und heller gestrahlt habe als die Sonne. Oftmals lag sie für lange Augenblicke auf dem Boden der Kapelle, die sie zu Ehren der Heiligen Jungfrau erbaut hatte. „Und wenn sie vom Gebet zurückkehrte, waren die Schwestern so erfreut, als wäre sie vom Himmel gekommen“, sagte Schwester Pacifica, eine Freundin der Familie und gleichfalls eine Bekehrte, beim Prozess von Klaras Heiligsprechung. Es scheint so, als sei Klara ihr Leben lang der Regel treu geblieben, die Franziskus für ihren Orden aufgestellt hatte. Ihr Leben lang bewies sie eine Lieblichkeit und eine Einfachheit, die eine Zierde für das Gedächtnis ihrer größten Liebe waren. Thomas von Celano schrieb später: „Sie brach den Alabaster ihres Körpers durch Disziplin, damit die Kirche vom Wohlgeruch ihres Duftes erfüllt sei.“

Ich neige freilich zu der Auffassung, dass Klaras Motive nicht gar so exzentrisch gewesen sind. In allen Schriften über ihr Leben tritt diese Frau als ein Mensch hervor, der einen starken und zugleich sanften Willen hat, der sich nicht fürchtet, auch das heikelste Problem in Angriff zu nehmen – ihre profunde und unverminderte Liebe zu Franziskus. Er war ganz eindeutig ihr Magnet, den sie mutig läuterte, bis er zur Liebe Christi wurde. Obwohl er sie in den aktiven Jahren seines Wirkens nur selten in ihrer Abgeschiedenheit besuchte, glaube ich, dass er stets an sie dachte, dass sie eine Erinnerung, ein Reiz, eine Kostprobe jenes rätselhaften Augenblicks war, in dem ihre Leben sich zumindest bildlich ineinander verschlungen hatten. Wie er, so blieb auch sie der Vision ihrer Jugend treu. Die Wohlgestalt des Geistes entschädigte für den Verlust der körperlichen Anwesenheit.

Ich kann ihm keinen Vorwurf daraus machen, dass er sie nicht öfter besucht hat. Er ging einen sehr schwierigen Weg. Schließlich war seine Vision auf der Leugnung des Körpers begründet. Wenn man ihn zu oft in Klaras Gesellschaft gesehen hätte, wäre der zentrale Glaubenssatz seiner Überzeugung in Gefahr gewesen. Auch Héloïse ging es nicht anders als Klara. Sie beklagte sich in ihren Briefen an Abélard oft darüber, dass er sie in ihrem Konvent nicht häufiger besuchte. Auch sie war Nonne geworden und zehrte von den Erinnerungen ihrer einstmals großen Liebe. Heute mögen wir diese Zurückhaltung für übertrieben halten und uns fragen, wie eine selbstauferlegte Abwesenheit spirituelle Entschlossenheit stärken und vertiefen kann. Dann haben wir allerdings nicht verstanden, worum es geht. Menschen wie Abélard und Héloïse oder Klara und Franziskus leben nach anderen Regeln als nach denen, die uns gegeben wurden.

Als ich Klaras Körper in ihrem vergoldeten Käfig betrachtete, musste ich daran denken, dass ihre sterblichen Überreste erst 1850 entdeckt worden waren, im Stein unter dem Altar der Kirche begraben. Sechshundert Jahre hatte sie dort gelegen, ihren langen Schlaf geschlafen und von dem Mann geträumt, der sie zu einem solch achtsamen Leben im Dienste ihres Herrn inspiriert hatte. Als man ihren Körper exhumierte, hielt sie nicht, wie heute, einen Strauß Lilien umklammert. Statt dessen hielt sie in ihren zerbrechlichen Fingern – verdorrt und klauenartig – eine Kopie der klösterlichen Regel, die Franziskus so sorgfältig für die armen Klarissen ausgearbeitet hatte, damit sie danach leben sollten. Es scheint so, als habe diese bemerkenswerte Frau noch mit ihrem letzten Atemzug nach dem gegriffen, was ihr die größte Kraft verliehen hatte: nach dem Wissen, dass heilige Armut, Keuschheit und Gehorsam die Zeichen eines erfüllten Lebens waren.

Kapitel 6

Das Zeichen des Tau

Es ist interessant zu beobachten, wie wir Symbole benutzen, um unserem Leben einen Sinn zu geben, um es in vertrauterem Boden zu verwurzeln. Trotz seiner Tatkraft und seines Gefühls von Erneuerung ist der Säkularismus nur sehr selten in der Lage, das zu beschwören, was zeitlos ist. Dennoch tauchen wir in ihn ein in der Hoffnung, dass er uns trösten und auf diese Weise für den Verlust der kulturellen Erinnerung entschädigen wird. Im Grunde unseres Herzens wissen wir jedoch, dass seine lindernde Wirkung sehr begrenzt ist. Wonach wir uns sehnen, kann allein durch ein machtvolles Bild beschworen werden – durch ein heiliges Bild, ein Bild, das *über* Methodik oder Meinung steht. Wir suchen nach Zeichen in der Landschaft, betrachten bestimmte Formen und geben ihnen einen Namen, klammern uns an Ereignisse, die vermeintlich eine Bedeutung haben. Am Ende müssen wir aber doch auf den großen Köcher der Symbole zurückgreifen, die unsere Vorväter ins Dunkel geschossen haben, um die Existenz zu verstehen.

Ich spreche davon, dass Franziskus bestrebt war, aus seinem eigenen Leben eine Metapher zu machen. Anders als bei vielen Heiligen der Vergangenheit, die sich auf eine nahezu erhabene Rechtschaffenheit verließen, um ihr Ziel zu erreichen, hat man bei ihm immer das Gefühl, dass subtilere Energien am Werk waren. Er war nicht einfach nur ein guter Mensch, der edle Werke tat und Demut ausstrahlte. Um die Wahrheit zu sagen: Von einigen Kirchen, die er wieder aufbaute, einmal abgesehen, tat er nur sehr wenige Dinge, die praktisch waren. Sein Geschick lag vielmehr darin, andere Menschen zu inspirieren, zu predigen und sich in Gebet und Meditation zu versenken. Sein Weg war apophatisch, das heißt, er negierte praktisches Handeln durch Armut, Gehorsam und Keuschheit, um ein tieferes Verständnis von Göttlichkeit zu verwirklichen.

Infolgedessen stand er auch dem Lernen misstrauisch gegenüber. Ich glaube, dass er intellektuelles Wissen als ein Hindernis für das ansah, was er für das höchste Ziel des spirituellen Lebens hielt: zu einer Einfachheit des Herzens zu gelangen. Wenn ihn gelehrte Männer ansprachen, weil sie sich der Bruderschaft anschließen wollten, bat er sie immer, ihre Berufung als Schriftsteller, Denker oder Intellektueller aufzugeben. Er wollte keine Männer, die in der Lage waren, seine Regel mit den Werkzeugen der Dialektik in Frage zu stellen. Er wollte in seinem Kreis auch keine Theologen, es sei denn, sie waren bereit, die Disputation aufzugeben und sich der Regel demütig zu unterwerfen.

Einem Theologen gelang es freilich, durch das Netz zu schlüpfen: Antonius von Padua. Antonius wurde etwa 1195 in Lissabon geboren. Er schloss sich den Augustinern in Portugal an und wurde im Jahr 1220 Minderbruder in der Bruderschaft von Franziskus. Zuvor aber studierte er Theologie und gab dieses Studium erst auf Bitten von Franziskus endgültig auf. Als die Brüder in Bologna jedoch darum baten, dass Antonius von seinem Gelöbnis entbunden werden möge, stimmte Franziskus dem zu. Er gab ihm seinen Segen und schickte ihn nach Norden, weil er wusste, dass Antonius von seinen intellektuellen Fähigkeiten als Lehrer guten Gebrauch machen würde. 1946 wurde er zum Kirchenlehrer ernannt.[28]

Es ist eine schlichte Tatsache, dass Franziskus auch widersprüchlich sein konnte. Um es genauer zu sagen: Er betrachtete jeden Fall gesondert. Er war kein Bilderstürmer, der darauf erpicht war, endlich mit der Vergangenheit abzuschließen. Weit gefehlt: Kein Mann klammerte sich fester an die Rockzipfel der Kirche als er. Seine Verkündigungen unterstützten fast ausnahmslos die kanonische Hierarchie und die Autorität des Papstes. Ich hatte es also mit einem Mann zu tun, dessen revolutionäres Temperament sich allein auf das Verhalten des Einzelnen beschränkte. Er betrachtete den Menschen als die einzig geeignete Tafel, auf der er seine spirituelle Kunst ausüben konnte. Wahrheit war für ihn die Manifestation eines Irrtums, der eine Vorstellung von Richtigkeit untermauerte, ohne die gewisse Menschen nicht leben konnten. Er war ein solcher Mensch. Der „Irrtum“, auf den er die Welt aufmerksam machen wollte, war der Wert der Verweigerung, der Askese und des fortschreitenden Nachlassens der Sinne – alles Dinge, von denen man eigentlich annehmen sollte, dass sie die Lebensqualität herabsetzen. Die meisten Menschen würden diese Werte sicher nicht als einen Weg zur Ergründung der Wahrheit betrachten.

Diese asketischen Praktiken waren schon der frühen christlichen Kirche vertraut, denn ihre Ursprünge gehen auf die ägyptischen Eremiten und auf eine lange Geschichte klösterlicher Ordnung in Europa zurück. Dass Franziskus jedoch zu dieser „primitiven“ Kirche zurückkehren wollte, um sich von ihr beflügeln zu lassen, war etwas ganz Neues. Die Kirche im Westen hatte die einfache Frömmigkeit der Eremiten aus der Wüste schon vor langer Zeit aufgegeben. Statt dessen war sie ein gigantischer Apparat geworden, der fest im gesellschaftlichen Gefüge seiner Zeit verankert war. Mit dem, was er verkündete, wiederholte Franziskus lediglich eine Botschaft, die weit älter war: Besinnt euch auf das Wesentliche. Verschmäht Bequemlichkeit, Privileg, Wohlstand, Sicherheit und öffentliche Stellung, und behandelt euch und euren eigenen Körper statt dessen wie ein Chrisam der Wahrheit.

Um dieses Leben der Entsagung annehmen und dadurch auch anderen Menschen nahe bringen zu können, brauchte Franziskus sein eigenes Symbol, durch das er handeln konnte. Er entschied sich für das alte Zeichen des Tau, ein Emblem, das im Christentum der heilige Antonius, der erste Eremit, erstmalig verwendet hatte. Sein Ursprung reichte natürlich noch viel weiter zurück: Das ägyptische Symbol Ankh, das „Leben“ bedeutet, war ein beliebtes Motiv auf den Wänden ägyptischer Tempel und auch auf Dokumenten, die den Priestern des Gottes Amun zugeschrieben wurden. Von ihm ist das Tau abgeleitet. Dass Franziskus es allen anderen vorzog, sagt viel darüber, wo seine Sympathien lagen. Sein Wirken sollte mit einer Form des Christentums verbunden sein, die viel älter war als das Christentum seiner eigenen Zeit. Hatte er sich tatsächlich mit dem heiligen Antonius identifiziert? Das ist schwer zu sagen. Wir wissen jedoch, dass er seine Briefe häufig mit dem Zeichen des Tau signierte, zusammen mit dem winzigen Abbild eines Schädels.[29] Es scheint, dass in seinem komplizierten Kanon der Symbole Leben und Tod zu Gefährten gemacht wurden.

Das Tau ist ein seltsames Stück Wappenkunde. Wie die hölzerne Maske vor einer Stammeshütte in Neuguinea ist es von einer archaischen Kraft umgeben. Anders als die meisten anderen Wappenembleme in Europa hat es nichts von der Kultiviertheit oder der Eleganz, die wir auf einem Familienwappen erwarten. Der Kaufmannssohn Franziskus hatte sich absichtlich für ein Emblem entschieden, das sein Außenvorsein widerspiegelte, seine Hingabe an alles, was einfach und unverfälscht war. Das Tau war außerdem als das „griechische Kreuz“ bekannt, was gleichfalls ein Zeichen dafür ist, dass Franziskus sich stärker mit einer östlich orientierten Schau Christi identifizierte. Es ist kein Zufall, dass er sein Leben lang als Kreuzfahrer ins Heilige Land reisen wollte. Entschlossen hatte er sein Leben einer einfacheren, mystischeren Schau des Lebens und der Botschaft Christi zugewandt. Nicht das behagliche Federbett seines früheren Lebens in Assisi, sondern die rauen Steine des Olivet waren sein Ruhekissen.[30]

Dem Zeichen des Tau begegnete ich erstmals im Kloster Le Celle, das in einem Tal vor den Mauern Cortonas liegt. Franziskus gründete Le Celle, nachdem ein reicher Bürger aus Cortona ihm im Jahr 1211 ein Stück Land geschenkt hatte. Heute besteht Le Celle aus einer Gruppe eng zusammenstehender Gebäude, die auf einem steilen Abhang oberhalb der Ufer eines Wildbachs gelegen sind. Ich ging über eine Brücke, die zwischen Gemüsegärten und Obsthainen lag, und fand mich vor einer winzigen Tür wieder, die in Franziskus' Zelle hineinführte. Der erste Raum, nun eine Kapelle, die seinem Gedächtnis gewidmet ist, strahlte eine eigenartig verlassene Atmosphäre aus. Während ich auf einer Bank saß und den einfachen Altar betrachtete, dachte ich über diesen bemerkenswerten, wenn nicht gar versponnenen Mann nach.

Franziskus, dachte ich bei mir, du hast dein Leben damit verbracht, eingebürgerte Glaubens- und Verhaltensweisen zu Fall zu bringen. Du warst weder sonderlich belesen, noch philosophisch bewandert, und du warst nicht fähig, Menschen durch die Leuchtkraft deiner Redekunst zu beeinflussen. Du hattest Grundkenntnisse in der lateinischen Schrift, und du verließest dich stets auf deine Unbeirrbarkeit, um deine Standpunkte darzulegen. Dennoch hast du die eigenartige Gabe besessen, Einfluss auf Könige, Adelige und Päpste auszuüben. War es allein dein Charme? Hast du einen angeborenen Scharfsinn besessen, der in den Berichten über deine Person im Laufe der Jahrhunderte verloren gegangen ist? Oder lag es vielleicht daran, dass deine Person eine ganz und gar besondere Ausstrahlung hatte? Hast du vielleicht eine Eigenschaft besessen, die bisweilen von der Persönlichkeit heiliger Männer im Islam ausgestrahlt wird und die man *Baraka* nennt, die undefinierbare Macht der Gnade?

Diese Fragen waren äußerst wichtig. Ich hatte das Gefühl, dass ich wissen sollte, was für ein Mensch Franziskus gewesen war, wenn ich verstehen wollte, woher er kam. Es war schon fast achthundert Jahre her, seit er in diese aus dem Felsen gehauene Höhle getreten war und seinen Kopf auf ein Kissen ohne Federn gebettet hatte. Es schien aber, als sei es gestern gewesen, so stark war das Gefühl seiner Anwesenheit, das noch immer von den Dachbalken und Wänden ausstrahlte. Mir gefiel die Vorstellung, dass er immer noch bei uns war, auch wenn seine Gebeine in einer Krypta der Basilika San Francesco in Assisi begraben lagen. Ich wollte auch gerne glauben, dass sein *Baraka*, seine spirituelle Ausstrahlung, immer noch da war – trotz der Touristen, trotz der Schmuckläden und der unzähligen Autos und Busse, die Assisis Straßen verstopften.

Irgendwo habe ich einmal gelesen, dass es in solchen Situationen nicht ausreicht, wenn man seine Phantasie lediglich einsetzt. Man muss die Phantasie *erleben*. Wenn ich diesen Satz auf Franziskus anwendete, ergab er einen Sinn. Es reichte nicht aus, dass ich seine Lebensgeschichte gelesen hatte, die Orte kannte, an denen er gewesen war, und an verschiedensten Orten in ganz Italien seine Gegenwart gespürt hatte. Das war alles ganz wunderbar, wenn man es als einen Akt der Empathie betrachtete. Mir schien jedoch, dass hier noch etwas anderes gefordert war – dass ich mir eine neue Form der Wahrnehmung zu Eigen machen musste, wenn ich den Mann Franziskus jemals vollkommen verstehen wollte. Die eigentliche Frage war: Wie war die Struktur seiner Wahrnehmung aufgebaut? Gab es in seiner Schatzkammer der Stille noch eine Reihe neuer Verben, die ich in die Tat umsetzen musste?

Ich glaubte, dass es sinnvoll wäre, zunächst einmal den Menschen zu analysieren. Erstens liebte er die Dichtkunst, das Reisen, die Askese, die Gesellschaft von Männern und die Kontemplation. Er mochte gutes Essen, vorausgesetzt, dass es nicht im Übermaß war, einsame Orte, alte verfallene Gebäude, Konversation, die Begegnung mit Männern, die ein hohes Amt innehatten, und er wollte stets seinen Willen durchsetzen. Er war von Natur aus ein Wanderer. Er träumte von fernen Orten, besonders von Spanien, Marokko und dem Heiligen Land. Der Missionar in ihm wollte diese Orte besuchen und dort seine Botschaft verbreiten. Ihm gefiel die Vorstellung, wie einer der alten Philosophen in Athen zwischen den Säulen einer zerfallenen Stoa zu stehen und seine Vision zu verkünden. Er hatte auch etwas von einem Pedanten an sich – der Mann, der stets meinte, er wisse mehr als seine Brüder.

Zweitens liebte er Tiere. Er fühlte sich in ihrer Gegenwart wohl, und sie mochten ihn auch. Es gibt die ganz zauberhafte Geschichte, wie man während seines Aufenthalts in Greccio einmal ein lebendes Kaninchen zu ihm brachte, das man zuvor in einer Falle gefangen hatte. Franziskus sprach zu dem Kaninchen, als ob es eine Persönlichkeit hätte: „Bruder

Kaninchen, komm her zu mir. Wie konntest du dich nur so täuschen lassen?“ Der Bruder, der das Kaninchen gebracht hatte, ließ es los, und sofort floh es in die Arme von Franziskus. Dort schmiegte es sich an ihn, während er es streichelte. Jedes Mal, wenn er das Kaninchen auf den Boden setzte, kehrte es zu Franziskus zurück. Ein Fisch, den man im See von Rieti in einem Netz gefangen hatte, blieb in der Nähe des Bootes, nachdem Franziskus ihn ins Wasser zurückgeworfen hatte. Diese Beispiele offenbaren eine sehr interessante Seite von Franziskus. Es scheint, dass die Natur sich auf eine unerklärliche Weise zu ihm hingezogen fühlte, als speichere er eine nicht unmittelbar zu erkennende Energie, die nur von Tieren wahrgenommen werden konnte.

Drittens besaß er ein ungeheuer großes Empfindungsvermögen für übersinnliche Phänomene. Er konnte die Zukunft vorhersagen, wie er es in Damietta getan hatte, als er den Kreuzrittern eröffnete, dass sie die bevorstehende Schlacht gegen die Truppen von Malik al-Kamil verlieren würden. Pflichtbewusst taten sie das auch. Er zeigte ungeheuer großes Vertrauen, indem er zuließ, dass wichtige Entscheidungen von Kräften getroffen wurden, die nicht seiner Kontrolle unterlagen. Als er sich auf den Weg ins Heilige Land machen wollte, weigerte sich der Kapitän, alle seine Begleiter an Bord zu lassen, weil das Schiff überfüllt war. Franziskus bat ein Kind auf dem Kai, darüber zu entscheiden, wer von den Zwölf ihn begleiten sollte. (Man achte auf die Symbolik der Zahl: Sie entsprach den zwölf Jüngern Jesu.) Ein anderes Mal, als er sich in einer Einsiedelei aufhielt, deren Name nicht überliefert ist, öffnete er die Bibel willkürlich an einer zufälligen Stelle, um herauszufinden, was Gott von ihm wollte. Das tat er nicht nur einmal, sondern dreimal, und jedes Mal öffnete die Bibel sich auf derselben Seite, an derselben Textstelle, die von der Kreuzigung Christi handelte. Nun wusste er, was seine Bestimmung war: Er würde viele Prüfungen und großes Leid ertragen müssen, bevor auch er „in das Reich Gottes“ einging. Mir wurde klar, dass Franziskus Freude daran hatte, sich in die Hände dessen zu begeben, was viele vielleicht für eine chaotische Situation halten würden. Mit Hilfe eines eigenartigen, naiven Gespürs ließ er zu, dass er sich Situationen stellen musste, in denen das Schicksal womöglich zum Einschreiten gezwungen war. Manche mögen darin eine Demonstration seiner Dummheit und Leichtgläubigkeit sehen, andere einen Wunsch, den Kontakt zu sehr ursprünglichen Kräften zu bewahren. Ich glaube, er würde einwenden, dass seine Fehlschläge ohnehin einen gewissen Wert hatten, der darin begründet lag, dass der Verrat und die Untreue, die mit ihnen einhergegangen waren, womöglich ihre eigene Poesie entwickeln würden.

Der Mensch Franziskus besitzt aber auch noch andere Aspekte. Was immer man ansonsten von ihm sagen mag – seine Persönlichkeit hat mit Sicherheit mehr als nur eine Seite. Als Jugendlicher und als junger Erwachsener liebte er das Vergnügen und nahm das Leben leicht. Er verstand sich mit nahezu jedem, seine Mitgefangenen im Gefängnis von Perugia eingeschlossen. Er liebte es, mit seinen Freunden durch die Stadt zu ziehen und an Feiern und Festzügen teilzunehmen. Berichten zufolge hatte er ein enges Verhältnis zu seiner Mutter. Diese Berichte legen außerdem nahe, dass das Verhältnis zu seinem Vater wahrscheinlich weitgehend normal war, bis er die Entscheidung traf, mit der Familie zu brechen. Man nimmt an, dass er das eine oder andere Mal sogar gemeinsam mit seinem Vater nach Frankreich reiste, was darauf schließen lässt, dass beide sich in der Gegenwart des jeweils anderen zumindest einigermaßen wohl gefühlt haben müssen.

Irgendwann aber geschah etwas, das ihn zutiefst berührt haben muss. Wir wissen nicht, wann es geschah, und ich glaube, er wusste es ebenso wenig. Da er es liebte, allen Geschehnissen eine symbolische Bedeutung zu verleihen, hätte er sich dessen sicherlich gerühmt, als er begann, seinen eigenen Mythos zu erschaffen. Lassen Sie mich eines von vorneherein klarstellen: Ich glaube, dass Franziskus sich der Tatsache bewusst war, dass er seinen eigenen Mythos erschuf. Damit will ich nicht sagen, dass er, wie wir es heute tun, „an seine eigene Berühmtheit glaubte." Nein, Franziskus wusste, was es hieß, einen Mythos zu erschaffen, denn er hatte selbst schon früh in seinem eigenen Mythos gelebt. Seine Liebe zum Rittertum, die Anziehungskraft, die der Gesang der Troubadoure auf ihn ausübte, sein Wunsch, ins Heilige Land zu reisen, und sein Gespür für das Märtyrertum – alle diese Dinge lassen einen leicht verstehen, warum er sich für einen so individuellen Weg der Askese entschieden hatte. Er wollte nicht zu den Mönchen gehören, die sicher in ihrem Orden geborgen waren und den Anschein erweckten, als führten sie ein spirituelles Leben. Statt dessen wollte er sein Leben durch einen Akt der intuitiven Gotteserkenntnis transformieren. Dies ist der Schlüssel, der uns den Zugang zu seiner außergewöhnlichen Persönlichkeit verschafft.

Das extreme Verhalten, das die andere Seite seiner Persönlichkeit kennzeichnete, verdeckte seine verzweifelte Suche nach einer inneren

Identität. Wie kein anderer wusste er, dass er die Realität aufbrechen musste, wenn er jemals etwas zuwege bringen wollte. Die Neigung der Menschen, bei ihrem Streben nach der Sicherung von Erkenntnis und Wissen alles in Kategorien und Schemata einzuordnen, musste er einreißen, und das galt auch für ihn selbst. Darum fühlte er sich gezwungen, mit seinem alten Selbst zu brechen und ein neues Selbst zu erschaffen, das diesem genau entgegengesetzt war. Er erkannte, dass er nicht bloß in die Welt gekommen war, damit diese ungestört blieb. Vielmehr war es seine Aufgabe, die Kontrolle über alle Gefühle von Zorn und Abscheu zu übernehmen, die er in Anbetracht des spirituellen Zustandes seiner Zeit empfand, und er musste andere dazu bewegen, seinen Traum von einer besseren Welt mit ihm zu teilen. Dazu musste er das überwinden, *was an ihm selbst normal war*, und vor dieser Zitadelle neu erworbene Tugenden in Stellung bringen, mit deren Hilfe er den Gipfel der Kontemplation erreichen konnte. Thomas von Celano nannte diesen Zustand „von Sinnen sein wegen Gott".

Meiner Meinung nach ist dies eine faszinierende Vorstellung: dass Franziskus im Anschluss an seinen Augenblick der Erleuchtung absichtlich einen neuen Charakter und eine neue Persönlichkeit für sich selbst erschuf. Da wir zu dem Glauben neigen, dass wir in uns selbst hineingeboren werden wie Weizen in seine Hülse, mag uns das merkwürdig oder gar unmöglich erscheinen. Ich möchte noch ein anderes Sinnbild anbringen: Sobald ein Einsiedlerkrebs sich eingeengt fühlt, verlässt er sein Haus und sucht sich ein anderes. Vermutlich warf Franziskus sein früheres Selbst ab und nahm ein neues Selbst an, als er erkannte, dass das alte Selbst ihm keinen Raum für Wachstum mehr ließ.

Nach seinem Aufenthalt im Gefängnis von Perugia war Franziskus ein grundlegend anderer Mensch. Als er ins Gefängnis ging, war er ein idealistischer Jugendlicher. Als er es verließ, war er ein Mann, der erfahren hatte, was Verzweiflung bedeutet. Er war unter Männern gewesen, die im Moment der Wehrlosigkeit ihr wahres Gesicht gezeigt hatten. Obgleich seine Faszination für den Krieg niemals nachließ, vermute ich, dass er dort das eine oder andere über die Sinnlosigkeit eines für beide Seiten verlustreichen und blutigen Konflikts gelernt hat. Überdies war er der Demütigung ausgesetzt, ausgerechnet die Zeit im Kerker verbringen zu müssen, in der er am stärksten den Wunsch verspürte, dem, was in ihm war, Ausdruck zu verleihen. Es ist durchaus möglich, dass Desillusionierung die schwerste Wunde war, die er in diesem Krieg davontrug.

In den folgenden Jahren fing Franziskus an, nahezu alle seine Werte umzukehren. Statt weiter einer sinnlichen Lebensweise zu frönen, wurde er zu einem Asketen. Statt in einem wohlhabenden Haushalt zu leben, zog er eine Schilfhütte im Freien vor. Statt seine Garderobe jedes Jahr zu erweitern, begnügte er sich mit einer groben wollenen Tunika. Er verzichtete auf Schuhe und ging barfuß. Statt in einem Bett zu schlafen, zog er eine Decke auf dem harten Boden vor. Statt für sich selbst Fürsorge zu tragen, kümmerte er sich um die Aussätzigen. Seine Freunde gehörten zu den Außenseitern der Gesellschaft. Er leugnete seine Familie, und Geld lehnte er ab. Besitztümer wurden ihm ein Gräuel, als wären sie von einer ansteckenden Krankheit befallen. Die Vorstellung, dass man einen Platz hatte, an den man gehörte, wurde aufgegeben. Von nun an würde er sich jedem nur denkbaren Schmerz aussetzen, sei er geistiger oder anderweitiger Natur. Er wollte nicht mehr sein als das, was unbedingt notwendig war: eine gequälte Spottfigur, eine Stimme der Enteigneten, ein Mensch, der mit den Rechtlosen im Bunde war.

Er war „zeichenlos“ geworden. Nichts trug ihn mehr als das erleuchtende Feuer des Glaubens. Im Leben anderer Menschen begann er einen Raum einzunehmen, der auf seine eigene Weise weißglühend war. Er hatte sich selbst zu einem Menschen gemacht, in dem das undurchdringliche Wesen der Heiligkeit zum ersten Mal fast greifbar geworden war. Es war dieses helle Strahlen, das andere dazu brachte, in seine Fußstapfen zu treten. Sein gesamtes Wesen schwang mit einer anderen Art von Musik, einer intimeren Musik, die den verlockenden Zauber von Liebe und Vergebung heraufbeschwor. Franziskus war nur eines geblieben, an das er glauben konnte: Gottes Gnade und die Hoffnung, dass sein sündiges Wesen mit Wohlwollen betrachtet werden würde.

Als ich in der winzigen Kapelle saß, die seinem Gedächtnis gewidmet war, hatte ich eigenartigerweise das Gefühl, dass ich ihn nun besser verstand. Er war nicht mehr der unerreichbare, mit Seligkeit begnadete Heilige, widerstrebendes Symbol einer Nation. Ich sah in ihm auch nicht einen kleingeistigen Frauenfeind, der über das andere Geschlecht schimpfte. Dies waren die klassischen Entweder/Oder-Bilder, mit denen man historische Gestalten, die ihre verborgene Komplexität nicht so einfach preisgaben, in eine Schublade steckte. In einer Epoche, in der die Psychologie zum jederzeit verfügbaren Werkzeug der Selbstanalyse geworden ist, trotzt ein Mann wie Franziskus dieser Kategorisierung. Das, was ich in Form der Erinnerung an ihn vor mir sah, war dem Netz des Vergleichs bereits entkommen. Er war anders als alle anderen Heiligen der Geschichte: eine Mischung aus Mystiker, Ekstatiker, Nomade und Dichter. Johannes vom Kreuz war ein großer Dichter, aber kein Wanderer. Katharina von Siena war eine Ekstatikerin, aber, wie einige meinen, keine Mystikerin. Im Gegensatz dazu vereinigte Franziskus so viele Energien und innere Erfahrungen in sich, dass es sehr schwer ist, ihn auf eine Kategorie festzulegen. Dennoch würden wir das gerne tun.

Schließlich warf ich einen Blick in den Raum hinter der Kapelle. Man betritt ihn durch einen kleinen Eingang seitlich des Altars. Dahinter befand sich eine Zelle, die aus dem Felsen herausgemeißelt war. Ein schmaler Felsvorsprung an der gegenüberliegenden Wand war sein Bett. Er war kaum breit genug für ein Kind. Auf der einen Seite war eine Nische, die ein Kruzifix beherbergte – ein Tau, um genauer zu sein. Das war meine erste Begegnung mit dem Wappenemblem, das Franziskus für sich selbst ausgewählt hatte. Es lehnte in der Nische, ein archaisches, dolmenähnliches Stück aus geschnitztem Holz, das nun keinerlei Verbindung zu Baum oder Ast mehr hatte. Ich musste an das wahre Kreuz denken, von dem man erzählte, die heilige Helena, Mutter des ersten christlichen Kaisers Konstantin, habe es im vierten Jahrhundert in einer Zisterne in Jerusalem halb im Wasser liegend gefunden. Ein solches Relikt gewann nahezu mystische Kräfte, die Christen und Muslime gleichermaßen faszinierten.[31]

Ich versuchte, mich in Franziskus hineinzuversetzen, als er dort auf seiner Bank gelegen und diese so persönliche Ikone betrachtet hatte. Nächte der Selbstkasteiung und der Mangel an Schlaf hatten seine Empfindsamkeit erhöht. Vielleicht war sein Hinterkopf wund, weil er ihn immer auf dem nackten Holz ablegte. Vielleicht drang das Morgenlicht gerade durch den Eingang der Höhle herein und kroch langsam die Wand hinauf, bis es seine Bettstatt erreicht hatte. Er aber sah in der Nische vor sich etwas, das auf rätselhafte Weise zu leuchten begann, ein Gefüge aus reinem Licht, eine unheimliche Fluoreszenz. Seine schwachen Augen konnten ein trübes, beunruhigendes Objekt erkennen. Das Tau musste der einzige Anker gewesen sein, der ihn in unergründlichen Tiefen erdete.

Ich musste an das denken, was Bruder Ägidius, der zu den engsten Freunden von Franziskus gehörte, einmal über die Wesensnatur und den Lohn der Meditation gesagt hatte. Seine Worte sind insofern interessant, als sie sehr wahrscheinlich den Worten ähnlich sind, die Franziskus in Momenten der Vertrautheit mit seinem Freund geäußert hatte:

> *Ein gut Meditierender ist einer, der, wenn man seine Hände und Füße abschneiden und seine Augen herausnehmen und seine Nase, Ohren und Zunge abschneiden würde, sich angesichts der Größe des unsagbaren, süßen und unaussprechlichen Maßes an Freude, Duft und Trost, das er erfährt, keine anderen Gliedmaßen oder andere Dinge wünschen würde, die man überhaupt ersinnen kann, außer dem, was er hat und fühlt.*

War es das, was Franziskus empfunden hatte, als er dort in Le Celle in seiner Zelle lag? Es ist eine machtvolle und deutliche Aussage über das, was geschehen kann, wenn man sich ernsthafter und längerer Meditation hingibt. Wahrscheinlich dauert es ohnedies ein ganzes Leben lang, bis man fähig ist, eine solche Ekstase zu erfahren. Wie es scheint, war Franziskus zumindest in den letzten Jahren seines Lebens ein Meister darin, Zugang zu diesen Zuständen zu finden. Er wusste, wie er die Welt ausschließen und das betreten konnte, was ein unbekannter englischer Mystiker die „Wolke des Nichtwissens" genannt hatte. Obwohl ich selbst einen solchen Zustand niemals erreicht hatte, war mir dennoch bewusst, wie wichtig der Glaube daran war, dass man ihn erlangen konnte. Könnte unser Leben ohne die Gegenwart dieses Nichtwissens mehr sein als eine Schnur, die in einem Fluss baumelt in der Hoffnung, dass gelegentlich etwas anbeißt?

Für mich war Le Celle ein Wendepunkt, und ich vermute, dass es für Franziskus ebenso war. Besonders in unserer heutigen Zeit des Überflusses ist es nicht ganz einfach, Askese als eine Lebensweise zu akzeptieren. Einen solchen Überfluss hat es aber, relativ betrachtet, in der Geschichte immer gegeben, und dennoch fühlten die Menschen sich in ihrem Bemühen, ihm entgegenzuwirken, zu einem Leben größter Abstinenz hingezogen. Warum? Was ließ sie all das zurückweisen, was das Leben bequem machte? Es lässt sich leicht sagen, dass tief im Christentum ein kollektiver Masochismus und ein hohes Maß an Selbstabscheu verwurzelt sind, die solche Praktiken fördern. Einer näheren Betrachtung hält dieses Argument jedoch nicht stand. Ich bin der Meinung, dass wir nicht verstanden haben, worum es geht, wenn wir die Vorstellung von Bequemlichkeit und das Bedürfnis nach einem asketischen Leben miteinander vergleichen.

Askese ist in dem Wunsch begründet, das Ego zu besänftigen. Sie stützt sich auf die elementare Bedingung, dass der Wille von seinem Wollen befreit werden muss, damit er in sich selbst ruhen kann. Außerdem ermöglicht sie das Erkennen dessen, was Martin Heidegger als „eine geduldige edle Gesinnung" bezeichnete. Die Vorteile einer solchen Hingabe sind nicht greifbar, aber real. Alle asketischen Disziplinen, vom Berg Athos bis nach Ägypten, von Indien bis nach Japan, erkennen an, dass die Meditation (das Gebet) die Tür zu diesem einzigartigen Raum öffnet. Um diesen Raum betreten zu können, muss man das eigene Leben jedoch auf eine ganz bestimmte Weise zentriert haben. Hier fängt die Rolle der Askese an. Die Übung der Askese sammelt die Gedanken und bereitet den Geist auf seine Begegnung mit den „süßen Früchten" der Meditation vor.

Ich bin sicher, dass Franziskus wusste, was er tat, als er seinen „Bruder Esel" der metaphorischen Peitsche unterwarf. Er hatte schon sehr früh im Leben erkannt, dass sein sinnliches Wesen ihn zu liebenswert, zu offen für die Wünsche und Erwartungen anderer gemacht hatte. Sohn, Kaufmann, König der Feste, Ehemann, Vater, ein führender Bürger, womöglich sogar Kreuzfahrer – alle diese Rollen waren letzten Endes nachteilig, wenn man sich auf ein Leben der geduldigen edlen Gesinnung konzentrieren wollte. Alle diese Masken mussten aufgegeben werden, wenn er seinen Traum jemals verwirklichen wollte, wenn er sein Leben fest in der Domäne intuitiver Offenbarung verankern wollte. Denn das war sein größter Wunsch: Er wollte zum Gefäß demütiger Geduld und hoher Gesinnung werden. Er wusste in weit größerem Maße als die meisten von uns, dass ein Mensch im Laufe eines Lebens nur sehr wenig – wenn überhaupt etwas – selbst entdeckt. Vielmehr wird er benutzt, um die Wahrheit zu erkennen.

Für Franziskus war das Tau die Rückkehr zu einer naiven und unverzerrten Sicht. Er wollte den Menschen klar machen, dass trotz der sich rapide ändernden materiellen Umstände seiner Zeit die Welt durch eine Vermehrung des Überflusses oder eine größere gesellschaftliche Stabilität nicht unbedingt besser wurde. Er wusste, dass der Hocker ohne ein drittes Bein umkippen würde. Sein ganzes Leben wurde zu einer Verkörperung dieses dritten Beins. Durch sein Beispiel wollte er den Menschen zeigen, dass es möglich war, sich einem Leben hinzugeben, das seine Speise von jenseits des Horizonts menschlichen Gewahrseins bezog. Was jenseits dieses Horizonts lag, war nur schwer zu verstehen oder auszudrücken, aber er hielt es trotzdem für seine Pflicht, der Wegbereiter zu sein. Dass seine Methoden auf der theologischen Ebene weder originell noch besonders informativ waren, ist nicht von Belang. Sein Beitrag ist einzigartig. Er zeigte der Welt, dass man ein *poetisches* Leben führen konnte, indem man sich dem spirituellen Leben hingab.

Das Tau war sein Stab, sein Beitrag zur Dichtkunst. Es trug sein Gewicht durch den umbrischen Winter und in den heißen Tagen des Sommers. Es trug ihn die Bergpfade hinauf zu den abgelegensten Einsiedeleien. Es lag neben seinem Bett, wenn er versuchte, die Erschöpfung seiner Knochen zu lindern. Es lehnte an den Wänden der Grotten, in die er sich zurückzog, um stille Zwiesprache mit seinem Schöpfer zu halten. Es warf seinen Schatten an jenen Abenden, an denen er sich auf den Heimweg nach Portiunkula machte oder in das christliche Lager in Damietta zurückkehrte, nachdem er mit dem ägyptischen Sultan gesprochen hatte. Er stützte sich auf dieses bemerkenswerte Symbol des Lebens und der Buße, wo immer er auch hinging, denn er wusste wie kein anderer, dass dieses archaische Bild nach wie vor die Macht besaß, sein Gefühl für das inwendige Leben zu vertiefen.

Kapitel 7
Schwester Schwalbe und ihre Verwandten

In der Burg des kleinen Bergstädtchens Alviano in Umbrien gibt es eine Kapelle, die der Begebenheit gewidmet ist, als Franziskus die Schwalben ermahnte, still zu sein, während er auf den darunter liegenden Stufen seine Predigt hielt. Ein unbekannter Maler hat eine Reihe von Szenen aus dem Leben des Heiligen dargestellt, darunter ein großes Fresko, das dieses besondere Ereignis zeigt. Es ist ein formales Bild und stellt eine Gruppe von Menschen aus der Stadt dar, die sich um den Heiligen versammelt haben. Im oberen Teil des Bildes sieht man eine Reihe von Schwalben. Obwohl sie kaum zu erkennen sind, spürt man, dass sie das eigentliche Motiv des Bildes sind. Thomas von Celano beschrieb die Szene mit seiner großen Liebe zum Detail:

> *Alle schwiegen und standen ehrfürchtig da, nur die vielen Schwalben, die am gleichen Ort nisteten, zwitscherten weiter und machten großen Lärm. Weil die Leute wegen ihres Gezwitschers den seligen Franziskus nicht verstehen konnten, wandte dieser sich an die Vögel und sprach: „Meine Schwestern Schwalben! Jetzt ist es Zeit, dass auch ich einmal zu Wort komme, ihr habt bereits genug geredet. Vernehmt das Wort des Herrn und seid still und ruhig, bis des Herrn Rede beendet ist!" Sofort verstummten die kleinen Vögel zum Staunen und zur Verwunderung der Umstehenden, und sie bewegten sich nicht mehr von der Stelle, bis die Predigt zu Ende war.*

Auf Franziskus' Geheiß verstummte die Natur. Uns mutet der Gedanke, dass man die Natur auf diese Weise ansprechen kann, seltsam an, und wir fühlen uns womöglich an die Beschwörungen und Gebete von Stammesangehörigen erinnert, die im Wald ihre Götter anriefen. Wir, die wir es gelernt haben, die Natur zu kontrollieren und so zu besänftigen, können kaum verstehen, dass die Menschen die Natur einmal mit anderen Augen gesehen haben, als wir das tun. Sie lebten in ihren fürsorglichen Armen und nicht bloß auf ihrer Oberfläche. Die Natur war eine Dimension, die Teil ihrer Existenz war, und nicht etwas, das man um des Profits willen manipulieren konnte. Indem Franziskus sie bat, während seiner Predigt still zu sein, erkannte er diese Beziehung an: Der Mensch hatte das Recht, bestimmte Forderungen zu stellen, vorausgesetzt, dass dies auch umgekehrt galt.

Das erhebt natürlich sofort die Frage: Wie erwarb Franziskus diese Fähigkeit, mit Vögeln und anderen Tieren zu reden? Es gibt keinerlei Aufzeichnungen darüber, dass er sie in jüngeren Jahren bereits besaß. Im Grunde genommen hatte er doch mit Tieren gar nichts zu tun. Warum also begann er, sich in die Welt der Tiere hineinzudenken? Es war ein Thema, das mich interessierte, wenn auch nur deshalb, weil ich eine Reihe von Jahren mit Aborigines in der australischen Wüste verbracht hatte. Auch dort wurde die Natur in Form von Höhlenmalereien, rituellen Tänzen und Gesängen verehrt. Stammesmenschen haben ein einmaliges Verhältnis zur Natur und scheinen sie als eine große, schimmernde Ikone zu betrachten.

Es gibt zahlreiche Geschichten, die zeigen, dass Franziskus fähig war, die Grenze zwischen dem Reich des Bewusstseins für das Selbst und einem ungewöhnlich intensiven Zustand natürlicher Empathie zu überqueren. Wie die Aborigines betrachtete er nicht nur jedes Geschöpf, sondern alle Erscheinungen der Natur als eine Manifestation dessen, was er ein „Bild der Güte" nannte. Der Dichter in ihm sah die Natur als ein Kunstwerk und Gott als den höchsten Künstler. In der Natur erkannte er eine durchdringende Symbolik, mit deren Hilfe verborgene Entsprechungen heraufbeschworen werden konnten, wobei jedes Objekt in der Natur eine Eigenschaft oder einen Wert widerspiegelte. Wie Thomas von Celano feststellte, „sah er hinter den Dingen, die schön anzuschauen waren, Grund und Ursache, die ihnen Leben verleihen." Diese Betrachtungsweise ist nichts anderes als die Lehre der *Entsprechungen*, die eine ganze Generation von Dichtern im neunzehnten Jahrhundert zu ihrem Leitsatz machte. Gérard de Nerval und Charles Baudelaire waren ihre eifrigsten Verfechter.

„In schönen Dingen sah er die Schönheit selbst", fährt Thomas fort. Franziskus konnte das Muster in der Welt der Natur erkennen und in dessen Fußspuren folgen. „Er verzichtete auf Licht, Lampen und Kerzen. Ihre Helligkeit sollte nicht durch seine Hand ausgelöscht werden, denn er betrachtete sie als ein Symbol des Ewigen Lichts." Thomas zufolge trat er voller Ehrfurcht auf Felsen, weil er in Ihm *den* Felsen sah.

Einmal verbot er gar einem Bruder, einen Baum wegen seines Holzes zu fällen, damit der Baum weiter wachsen konnte. Er war so empfindsam, dass er einmal einen Gärtner bat, die Umrandung eines noch nicht umgegrabenen Gartens nicht umzupflügen. Im Frühjahr wollte er sehen, wie das Grün des Grases sich von einem Blumenbeet abhob. Sein Mitgefühl für die Natur ließ ihn jeden Augenblick seines Lebens intensiver empfinden. Ein Garten süß riechender Kräuter verstärkte seine Sinneswahrnehmung. Er trug Würmer von der Straße fort, damit sie nicht zertreten wurden. Im Winter befahl er, dass man Honig und roten Wein vor die Türe stellen sollte, damit die Bienen eine Überlebenschance hatten.

Es ist klar, dass Franziskus kein gewöhnlicher Bauerntölpel vom Land war. Seine Empfindsamkeit gegenüber der Natur war ihm nicht angeboren, sondern wurde vielmehr ganz bewusst von ihm entwickelt. Er war auch kein sylphenähnliches Geschöpf, das ein Leben im Wald einer normaleren Wohnumgebung vorzog. Zwar sind seine Rückzüge in die wilde Natur von vielen Geschichten umrankt, haben jedoch immer einen Grund. Er hatte dort etwas zu erledigen. Seine Zwiesprache mit Gott war kein Akt der Zwiesprache mit der Natur, und wenn überhaupt jemand den Unterschied erkannte, dann er. Wenn er in den Wald ging oder sich in eine Höhle zurückzog, um zu beten, hatte er nur ein Ziel im Sinn – er wollte den Abgrund zwischen dem Hier und Jetzt und dem nicht Greifbaren überbrücken. Die Grotte war seine Zeitkapsel: Sie zog ihn aus sich selbst heraus, fort von der ständigen Sorge um Rechtzeitigkeit und hinein in ein Reich, in dem alle Dimension überflüssig wurde.

Die Natur ist die Sprache des Unsichtbaren. Sie zu verstehen hieß in einen Dialog mit Gott einzutreten – so glaubte Franziskus zumindest[32]. Mit Ausnahme einiger Brocken Französisch und einer gewissen Grundkenntnis in Latein weitgehend ungebildet, verließ er sich bei der Lösung schwieriger Probleme stets auf seine Intuition und sein übergroßes Empfindungsvermögen. Bei administrativen Problemen in der Bruderschaft fand er stets einen Weg, die zu entwaffnen, die ihm seiner Meinung nach Probleme bereiten wollten. So führte er beispielsweise einen andauernden Kleinkrieg mit bestimmten Reformern, die seine Verfügung der absoluten Armut aufweichen wollten. Gewöhnlich blieb er bei jeder Auseinandersetzung der Sieger, indem er an die bessere Natur seiner Gegner appellierte. Besonders gebildeten Menschen fiel es schwer, dem überzeugenden Klang seiner Stimme zu widerstehen.

So frei war sein Benehmen, dass ein gelehrter Doktor, als er Franziskus sprechen gehört hatte, eingestand, dass es unmöglich war, etwas von dem, was er gesagt hatte, im Gedächtnis zu behalten. Seine Redegewandtheit war wie Quecksilber: Sie war einfach zu sehen und zu fühlen, zerstob aber in unzählige Splitter, sobald man versuchte, sie als eine Form zu bewahren. Daneben hatte er gelernt, wie er die Sprache des Körpers einsetzen konnte, um das zu vermitteln, was er sagen wollte. „In wenigen Worten sagte er das, was nicht auszudrücken war", schrieb Thomas von Celano, „und mit inbrünstigen Gesten und einem Nicken des Kopfes versetzte er seine Zuhörer ganz und gar in himmlische Dinge hinein." Es wird offenbar, dass Franziskus gerne *mit Leben erfüllt sein*[33] wollte. War dies das Geheimnis seines ausgeprägten Verständnisses für die Natur?

Seine Macht der Proklamation war so groß, dass er sich auch anderer Menschen als Mittler bediente. Die Stadt Arezzo wurde einmal von einem Bürgerkrieg zerrissen, der drohte, den ganzen Ort zu zerstören. Franziskus war zufällig in der Nähe und wurde der immens starken negativen Kräfte gewahr, von denen die Einwohner geplagt wurden. Er konnte sie fühlen – etwas Böses lag in der Luft. Statt sich aber zurückzuziehen und eine andere Richtung einzuschlagen, bat Franziskus seinen Freund Silvester, sich vor das Tor der Stadt zu stellen und zu verlangen, dass diese Teufel den Ort verlassen sollten. Schon wenige Tage später war die Stadt zur Normalität zurückgekehrt. Immer wenn Franziskus danach auf dem Marktplatz der Stadt predigte, erwähnte er diesen Vorfall und wies darauf hin, welches Glück die Bewohner aufgrund der Gebete „eines gewissen armen Mannes" gehabt hatten. Silvester war zum Sprachrohr für eine unglaublich starke mediale Energie geworden, und Franziskus war bereit gewesen, sie durch seinen Freund zum Ausdruck zu bringen. Visionen und Prophezeiungen gehörten zu seinem Rüstzeug.

Ich erwähne Franziskus' prophetische Gabe und sein Einfühlungsvermögen in die Natur in einem Atemzug, weil ich glaube, dass es zwischen ihnen einen Zusammenhang gibt. Er hatte gelernt, über den Horizont der reinen Erscheinung hinauszusehen, und war deshalb zu einer außergewöhnlichen Form der Wahrnehmung fähig. Er sah andere Dinge als wir, und er nahm die Dinge auf eine andere Art und Weise wahr als wir. Die Welt der Darstellung – das heißt, die Welt der Objekte in einem sachlichen Sinne – bedeutete ihm weniger als die Welt des Rätselhaften.

Das Rätselhafte ist, wie es ein Schriftsteller einmal ausgedrückt hat, das Reich, das jenseits des Horizonts liegt, uns gleichzeitig jedoch sein transzendentes Gesicht darbietet. Zwar können wir dieses Gesicht bisweilen betrachten, aber wir können nicht erkennen, was dahinter liegt. Bestimmte Realitäten offenbaren sich nur Menschen, die über das verfügen, was wir so lässig den „sechsten Sinn" nennen. Er ist von subtilerer Natur.

Franziskus bezog seine überragenden intuitiven Fähigkeiten aus dem Verständnis für die Wirkungsweise der Natur. Dieses Verständnis war jedoch nicht das Produkt reiner Beobachtung und beruhte auch nicht auf der objektiven Einstellung des Wissenschaftlers. Die Natur sprach tatsächlich zu ihm – in ihrer eigenen, stillen Sprache. Durch Meditation, Gebet und lange Perioden der Askese hatte er gelernt, der Stimme der Natur zu lauschen. Die meisten Asketen besitzen dieses übernatürliche Wahrnehmungsvermögen. Eine große Zahl von Mystikern und Einsiedlern hat im Laufe der Geschichte das Gespräch mit den Geschöpfen dieser Welt gesucht. Raben fütterten den heiligen Antonius in der Wüste. Ein Löwe, aus dessen Pfote er einen Dorn entfernt hatte, beschützte den heiligen Hieronymus. Daniel konnte problemlos mit Löwen in deren Höhle zusammenleben. Wir wissen, dass Franziskus in der Nähe von Gubbio mit einem Wolf sprach und dem Tier sagte, es solle sich bessern. Heute gibt es sogar Menschen, die mit Pferden sprechen, um sie so für den Sattel gefügig zu machen. Alle diese Menschen haben eines gemeinsam: Sie können mit Hilfe eines intuitiven Sinnes kommunizieren, der sie in die Lage versetzt, sich mit Tieren zu verbinden.

Man darf nicht vergessen, dass die Tiere zu Franziskus' Zeit noch sehr stark mit der wilden Natur in Berührung waren. Heutzutage ist es unvorstellbar, dass ein Wolf sich in der Umgebung einer Stadt wie Gubbio herumtreiben könnte. Dass ein Vogelschwarm die Unterhaltung auf einem Marktplatz beherrschen könnte, scheint angesichts unserer Vorliebe für elektronischen Krach geradezu lächerlich. Kaninchen wandern nicht länger durch Italiens Wälder, sondern werden in kleinen Hinterhofställen gezüchtet. In der Zeit, in der Franziskus lebte, war das Jagen ein Beruf – Männer streiften durch die Landschaft und fingen Fasane, Kaninchen und Turteltauben in Fallen, um sie anschließend auf dem Markt zu verkaufen. In unserer heutigen, von der Agrarindustrie bestimmten Umgebung ist unberührte Natur – sogar für die Tiere – selten geworden. Tierfleisch ist der Stoff für die Märkte der Zukunft und für den Gewinnsaldo von Firmen.

Es gibt die Geschichte, dass ein junger Fallensteller in der Nähe von Siena einige Turteltauben in einer Schlinge gefangen hatte. Er war auf dem Weg zum Markt, um sie dort zu verkaufen, als Franziskus ihm zufällig entgegenkam. Franziskus überredete den Jungen, sich von den Tauben zu trennen, und zwar mit der Begründung, dass diese Vögel – zumindest in der Heiligen Schrift – die Symbole „reiner, demütiger und treuer Seelen" seien. Franziskus barg die Vögel in den Falten seiner Tunika und trug sie nach Hause zu der Einsiedelei, in der er sich gerade aufhielt. Dort baute er ihnen ein Nest, in das sie ihre Eier legen konnten. Bald begannen sie zu brüten. Sie weigerten sich aber, die Einsiedelei zu verlassen, solange Franziskus ihnen nicht die Erlaubnis gegeben hatte. Als der Junge, der die Vögel gefangen hatte, erfuhr, was Franziskus getan hatte, war er so beeindruckt, dass er später selbst der Bruderschaft beitrat.

In einer Einsiedelei, in der Franziskus sich einmal aufhielt, diente ihm ein Falke als Uhr. Wenn er sich, wie er es öfter zu tun pflegte, zur Kontemplation in eine Höhle zurückzog, verkündete der Falke, dessen Nest ganz in der Nähe war, mit seinem Ruf die Stunde, in der Franziskus sich gewöhnlich erhob, um zur Messe zu gehen. Der Falke diente ihm als Ansporn, und „jeder Aufschub wegen Trägheit war vertrieben". Zu dieser Zeit bereiteten seine Augen ihm mehr Kummer als gewöhnlich. Der Falke bemerkte die Situation, und um Franziskus Zeit zum Ausruhen zu geben, verkündete er die Stundenzeit nur noch zur Morgendämmerung.

Man mag sich die Frage stellen, wie so etwas möglich ist. Fasane, Turteltauben, Schwalben, Falken, Kaninchen und Wölfe – eine ganze Menagerie gehorchte ihm auf den leisesten Wink. Der Mann machte anscheinend keinen Unterschied zwischen Mensch und Tier. Seine Gespräche mit den Tieren waren aber immer durch das Wissen geprägt, dass diese Geschöpfe in irgendeiner Weise Symbole des göttlichen Gesetzes waren. Er wusste, dass Tiere und Vögel – weit davon entfernt, ein Produkt darwinistischer Logik zu sein – die Last der Schöpfung auf ihren Schultern trugen. Wie die Engel besaßen sie nicht die Gabe der Reflexion, sondern waren reines Sein. Das verlieh ihrer Fähigkeit, die langsame Entwicklung des menschlichen Bewusstseins widerzuspiegeln, ihre Anpassungsfähigkeit und ihre Schönheit. Wie wir unsere Tiere behandeln, so behandeln wir uns selbst, schien Franziskus zu sagen. Wenn wir grausam sind, wenn wir ihre Fortpflanzung manipulieren und ihren Lebensraum zerstören, dann setzen wir gleichzeitig auch unseren eigenen Wert herab.

Franziskus war kein versponnener Träumer, was sein Verhältnis zu Tieren anging. Natürlich, die fortschreitende Urbanisierung der Gesellschaft des Mittelalters brachte ihre eigene, berechnende Härte hervor. Menschen wie sein Vater (und später auch die Medici) sahen in Bankgeschäften, Herstellung und Vertrieb einen Gewinn. Es ist kein Zufall, dass gerade in dieser Zeit die ersten Banken entstanden (die erste wurde in Siena gegründet) und die langsame Anhäufung des Kapitals in Gang setzten, dessen Erben wir heute sind. Vor dieser Zeit war die Schaffung von Reichtum eine ziemlich planlose Angelegenheit. Sie war das Produkt einer übermäßigen Besteuerung der unteren Klassen durch adelige Familien und bestand darüber hinaus im Transport von Waren auf den sich ausbreitenden Handelsstraßen der östlichen Levante. Der führte wiederum dazu, dass mehr Menschen sich von Ackerbau und Tierhaltung abwandten. Es ist kein Zufall, dass der Aufstieg von Handelsstaaten wie Venedig, Genua, Pisa und Florenz in diese Zeit fällt. Stadtstaaten wie diese suchten ihren Reichtum auf dem Meer, nicht auf dem Land, von dem sie umgeben waren.

Auch in der Kunst des frühen Mittelalters erkennen wir, dass die Rolle der Tiere als schmückendes Bildmotiv sich verändert. Tiere sind nicht länger Motive für Raum und Ungezähmtheit, wie es in der romanischen Kunst und auch in den Mosaiken des heiligen Apollinaris in Ravenna der Fall ist, sondern erscheinen in einem eher häuslichen Umfeld. Bis zu dieser Zeit konnten die Tiere sich noch gegen die fortschreitende Urbanisierung ihrer Umgebung behaupten. Die einzige Ausnahme bildete die Kunstform des Zirkus, in dem wilde Tiere den Kampf gegeneinander und manchmal auch gegen den Menschen aufnehmen mussten. Doch auch in diesen Fällen wird das Tier noch immer im Gegensatz zum Menschen gesehen, als eine wilde Kreatur, die ihre eigene, unverfälschte Integrität besitzt. Als jedoch das Innere des Hauses zum Schauplatz der Kunst wurde, fanden auch die Tiere sich auf eine vollkommen belanglose Häuslichkeit reduziert. Der Aufstieg der reinrassigen Tiere – sei es Pferd oder Hund – ist Ausdruck des menschlichen Wunsches, Tiere zu manipulieren, damit sie das menschliche Bewusstsein widerspiegeln. Nun ist das Tier in eine untergeordnete Beziehung zum Menschen getreten. Es hat sein ihm eigenes Dasein als ein Teil der Natur verloren. Es ist nur noch wenig mehr als ein Anhängsel des Merkantilismus und seines Bedürfnisses nach Selbstbeweihräucherung.

Franziskus' Einstellung zu Tieren scheint dem üblichen Denken seiner Zeit völlig entgegenzustehen. Die Menschen waren es gewohnt, ihr Vieh und die Tiere im Wald als rein wirtschaftliche Größen zu betrachten, nicht als die Spiegelbilder Gottes. Franziskus' naive Wesensnatur muss bei vielen, die sein gütiges Verhalten beobachteten, auf ziemlich großes Unverständnis gestoßen sein. Er wies sie auf eine andere Art von Beziehung hin, die über den Aspekt reiner Nützlichkeit hinausging, auch wenn ihnen das vielleicht nicht bewusst war. Er bat sie, sich in der alten Kunst der Entsprechung zu üben, die womöglich „etwas anderes" wachrufen würde als bloßes organisches Erkennen oder die Aussicht auf eine mögliche Verwertung. Diese Kunst ging bis auf Äsop und seine Fabeln zurück, die von den Römern erstmals aufgezeichnet wurden. Franziskus wiederholte lediglich einen in der Antike weit verbreiteten Glauben: dass die Tiere der Spiegel der Natur waren.

An diesem Punkt erkennt man im Denken und im Verhalten von Franziskus ganz allmählich ein Muster. Nähme man seinen Umgang mit Vögeln und anderen Tieren rein oberflächlich zur Kenntnis, dann könnte einem für den Glauben verziehen werden, dass er kaum mehr als ein harmloser Exzentriker war. Die Tatsache, dass die Chronisten darauf bestanden, dass er mit den Tieren sprach und irgendwie an ihrem Leben teilhatte, könnte man sogar als ein Beispiel naiver Begeisterung für Wunderdinge betrachten. Wir können leicht behaupten, dass die Dinge nicht so geschehen sind, wie sie aufgezeichnet wurden – dass die Menschen einfach an Franziskus' Fähigkeit glauben wollten, normale Vorgänge der Kommunikation zu transzendieren, und seine Handlungen ausgeschmückt haben, um seinen Anspruch auf Heiligkeit zu bekräftigen. So denkt ein empirischer Verstand – sicher ein Schandfleck für das tiefere Verständnis seiner Motive. Wenn wir akzeptieren, dass ein Mysterium die Offenbarung eines Aspektes des Unsichtbaren durch einen anderen Aspekt ist, dann hatte Franziskus vielleicht eine erfolgreiche Methode hierfür entwickelt.

Ich kann nicht den Anspruch erheben, Antworten auf diese verwirrenden Fragen geben zu können. Eines allerdings weiß ich ganz sicher: Franziskus` Neigung, bestehende Werte umzukehren, spielt dabei eine große Rolle. Wie allen Visionären war es auch ihm nicht so wichtig, wie selbstschöpferisch er möglicherweise war. Ihm war wichtig, dass er neue und verblüffende Wege gefunden hatte, um seiner Vision Ausdruck zu verleihen. Konnte das, was seine magnetische Anziehungskraft ausmachte, nicht auch bei Tieren eine Wirkung zeigen, wenn schon die Macht „inbrünstiger Gesten und eines Kopfnickens“ groß genug war, um das Leben der Menschen zu verändern? In einer Zeit, die fest entschlossen war, sich einen Platz im Reich des Materialismus und des kalkulierenden Lebens zu erobern, wies er die Menschen auf eine andere Realität hin. Zeigt diese Tatsache nicht, dass er das Dilemma verstand, dem so viele sich gegenübersahen?

Die Wahrheit ist, dass die Gesellschaft des Mittelalters ihre Beziehung zu Wundern und zum Naturzustand der Dinge langsam zerstörte. Kartenmacher, Kaufleute, Seeleute, Bankiers und Bootsbauer – sie alle brachten die Menschheit auf einen Kurs, der sie in die „Welt dort draußen“ führen sollte. Dagegen wollte Franziskus die Bedeutung der inneren Welt von neuem bekräftigen – einer Welt, die wegen ihrer bereichernden Eigenschaften schon immer anerkannt worden war. Wie kaum ein anderer konnte er erkennen, dass die Einfuhr von Tuch aus Flandern den Wohlstand seines Vaters durchaus mehren konnte. Er erkannte freilich auch, dass die Anhäufung von Gold als Folge dieses Handels zu einem Niedergang im Geist des Vaters geführt hatte. Die Tatsache, dass zunehmende Aktivitäten in Wirtschaft und Handel das Leben vieler Menschen verbessern konnten, war Franziskus durchaus bewusst. Diese Verbesserung hatte allerdings ihren Preis: die Entfremdung der Menschen, die einen Großteil ihres Wesens der Verherrlichung des Göttlichen gewidmet hatten.

Das ist, so glaube ich, der Kern seines Umgangs mit der Natur. Er schlug vor, sie zu lieben, statt sie mit verzweifelter Gier durch ein Gefüge von Listen und Schlichen zu ersetzen. Die mittelalterliche Gesellschaft bewegte sich voran. Sie schüttelte den Schlaf der vergangenen Jahrhunderte ab, die von lateinischen Kopisten und der immer stärker zutage tretenden Macht der Kirche beherrscht worden waren. Zwar würde Franziskus der Kirche in Rom stets beipflichten, doch die spitzfindigen Angewohnheiten der Theologen ließ er schnell hinter sich. Die Natur wurde zu seinem Evangelium, denn in ihr konnte er mit außergewöhnlicher Klarheit das Wesen seiner Vision erkennen, das darin bestand, der Vergänglichkeit der Menschen angesichts ihres illusorischen Glaubens an eine künstlich erzeugte Ewigkeit wieder Geltung zu verschaffen.

Seine Beziehung zur Natur war ein ganz wesentlicher Teil seiner Askese. Seit den späten römischen Dichtern war keiner mehr auf den Gedanken gekommen, einen Dialog mit der Natur zu beginnen. Die christliche Kirche hatte einen so großen Teil der äußeren Welt in ein Dogma gehüllt, dass man vor lauter Bäumen den Wald kaum noch sah. Seit dem frühen Mittelalter hatte das Leiden Christi ihn selbst in seinem Auftrag als göttlicher Hirte der Menschen überholt. Vor dem sechsten Jahrhundert hatte man Christus niemals am Kreuz dargestellt. Bis dahin war er stets als eine gütige Gestalt gesehen worden – als der Hirte, der das Lamm Gottes auf seinen Schultern trägt. So ist er auch in der Basilika des heiligen Apollinaris in Classe dargestellt. Zu jener Zeit galt Christus noch als ein Teil der Natur selbst.

Dieses Bild trug Franziskus gerne mit sich herum. Er wollte sich selbst als Mann für alle Jahreszeiten und für alle Geschöpfe sehen. Man könnte seine Geisteshaltung für arrogant halten, für das Produkt einer überheblichen Einschätzung seiner eigenen Kräfte. Nicht nur die Menschen, sondern auch die Tiere gehorchten ihm auf den leisesten Wink. War das nicht auch eine Form der Hybris? Ich glaube es nicht. Ich glaube vielmehr, dass er weit besser als wir alle verstand, wie wichtig es ist, dass wir uns selbst als Teil der Natur erkennen. In einer Zeit, in der die Natur ihrer jahreszeitlichen Reichtümer beraubt wird, um unsere Gelüste zu befriedigen, sollte die Vorstellung, dass ein Mensch um Erlaubnis bittet, an ihrer Fülle teilhaben zu dürfen, uns zum Nachdenken anregen. Möglicherweise geht wahre Spiritualität mit einer Achtung vor der Natur und einer Liebe zu ihr einher, und möglicherweise fügen wir, indem wir die Natur zerstören, uns selbst einen irreparablen Schaden zu.

Dieses Bild von Franziskus werde ich für alle Zeit bewahren. Er wachte über die inneren Schätze der Natur. Er verstand etwas, das wir heute leider vergessen haben: dass die Natur ihre eigene Symphonie dirigiert, damit alle sich daran erfreuen können. Wenn die Verbindung zwischen ihr und uns zerbricht, wird die Musik der Erneuerung für alle Zeiten verloren sein. Wir werden allein und ungebeten auf dieser Erde sein, denn keine Schwalbe und kein Falke werden da sein, um mit ihrem Ruf den Augenblick des Gebets zu verkünden. Wir werden das Geschenk der Meditation verloren und uns dadurch selbst dazu verdammt haben, bis zum Ende aller Zeiten in einem Zustand der Entwurzelung zu existieren. Franziskus hingegen wird immer bei uns sein als eine Erinnerung an das, was wir hätten umarmen können, ehe wir uns dafür entschieden, uns mit einem Leben bloßer Listen und Schliche zufrieden zu geben.

Die Fresken in Alviano sind unsere sichtbare Erinnerung an ein bemerkenswertes Ereignis. Wenn Schwalben im Gefolge einer Predigt verstummen, können wir sicher sein, dass die Natur den Worten von Franziskus zustimmte. Als ich dort in der Kapelle stand und in die Gesichter seiner Zuhörer blickte, hatte ich irgendwie das Gefühl, dass auch ich an jenem historischen Tag auf diesem Marktplatz gewesen war. Wovon er damals sprach, ist heute vergessen, aber die stürmische Begeisterung eines Schwarms Vögel, die plötzlich verstummen, um seinen Worten zu lauschen, ist ein Bild, das uns immer in Erinnerung bleiben wird. Noch heute will die Natur den eher episkopalen Ausbrüchen der Menschen ihre Gegenwart aufzwingen. Sie will gehört werden, und wenn es nur für den Augenblick ist, in dem wir sie bitten, ihre Begeisterung für den Frühling ein wenig zu mäßigen. Das bedeutet jedoch nicht, dass sie ihre Stimme verloren hat.

Kapitel 8
Im Reich des Sultans

Liebe und Vergebung im eigenen Hinterhof zu predigen ist die eine Sache, aber in fremde Länder zu reisen, um die eigene Botschaft zu verkünden, zeugt doch von einer seltsamen Faszination für das Andere. Franziskus war ein Mann, der von Entfernungen besessen war. Trotz seiner Zurückhaltung und seines Wunsches, das einfache Leben zu leben, hatte ein Teil von ihm Freude daran, die Grenzen dessen zu überschreiten, was ihm vertraut war. Mancher mag argumentieren, dass seine Vorliebe für das Reisen durch seine Kindheitserinnerungen an die Reisen seines Vaters nach Frankreich geprägt war. Es mag durchaus sein. Vielleicht hat er es tatsächlich genossen, lange Zeit von zu Hause fort zu sein. Vielleicht hatte er sogar Freude an Herbergen, die am Wegesrand lagen, an Docks, die vom Klang fremder Sprachen erfüllt waren, und am Geschmack einfacher Speisen in einer einsamen Karawanserei.

Ich habe versucht, mich in ihn hineinzuversetzen. Sein versponnener Intellekt ließ ihn eine völlig andere Einstellung haben als seine Landsleute. Umbrien war natürlich ihr Land, das sie über alles liebten – ein Land, das historisch befriedet und geordnet war. In ihren Adern floss nach wie vor etruskisches Blut. Ihre Anschauungen waren keineswegs römisch, und sie zogen die reiche Würze des Lebens der eher prosaischen, einfallslosen Haltung dieser alten Invasoren aus dem Süden vor. Es ist kein Zufall, dass die Kunst der Renaissance ihre schönsten Landschaften in Umbriens waldigen Tälern und in Ortschaften fand, die am Ufer umbrischer Seen liegen. Wer hat nicht schon einmal den Hintergrund eines Gemäldes von Pinturicchio oder Lorenzetti betrachtet und sich die Frage gestellt, wo ihre geheimnisvoll anmutenden Stadtbilder wohl wirklich gelegen waren? Waren es Städte, die nur im Geist des jeweiligen Künstlers existierten? Oder handelte es sich um getreu wiedergegebene Einzelheiten von Orten wie Passignano, Castel del Lago, Spello, Trevi, Spoleto oder dem hoch gelegenen Bergstädtchen Panicale, das den Trasimenischen See überblickt?

Auf meinen vielen Reisen durch Umbrien war mir immer bewusst, dass ich durch eine phantasievolle Landschaft reiste. Alle Hoffnungen und Ängste, die seine Menschen im Laufe der Jahrhunderte durchlebt hatten, waren noch heute zutiefst in seinen Steinen verwurzelt. Es war so, als hätten sie jeder Wand und jedem Pfeiler einen besorgten Traum der Vergangenheit eingeprägt, der mit einer äußerst unsicheren Zukunft verbunden war. Kein Wunder, dass das Bollwerk, das die Dörfer umgab, so dick, die Wachtürme so hoch, die Burgen so streng und unzugänglich waren. Ich bereiste ein Land, das schon vor langer Zeit gelernt hatte, mit dem vergänglichen Wesen der Existenz umzugehen. Es verewigte sich auf Keramiken, die mit leuchtenden Farben bemalt und im Ofen gebrannt waren, auf Wappenschilden, die kunstvoll verziert und in Palastwände gemeißelt waren, auf Fresken, die feierliche Momente örtlicher Geschichte darstellten, auf vergoldeten Familienwappen, die an die Decken mittelalterlicher Ratssäle gemalt waren, auf heraldischen Wimpeln und eleganten Kostümen, die bei Festspielen noch heute zu bewundern sind.

Diese Bilder müssen Franziskus vertraut gewesen sein. Er muss sich mit einem gewissen Maß an Gleichgültigkeit in dieser Welt feiner Handwerkskünste bewegt haben. Dessen ungeachtet hat sie seine Wahrnehmung aber sicherlich beeinflusst und ihn zu dem Ästheten gemacht, der er war. Er besaß ein gebildetes Auge, denn er verstand Schönheit als etwas, das ihm angeboren war. Zu keiner Zeit in seinem Leben der Askese leugnete er jemals das Wunder seiner Sinne. Er wusste, *auf welche Weise* er Dinge sehen, Klänge hören und die Landschaft, durch die er wanderte, aufrichtig würdigen konnte. Es ist kein Zufall, dass alle Klöster, die er gründete, an bemerkenswert schönen Orten gelegen sind. Ob sie sich an eine Felswand klammerten wie Greccio, sich zwischen die Bäume eines Abhangs schmiegten wie Fonte Colombo oberhalb von Rieti oder ein Tal in Form eines terrassenartig angelegten Gebäudegartens schmückten wie Le Celle nahe Cortona – stets war eine absolut vorrangige Überlegung am Werk: dass Franziskus es wie kaum jemand sonst verstand, ungezähmtes Terrain in einen wahrhaft meditativen Raum zu verwandeln. Seine Rückzugsorte sind die Rückzugsorte eines Geistes, der verstanden hatte, wie man Inwendigkeit und Erdverbundenheit miteinander in Einklang bringen konnte.

Warum also war er so gerne von Umbrien fort? Warum wollte er unbedingt nach Spanien, Marokko, durch die Mark nach Ancona und schließlich nach Rhodos, Zypern, Akkon im Heiligen Land und Ägypten selbst?[34] Es wird allgemein angenommen, dass der Missionar in ihm zu Missionierung und Bekehrung entschlossen war, dass er sich mit der örtlich begrenzten Berühmtheit als Prediger nicht zufrieden geben und sich einer fremden Zuhörerschaft stellen wollte. Vielleicht ist es wahr: Es lässt sich nicht leugnen, dass seine Überzeugung, der christliche Glaube sei dem islamischen überlegen, ihn zu einigen seiner außergewöhnlicheren Reisen inspirierte. Ich glaube jedoch, dass mehr dahinter steckte als reiner missionarischer Eifer. Zum einen pflegten Christen schon seit langem Umgang mit den muslimischen Völkern auf einer gleichberechtigten Ebene. Sie mochten sie vielleicht nicht, erkannten aber dennoch ihren hohen Entwicklungsstand in Kultur und Zivilisation an.[35] Selbst die Kreuzzüge hatten nicht die Bekehrung zum Ziel: Sie sollten die heiligen Stätten im Namen der Christenheit zurückerobern. Diese Kriege dienten nichts anderem als der Kolonialisierung unter dem Deckmantel eines katholischen Missionierungseifers. Niemand gab sich der Illusion hin, dass das Heilige Land etwas anderes war als ein sehr gutes Stück Grundbesitz, das bloß darauf wartete, vom landhungrigen europäischen Adel in Besitz genommen zu werden.

Franziskus' Wunsch, die Ketzer zu bekehren (einige Theologen hielten den Islam für nichts anderes als eine christliche Irrlehre), war vielleicht die Erklärung, die gegeben wurde, aber ich frage mich allmählich, ob es der wahre Grund für seine Reisen gewesen ist. Ich vermute, seinem ritterlichen Wesen gefiel die Vorstellung, an ferne Orte zu reisen, auf der Suche nach exotischen Dingen. Obendrein wollte er zeigen, was in ihm steckte, wenn er sich mit einem fremden Verstand messen musste. Der heimliche Mystiker in ihm sehnte sich danach, mit Menschen in einen Dialog zu treten, die zwischen sich selbst und Gott keinen Mittler benötigten. Obwohl Christus sein Erlöser war, verspürte er doch eine Sehnsucht nach der Erfahrung des Absoluten als Negation, göttlich und schlicht. Meine persönliche Meinung ist, dass Franziskus schwankte: zwischen einem starken Glauben an Gott den Allmächtigen, wie ihn die Realität Christi reflektiert, und einem mystischen Bild Gottes als die einzigartige Darstellung eines erhabenen und unfassbaren Nichts.

Ich weiß nicht, warum ich das sage, aber ich habe schon seit langem das Gefühl, dass seine Biographen das Dilemma, in dem er sich befand, niemals wirklich verstanden haben. Sie wollten ihn als einfachen Heiligen zeichnen, als den frommen Asketen, dessen Verpflichtung zu Armut, Keuschheit und Gehorsam die Erwartungen erfüllte, die sie an ihre eigenen religiösen Überzeugungen richteten. Möglicherweise war die Tatsache, dass Franziskus jeder Form von Gelehrsamkeit aus dem Weg ging, auch seine Art und Weise, mit der ständig zunehmenden Verknöcherung der Theologie, die er instinktiv wahrnahm, und dem Dogma, für das diese eintrat, umzugehen. Die Doktrin der Dreifaltigkeit und die Differenzen mit der Kirche des Ostens über die Worte des Glaubensbekenntnisses waren Dinge, die lediglich das verschleierten, was Christi Rolle als der Spiegel des Göttlichen seiner Auffassung nach war. Er wollte die Mysterien auf eine neue Weise ergründen und sie von der Vormachtstellung des indoktrinierten Wissens, das ihnen von den Theologen aufgezwungen worden war, befreien.

Zu viel Dialektik war zwischen die Menschen und ihr Gottesverständnis geraten. Franziskus, der für seine Zeit einigermaßen gebildet war, distanzierte sich von Fragen der Doktrin, weil er eine neue spirituelle Empfindsamkeit wachrufen wollte. Er kannte sich in der Bibel aus, und seine Schriften sind mit Zitaten gespickt, die er der Bibel entnommen hatte. Er hatte keine Skrupel, sich des Plagiats schuldig zu machen, wenn er glaubte, dass das, was in den Evangelien stand, etwas zu seinen eigenen Argumenten beitragen konnte. Daher kann man nicht sagen, dass Franziskus die Gelehrsamkeit grundsätzlich ablehnte. Seiner Meinung nach sollte sie freilich direkt der Aufgabe der persönlichen Erneuerung dienen, nicht der Erfindung einer neuen theologischen Doktrin. Ohne dass er es öffentlich jemals eingestand, distanzierte Franziskus sich als einer der ersten spirituellen Menschen von den Scholastikern, die damals bereits anfingen, die Debatte darüber zu beherrschen, wie und was die Menschen glauben sollten.

Ich beginne zu glauben, dass Franziskus intellektuell ein geheimes Leben geführt hat. In seinen frühen Jahren war er ein äußerst guter Verwalter, und er schrieb eine Reihe scharfsinniger Briefe und Predigten an die Gläubigen, in denen dargelegt war, wie sie in Übereinstimmung mit Gottes Gesetz leben konnten. Seine Regel aus dem Jahr 1221, die er fünf Jahre vor seinem Tod schrieb und höchstwahrscheinlich von einer früheren, noch einfacheren Regel ableitete, ist sowohl in spiritueller als auch in administrativer Hinsicht ein Meisterwerk der Vernunft. Um sie zu schreiben, hatte es eines umfassenden Wissens über das spirituelle Leben und eines ausgeprägten Verständnisses dessen bedurft, wie ein Leben in der Gemeinschaft zu führen war. Auch Klara gab er in einem

Brief Ratschläge, wie sie ihre Regel formulieren sollte. Franziskus war ganz unzweifelhaft kein spiritueller Einsiedler, der die Bedürfnisse seiner Anhänger nicht kannte. In jedem Stadium seines Wirkens setzte er sein Wissen und seine Gelehrtheit ein, um den Gang der Ereignisse zu beeinflussen.

Mit diesen Ausführungen wollte ich die Beweggründe für seine Reise ins Heilige Land und nach Ägypten erforschen. Einerseits war sie für jeden christlichen Gläubigen ein vollkommen normales Bestreben. Unzählige Menschen begaben sich jedes Jahr auf die Pilgerreise zu den heiligen Stätten in Palästina. Die italienischen Häfen quollen über vor Leuten, die eine Passage nach Akkon buchen wollten, und so mancher Schiffseigner verdiente seinen Lebensunterhalt damit, die Levante mit einer Bootsladung voller Pilger zu befahren. Es gibt das Gerücht, dass es auch seiner Mutter Pica gelang, Pietro genügend Geld zu entlocken, um ihre eigene Reise ins Heilige Land unternehmen zu können. Hat Franziskus jemals mit ihr über diese Reise gesprochen? Ermutigte sie ihn mit Berichten von den Wundern, deren Zeugin sie gewesen war? Die Chroniken schweigen darüber, wie sie auch darüber schweigen, in welchem Verhältnis Franziskus nach seiner Bekehrung zu seinen Eltern stand. Es ist durchaus möglich, dass auf diese Weise der Mythos verstärkt werden sollte, dass er vollständig mit seiner Familie gebrochen hatte, um sein Leben als Asket uneingeschränkt leben zu können.

Ich neige zu der Auffassung, dass Franziskus' Reise ins Heilige Land zumindest in dieser Hinsicht nicht außergewöhnlich war. Wenn seine Mutter die Reise unternehmen konnte, warum sollte er es nicht auch tun können? Es gibt keine Aufzeichnungen darüber, was er unterwegs tat. Wir können jedoch davon ausgehen, dass die Reise bei günstigem Wind mindestens drei Wochen dauerte. Wahrscheinlich schlief er meist an Deck und aß zusammen mit den anderen Pilgern eine einfache Mahlzeit. Wir wissen, dass sein Schiff ausgebucht war, seine zwölf Brüder eingeschlossen. Die Tatsache, dass er mit so großer Gesellschaft reiste, deutet darauf hin, dass er einige der Brüder in Palästina zurücklassen wollte, um die winzige Gemeinschaft zu stärken, die dort bereits gegründet worden war. Er war ein Mann auf einer Mission, die nicht nur darin bestand, die Heiden zu bekehren, sondern auch darin, die wachsende Europäisierung des Ordens dort zu festigen. Palästinas Boden war fruchtbar genug, um noch weitere Samenkörner darin zu pflanzen.

Nach seiner Ankunft besuchte er wahrscheinlich viele der heiligen Stätten, die mit dem Leben und dem Tod Christi verbunden sind. Wenn er es nicht gleich zu Beginn tat, dann vielleicht zu einem späteren Zeitpunkt seiner Reise. Es gibt keine Aufzeichnungen darüber, dass er tatsächlich in Jerusalem gewesen ist. Wenn nicht, dann hätte er auf dieser Reise sicherlich eine einzigartige Gelegenheit ungenutzt gelassen. Er besuchte Palästina mit Sicherheit nicht, um sich von dort aus nach Ägypten zu wagen. Diese Entscheidung muss er getroffen haben, als er bereits dort war. Da er aus seinem Leben ein Ebenbild des Lebens Christi gemacht hatte, kann ich nur vermuten, dass er ein größeres Interesse daran gehabt haben muss, Jerusalem, das Heilige Grab, Golgatha, Getsemani und Bethlehem zu besuchen, um sich von den Geschehnissen in Jesu Leben inspirieren zu lassen.[36]

Man darf nicht unterschätzen, welche Macht die Geschichte Christi in Franziskus' Zeit auf Männer und Frauen ausübte. In seiner Zeit war der Geist der Wallfahrt genauso lebendig, wie es bei den Muslimen heute der Hadsch ist. Die Wallfahrt bot den Menschen die Gelegenheit, der Plackerei des mittelalterlichen Lebens zu entfliehen und statt dessen fremde Länder zu besuchen, neue Freunde zu gewinnen und eine Erfahrung zu genießen, die von der Kirche voll und ganz gebilligt wurde. Wir haben nur sehr wenige persönliche Aufzeichnungen über das Alltagsleben auf der Straße nach Jerusalem (Feder, Tinte und Pergament hätten nur eine zusätzliche Bürde bedeutet), aber wir müssen davon ausgehen, dass die Menschen ein großes Maß an Kameradschaft genossen. Die Ankunft in fremden Häfen war wahrscheinlich nicht weniger aufregend als heute. Und auf den Pilger wartete noch ein weiterer Bonus für seine Mühen: die Aussicht, die historischen Wirkungsstätten Christi zu besuchen und so am Mysterium seines Ursprungs teilzuhaben.

Als Franziskus in Akkon ankam, fand er heraus, dass die Kreuzritter gerade die ägyptische Stadt Damietta im Nildelta belagerten. Die Belagerung war Teil einer Strategie, mit der die Lieferung von Getreide an die Muslime in Palästina verhindert werden sollte, um sie für Verhandlungen über Jerusalem zugänglich zu machen, das sich noch immer in arabischer Hand befand. Noch einmal erhob der verlockende Ruf des Märtyrertodes die Stimme: Franziskus vergeudete keine Zeit, sondern bestieg ein Schiff nach Ägypten, um vor Ort zu sein, wenn Damietta fiel. Als er dort ankam, fand er sich einem Soldatentum gegenüber, das die Ideale der Kreuzritter bereits vor langer Zeit aufgegeben hatte. Moral und Disziplin waren schlecht, ungezählte Marketender folgten der Truppe, und Kardinal Pelagius, der päpstliche Legat – von Natur aus ein „Falke“ –, drängte König Johann von Jerusalem (der sich natürlich im Exil befand) dazu, sofort anzugreifen.

Der Anführer der ägyptischen Truppen hieß Sultan Malik al-Kamil. Das Bild, das wir von ihm haben, deutet auf einen Mann mit einem sehr kultivierten Wesen hin, der die Poesie liebte und für sein Leben gern über religiöse Themen diskutierte. Wir wissen zum Beispiel, dass der Sultan regelmäßig mit europäischen Fürsten korrespondierte. Darunter war auch Friedrich II., der ihn bat, einen Gelehrten, der sich mit Astronomie auskannte, an den Hof von Sizilien zu schicken, was der Sultan prompt tat. Er war auch sehr an der Mystik der Sufis interessiert, besonders an den Werken des arabischen Mystikers Umar Ibn al-Farid. Einer der zentralen Lehrsätze von al-Farids Denken war das Bild von einer tiefen Liebe zu einem zutiefst persönlichen Gott. Zufälligerweise war seine Vorstellung der von Franziskus gar nicht so unähnlich. Der Auffassung des Sultans zufolge war die bevorstehende Schlacht gegen die Kreuzritter für die gesamte ägyptische Wirtschaft eine Katastrophe, denn diese war sehr stark von einer großen Gruppe europäischer Kaufleute und Händler abhängig, die in Alexandria und in der Umgegend des Nildeltas lebten. Der Verlust der Stadt hätte diesen Handel zum Erliegen gebracht.

In Franziskus regte sich der Wunsch, diesen Mann zu treffen. Nach einer Schlacht zwischen den beiden Armeen am 29. August 1219, die nach seiner Vorhersage in einer Katastrophe für die Kreuzritter endete, musste Franziskus feststellen, dass er nach deren Debakel bei den christlichen Führern nicht sehr beliebt war. Mehr als viertausend Männer wurden getötet, und dennoch zögerte Malik al-Kamil, das Lager der Kreuzritter endgültig zu erstürmen. Statt dessen bot er den Christen einen Waffenstillstand an, den diese auch akzeptierten. Während dieser Pause in den militärischen Auseinandersetzungen beschloss Franziskus, sich hinter die feindlichen Linien zu begeben, um beim Sultan eine Audienz zu erlangen. Tat er es, um einen Friedensvertrag auszuhandeln, wie es Kardinal Pelagius behauptete, oder wollte er mit den muslimichen Weisen über Theologie debattieren, wie es die Chronisten berichten?

Es kann nicht ganz einfach gewesen sein, durch die Linien zu gelangen. Er wurde mehrfach von Wachposten geschlagen, man drohte ihm sogar mit Enthauptung und legte ihn schließlich in Ketten, ehe man ihn vor den Sultan brachte. Als er den Sultan zu sehen verlangte, glaubten die Wachen ihm wahrscheinlich nur deshalb, weil Bruder Illuminato sein einziger Begleiter war. Sein Verlangen war derart absurd, dass sie dachten, er müsse etwas Wichtiges zu sagen haben, was ihnen vielleicht den Sieg über diese verwünschten Ungläubigen bringen würde. Wir können uns gut vorstellen, wie Franziskus und Bruder Illuminato, sein einziger Begleiter und auch der einzige Augenzeuge der Geschehnisse, die bald folgen sollten, ihre Ketten hinter sich herzogen, als sie durch die Stadttore nach Damietta hineingingen. Jacques de Vitry, damals Bischof von Akkon, berichtet in seinen Chroniken über das, was seiner Ansicht nach auf dem Gipfel der Belagerung geschah:

> *Nicht allein die Getreuen Christi, sondern auch die Sarazenen und ihre Verbündeten bewundern die Demütigkeit und die Vollkommenheit jener Menschen [der Franziskaner]. Denn sie gehen zu ihnen, und sie, denen der richtige Geist gewährt wurde, empfangen sie glücklich. Wir haben den ersten Meister ihres Ordens gesehen, der ihn gegründet hat, einen einfachen und unbelesenen Mann, eine Freude für Gott und Mensch, dessen Name Bruder Franziskus ist: Er war von solchen Hochgefühlen für himmlische Dinge inspiriert und so im Geist des Dienens gefangen, dass er, als er zur christlichen Armee nach Damietta in Ägypten kam, gemeinsam mit einem einzigen Gefährten furchtlos, nur mit dem Schild des Glaubens bewaffnet, zum Sultan von Ägypten ging. Und als sie sich in den sarazenischen Linien befanden, sagte er: „Ich bin Christ. Bringt mich zu eurem Herrn." Und als sie ihn vor den Sultan zerrten und die grausame Bestie ihn sah, im Erscheinen so sehr ein Mann Gottes, sanft im Wesen, da hörten er und seine Leute ihm über eine Zeit von einigen Tagen höchst aufmerksam zu, während er ihnen den Glauben Christi predigte. Als sie schließlich jedoch erkannten, dass von diesen Soldaten keiner tatsächlich zu Gott bekehrt wurde, kehrten sie in die christlichen Linien zurück und wurden sicher und voller Ehrfurcht in unser Lager zurückgeleitet.*

Wenn Jacques de Vitry nur erkannt hätte, wie widersinnig seine Worte sich lesen. Einerseits gewährt eine „grausame Bestie" Franziskus eine Audienz, andererseits lesen wir, dass diese Bestie „über eine Zeit von einigen Tagen aufmerksam zuhörte“, während vernünftige Männer vernünftige Argumente vorbrachten. Es drängt sich einem sehr stark der Verdacht auf, dass die Absicht, die hinter diesem Bericht über Franziskus' Aufenthalt in Damietta steckte, propagandistischer Natur war. Überdies hätte Franziskus sich sicher nicht der Kritik aussetzen wollen, indem er Einzelheiten seiner Gespräche mit den Weisen und Dichtern am Hofe des Sultans preisgab. Es ist möglich, wie Idries Shah es andeutet, dass Franziskus die dortigen Sufi-Lehrer zu ihrer besonderen Methodik befragen wollte, die diese als *dhikr* bezeichneten, einen rituellen Akt der Erinnerung, der seiner Technik des „heiligen Gebets“, die Franziskus selbst entwickelt hatte, sehr ähnlich war. Vielleicht ist es auch kein Zufall, dass die Kutte der Franziskaner mit ihrer Kapuze und den weiten Ärmeln der Kleidung der Derwische von Marokko und Spanien so sehr gleicht.

Es gibt noch weitere Gemeinsamkeiten zwischen den Sufis und der spirituellen Lebensweise, die Franziskus sich zu Eigen gemacht hatte. So wollte er beispielsweise nie Priester werden und seine Botschaft unter allen Menschen verbreiten. Die Sufis arbeiten noch heute so. Wir wissen, dass er in La Verna einen Seraphen mit sechs Schwingen sah. Dieser Allegorie bedienen sich die Sufis, um die Formel des *Bismillah* zu vermitteln. Es war auch Franziskus' Gruß: „Der Friede Gottes sei mit euch!“ Man berichtet, er habe mit Stacheln versehene Kreuze fortgeworfen, die viele seiner Mönche trugen, um sich selbst zu kasteien. Es ist nicht klar, ob es sich wirklich so zugetragen hat oder nicht. Vielleicht lässt sein Handeln sich eher mit der Praxis der Sufis vergleichen, ein Kreuz zeremoniell mit den Worten zurückzuweisen: „Du magst vielleicht das Kreuz haben, wir aber haben die Bedeutung des Kreuzes.“[37] Eine letzte Ähnlichkeit zwischen Franziskus und den Sufis besteht darin, dass er die persönliche Erlösung als oberstes Ziel der Askese ablehnte. Wie die Sufis betrachtete vielleicht auch er die persönliche Erlösung als einen Ausdruck der Eitelkeit, da sie die eigenen spirituellen Erwartungen zu sehr hervorhob.

Ich habe bereits angedeutet, dass die Vorstellungen der westlichen Welt und des Islam voneinander durchdrungen waren. Männer wie Roger Bacon, Raymond Lull und Albertus Magnus, der Lehrer Thomas von Aquins, gestanden öffentlich ein, dass sie sich islamisches Gedankengut zu Eigen gemacht hatten. Papst Silvester war – dem Vernehmen nach – ein Magier, der seine Ausbildung an arabischen Schulen erhalten hatte. Johannes Duns Scotus und der heilige Johannes vom Kreuz waren sehr stark durch die Denkschule des Illuminismus geprägt, die Ibn Massara im neunten Jahrhundert in Córdoba ins Leben gerufen hatte. Dantes gesamte Kosmologie ist einem anderen Meister des Illuminismus zu großem Dank verpflichtet, nämlich Suhrawardi, der im Jahr 1191, etwa zehn Jahre nach Franziskus' Geburt, auf Befehl Saladins in Aleppo hingerichtet wurde. Tatsächlich ist Dantes mystische Rose eine Abwandlung des Sufi-Begriffs „Pfad der Rose“. Es gibt eine Reihe von Beweisen, die darauf hindeuten, dass das Werk Ibn Massaras einen jüdischen Denker namens Salomon Ibn Gabirol aus Malaga inspirierte, dessen Werk wiederum die franziskanische Schule beeinflusste. Daraus lässt sich schließen, dass es ein unsichtbares Netz illuministisch geprägter Denker gab, das sich von Spanien bis in den Nahen Osten erstreckte. Über Palermo, wo eine Gruppe von Übersetzern am Hofe Rogers und später Friedrichs II. arbeitete, breiteten diese sich allmählich auch in Italien aus. Es scheint, als seien Männer wie Franziskus und seine Freunde gegen bestimmte Aspekte des sufischen Gedankenguts, in welcher Form es auch immer zu ihnen gelangte, nicht immun gewesen. Dazu gehören auch jene Aspekte, die im katharischen Glauben verwurzelt waren.

Die Diskussionen, die Franziskus mit den Gelehrten am Hofe des Sultans führte, klingen also nicht nach dem Werk eines Fanatikers oder eines Missionars. Natürlich muss es auch die eine oder andere religiöse Erörterung gegeben haben, die sehr wahrscheinlich jedoch eher mit einem offenen Geist als mit dem Ziel der Verunglimpfung geführt wurde. Ich wüsste nicht, warum die Weisen des Hofes Franziskus so viel Zeit hätten gewähren sollen, wenn sie glaubten, es mit einem Mann zu tun zu haben, der ihren Vorstellungen ablehnend gegenüberstand. Ich habe den Verdacht, dass Franziskus froh war, einmal von den Beschränkungen befreit zu sein, die ihm die Doktrin zu Hause in Italien in der Regel auferlegte, und deshalb die Gelegenheit genoss, mit seinen Gastgebern die Feinheiten der Theologie zu erforschen. Für diese wiederum muss das Zusammentreffen mit Franziskus gleichermaßen erleuchtend gewesen sein, nachdem sie erkannt hatten, welch einzigartige Persönlichkeit Franziskus besaß. Jeder etwaige Hinweis darauf, dass er seine Gastgeber zu einem Gottesurteil durch Feuer herausforderte, um die Überlegenheit des christlichen Glaubens zu beweisen, klingt wie das Argument eines Apologeten, der ganz verzweifelt eine Rechtfertigung für diesen Besuch finden will. Weder Thomas von Celano noch der heilige Bonaventura, zwei seiner frühesten Biographen, erwähnen ein derartiges Ereignis. Die Tatsache, dass Giotto die Szene auf einer seiner wunderbaren Fresken in der Basilika San Francesco gemalt hat, ist jedoch ein Hinweis darauf, dass diese Vorstellung äußerst beliebt war.

Franziskus war Zeuge, als Damietta endgültig von den Kreuzrittern zerstört wurde, nachdem die Stadt aufgrund von Krankheit und Hungersnot ohne Kampf eingenommen worden war. Was dann geschah, muss für Franziskus' Menschlichkeit eine echte Prüfung gewesen sein: Jeder zehnte der dreitausend Einwohner wurde als Geisel genommen, und alle anderen wurden entweder umgebracht, in die Sklaverei verkauft oder der Kirche als Leibeigene überlassen. Die nahe gelegene Stadt Tanis wurde kurze Zeit später geplündert, und auch ihren Einwohnern wurde keine Gnade zuteil. Was Franziskus dort sah, war für ihn eine große Ernüchterung. Er „sah Sünde und Schlechtigkeit unter den Soldaten und war darum zutiefst besorgt. Aus diesem Grunde reiste er ab." Ganz offenkundig hatte der Sultan ihm einen besseren Empfang bereitet als seine eigenen Leute.

Welche Erinnerungen bewahrte Franziskus an seine Reise ins Heilige Land? Die Chroniken schweigen sich darüber aus. Da ich jedoch weiß, wie empfänglich er für Orte war, kann ich mir kaum vorstellen, dass seine Begegnung mit den heiligen Stätten rund um Jerusalem keine positive Reaktion bei ihm auslöste. Der Besuch des Heiligen Grabes war die höchste Erfahrung, die das Mittelalter einem christlichen Pilger zu bieten hatte, und Franziskus hatte das sicher nicht anders empfunden, als er die Via Dolorosa entlang ging oder in den von Weihrauchduft erfüllten Kirchen stand und ihre Ikonen betrachtete. Es war der Augenblick, den er sich sein ganzes Leben lang gewünscht hatte – an Christi Qual teilzuhaben und zu wissen, dass es nicht vergebens sein würde. Er, der arme Mann aus Assisi, hatte sein eigenes Opfer gebracht.

In der Basilika San Francesco gibt es ein kleines Museum, das Dingen gewidmet ist, von denen man glaubt, dass sie Franziskus gehört haben. Ich entdeckte einen kleinen Reliquienschrein, der ein Stück Tuch enthielt, in dem ein Loch war, von dem man sagte, es sei durch das Wundmal in seiner Brust entstanden. Auch der Brief an Bruder Leo, den er mit dem Tau unterzeichnet hatte, liegt hier. Sogar seine Kutte, ein verschlissenes und häufig geflicktes Stück Tuch, liegt fächerartig ausgebreitet unter Glas. Die Flickarbeiten sind sorgfältig und fein ausgeführt und lassen ahnen, dass derjenige, der sie durchführte (vielleicht Franziskus selbst?), etwas vom Nähen verstand. Was meine Aufmerksamkeit jedoch am stärksten fesselte, war ein kunstvoll verziertes Horn aus Elfenbein, das durch kleine Ketten an einer Reihe von Ringen befestigt war. Außerdem waren an den Ringen, ebenfalls mit Ketten, zwei kleine Peitschengriffe befestigt, die der Sage nach Werkzeuge der Geißelung waren (*corno e bastoncini d'avorio*). Sie waren ein Geschenk von Sultan al-Kamil.

Plötzlich war ich wieder in Damietta, saß auf einem Diwan und hörte Franziskus zu, wie er mit muslimischen und koptischen Weisen sprach.[38] Auch der Sultan war dort, denn er war sehr daran interessiert, wie der Dialog zwischen Ost und West enden würde. Draußen in der Sommersonne standen die beiden gegnerischen Armeen sich gegenüber und bereiteten sich auf die Schlacht vor, während drinnen die Männer weiter miteinander sprachen, tagelang. Mir gefällt der Gedanke, dass sie über profundere Themen sprachen als über eine mögliche religiöse Überlegenheit. Bestimmt erzählte Franziskus ihnen von der Schönheit der Armut und von Umbriens grüner Landschaft, die seine Vision nährte. Bestimmt wies er sie auf den Wert eines Lebens hin, das außerhalb der engen Grenzen von Eigentum und Besitz gelebt wurde. Im Gegenzug vermittelten seine Gastgeber ihm zweifelsohne ein neues Verständnis für die Natur der Erinnerung (*dhikr*) und auch dafür, wie wichtig es ist, einen göttlichen Namen so lange anzurufen, bis dessen unaufhörliche Wiederholung die Energien der Seele versiegelt und auf diese Weise den Zustand eines ekstatischen Rauschs herbeiführt, wie es auch durch die fortwährende Wiederholung des Jesusgebetes bei den griechisch-orthodoxen *Hesychasten* der Fall ist.

Langsam glaube ich, dass einige dieser Vorstellungen zu dem „Schatz" gehörten, den Franziskus, unter dem Umhang seiner visionären Vorstellungskraft verborgen, nach Umbrien zurückbrachte. Er sprach nicht über seine Begegnung mit den Gelehrten am Hof des Sultans, weil das, was er von ihnen erfahren hatte, im herkömmlichen Sinne einfach nicht kommunizierbar war. Sie hatten von Dingen gesprochen, bei denen es darum ging, die symbolischen Fakultäten niederzureißen, um auf diese Weise eine ganz andere Stufe der Sinneswahrnehmung zu verwirklichen. Bis zu diesem Punkt hatte Franziskus mit den Symbolen seiner Berufung gehandelt, zu denen nicht zuletzt die Passion Jesu Christi, ihre Mystik und auch ihre regionale Selbstständigkeit in

Palästina gehörten. Er war ins Heilige Land gereist, um seinen Glauben daran zu bestärken, dass die Kreuzigung sowohl in der Geschichte der Menschheit als auch im Leben des Einzelnen eine ausschlaggebende Rolle gespielt hatte. Bei den Sufis in Ägypten hatte er jedoch das Wirken einer noch subtileren Symbolik entdeckt: der Symbolik der „östlichen Erkenntnis". Bei ihr handelte es sich um eine nicht-symbolische Erkenntnis, deren lateinische Entsprechung die *cognitio matutina* ist, also die „Erkenntnis des Morgens". Es ist diese Erkenntnis, die der heilige Augustinus als eine unmittelbare Gegenwärtigkeit des Erkannten beschrieb, und zwar in einer Weise, in der derjenige, der sich selbst erkennt, für sich selbst gegenwärtig ist. *Cognitio matutina* bedeutet, dass man in den Himmel der Seele eintritt. Es ist jener Zustand, der Franziskus schließlich selbst zuteil werden sollte, als er fünf Jahre später in La Verna die Wundmale Christi empfing.

All dies war in der illuministischen Philosophie seiner Zeit verankert. Es ist kein Zufall, dass Franziskus fast unmittelbar nach seiner Rückkehr nach Italien im Jahr 1220 seine Stellung als Oberhaupt seiner Bruderschaft niederlegte. Krank, müde und gequält von dem Wunsch, den Rest seines Lebens der Kontemplation zu widmen, entschied sich Franziskus für seinen eigenen „Pfad der Rose", um das in die Praxis umzusetzen, was er in Ägypten gelernt hatte. Er zog sich nach Fonte Colombo zurück, um sich für längere Zeit der Meditation zu widmen. Obwohl er zu dieser Zeit gebeten wurde, die endgültige Regel des Ordens niederzuschreiben, war sein Herz nicht bei der Sache. Er brauchte viele Tage, um wenige Sätze zu diktieren. Reformen lagen in der Luft, und seine Stellung als Gründer des Ordens war kaum mehr als symbolisch. Franziskus kümmerte das aber nicht mehr. Wie Thomas von Celano berichtet, wollte er „für Gott ganz frei sein und den Staub abwischen, der etwa aus dem Verkehr mit den Menschen an ihm haften geblieben war." Franziskus hatte seine Entscheidung schließlich getroffen: in die Erkenntnis des Morgens einzutreten, dessen Ziel die Glückseligkeit war.

Ich glaube nicht, dass seine Reise ins Heilige Land ein Misserfolg war, wie einige Chronisten so hartnäckig behaupten. Ich glaube, dass Franziskus dort etwas unschätzbar Wertvolles fand. Bis zu dieser Zeit war sein christlicher Glaube hauptsächlich westlich geprägt gewesen, das Resultat eines viele Jahrhunderte währenden Prozesses sorgfältiger Festlegung, wie und was ein Mensch glauben sollte. Eine Reise in den Osten ist für jeden Christen ein Ereignis, das sein Leben verändert, denn das Christentum ist eine „östliche“ Religion und bezieht seine Kraft aus der Morgensonne, nicht aus dem warmen Leuchten des Sonnenuntergangs. Die Klarheit und die Abstraktion des Morgens verleihen ihm eine Dimension, die eine Verbundenheit mit der Universalität spiritueller Erfahrung anzeigt. Ein nicht-kanonisches Evangelium, das auch in Nag Hamadi gefunden wurde und als das Evangelium des Philippus bekannt ist, soll zusätzliche Informationen über das Leben des Erlösers geben. Darin steht, dass Christus in der syrischen Sprache *Pharisatha* genannt wird, das bedeutet „der Ausgebreitete.“ Auch dies weist auf seine Universalität hin, denn dort heißt es auch, dass er kam, um „sich an die Welt kreuzigen zu lassen.“

Franziskus mag durchaus die Vorstellung einer Kreuzigung an die Welt im Sinn gehabt haben, als er sich in den nächsten Jahren auf seine Begegnung mit dem Seraphen in La Verna vorbereitete. Es ist kein Zufall, dass die Stigmata eine Form der Kreuzigung an die Welt sind, die Wiederholung eines kosmischen Ereignisses und der anschließenden Kräfte der Erneuerung. Sein ganzes Leben lang war Franziskus sich der Bürde bewusst, die er auf seinen Schultern trug. Er wusste, dass weit mehr von ihm erwartet wurde als bloße, einfache Heiligkeit. In einem gewissen Sinne hatte er sich darauf vorbereitet, die Wundmale einer Welt zu empfangen, die sich bereits im Konflikt mit sich selbst befand. Die alten Sicherheiten wurden untergraben, die Kirche war im moralischen Niedergang begriffen, und der Aufstieg des mittelalterlichen Kapitalismus lockte die Menschen von den schlichten Akten der Frömmigkeit fort. Sie nahmen ihr Leben auf eine Weise in die Hand, wie es bisher noch niemals der Fall gewesen war. Das spirituelle Leben war in so hohem Maße bedroht, dass Männer und Frauen Gefahr liefen, nicht mehr zwischen der *cognitio matutina* und der *cognitio vespertina*, der Erkenntnis des Abends und der rein äußerlichen Sicht der Dinge, unterscheiden zu können. Ungeachtet all ihrer historischen und mystischen Konnotationen waren die Wundmale Christi ein Akt der Empfänglichkeit, ein Akt, der die Kluft zwischen der Welt und ihren mystischen Ursprüngen überbrücken sollte.

Nun erkenne ich, welche Bedeutung das Heilige Land als das Land der Phantasie für Franziskus hatte. Man darf es nicht nur einmal, sondern muss es öfter besuchen, will man verstehen, wie tief östliche Vorstellungen von spiritueller Erkenntnis ihn womöglich berührten. Vor seiner Reise hatte er sich auf seine drei praktischen Lehrsätze der Armut, der Keuschheit und des Gehorsams verlassen, um das spirituelle Leben in ganzer Fülle zu leben. Nach seiner Rückkehr aus Ägypten scheint jedoch eine neue Bewusstseinsstufe in sein Denken eingedrungen zu sein. Der Mensch muss lernen, sich aus dem Überstoff des Seins zurückzuziehen, um sein essentielles Wesen zu erkennen. Er muss lernen, sich mit seiner Liebe und seiner Sehnsucht nach der vollkommenen und umfassenden Entdeckung des Vaters auseinander zu setzen. Wenngleich der Vater Sich in alle Ewigkeit offenbart, verspürt Er nicht den Wunsch, anders als in Seinem unergründlichen, uranfänglichen Sein erkannt zu werden. Nur durch Seinen Geist verleiht Er den Menschen die Fähigkeit, sich Ihn vorzustellen und über Ihn zu sprechen.

Das war also der Grund für Franziskus' Schweigen zu den Geschehnissen seines Aufenthalts im Heiligen Land. Es gab nicht viel, was er sagen konnte. Er war Muslimen, Orthodoxen, Kopten, Ketzern, Ungläubigen und noch vielen anderen Sekten und Kulten begegnet. Er hatte mit Theologen und Sufis gesprochen. Vielleicht war er in den Hügeln rund um Jerusalem sogar mit Einsiedlern zusammengetroffen. Wo er auch hinkam, muss er Menschen mit einem tiefen Interesse für die Feinheiten des mystischen Gedankenguts begegnet sein, denn im Osten ist dies eine natürliche Form der Zerstreuung. Noch heute diskutieren die Menschen dort gerne über die Permutationen spiritueller Existenz. Dank seiner Gabe, gleichgesinnte Menschen anzuziehen, hatte Franziskus zudem gewiss keine Schwierigkeiten, sie zu finden (oder umgekehrt). Vielleicht war es das, was Kreuzfahrer sein für ihn wirklich bedeutete. In seiner Jugend mag er den Kampf des Guten gekämpft haben, aber in reiferen Jahren muss er sicher entdeckt haben, dass dieser Kampf weder mit dem Schwert noch mit dem Schild zu gewinnen war.

Als ich im Museum in Assisi das Geschenk betrachtete, das Sultan Malik al-Kamil Franziskus zum Abschied überreicht hatte, erkannte ich, dass es weit mehr verkörperte als eine vorübergehende Laune. Immerhin handelte es sich um ein Werkzeug der Geißelung, also nicht unbedingt das, was man unter einem üblichen Geschenk verstehen würde. Die beiden Männer hatten eindeutig mehr gemeinsam, als man gemeinhin glaubt. Franziskus hätte die göttliche Sehnsucht Gottes, in Seiner Einsamkeit erkannt zu werden – eines der wichtigen Konzepte der Sufis –, wahrscheinlich verstanden und nachempfinden können. Sein gesamtes Leben lang hatte er um die Befreiung seines Daseins gekämpft, indem er seinen Willen dazu brachte, sich zu fügen. Eines aber würde er lernen – und es sollte sein Leben fünf Jahre später transformieren –, und das war, dass ein Mensch Gott nicht anders schauen oder sprechen kann als durch Inspiration, durch einen Schleier oder durch einen Engel (Seraphen), der von Ihm gesandt und bevollmächtigt ist. Zwar hat Franziskus den berühmten persischen Dichter Jalalludin Rumi, der sein Zeitgenosse war, mit Sicherheit nie getroffen, doch eine von Rumis Bemerkungen hätte bestimmt eine Saite in ihm zum Klingen gebracht: „Die stoffliche Form ist von großer Wichtigkeit. Nichts kann erreicht werden ohne eine Vereinigung von Form und Essenz. Sooft du ein Samenkorn, das von seiner Hülse befreit wurde, auch säst, es wird nicht wachsen. Säe es aber mit der Hülse, und es wird zu einem großen Baum heranwachsen. Von diesem Standpunkt betrachtet ist der Körper [Bruder Esel] grundlegend und notwendig zur Verwirklichung der göttlichen Absicht… Es ist das Leiden, das in jedem Falle zum Erfolg führt."[39] Diese beiden Dichter hätten bestimmt viele Gemeinsamkeiten gefunden, wenn sie sich auf ihren Wanderungen durch das Heilige Land jemals begegnet wären. Ich bin sicher, dass Franziskus auch an dem folgenden Vers Rumis große Freude gefunden hätte, der seine geliebte „Frau Armut" ehrte:

Jeder, der nichts begehrt, ist dein Schüler:
Er gewinnt das, was keinem Objekt gleicht.

Ägypten war demnach weniger ein Ort als vielmehr ein Königreich der Phantasie, das von Gottes verborgener Botschaft regiert wurde. Franziskus war dorthin gereist, um diese Botschaft zu hören und sein Verständnis für die *cognitio matutina*, die Erkenntnis des Morgens, zu vertiefen.

Kapitel 9

Blicklos in Gaza

Im Tal von Rieti, auf einem Hügel, der die Stadt Rieti selbst überblickt, liegt das Kloster von Fonte Colombo. Es ist ein kleines Kloster, das von tiefen Schatten umgeben und von einem Gefühl des Friedens durchdrungen ist. Auf seinen gepflasterten Wegen zu laufen bedeutet, dem Geist von Franziskus ganz nahe zu sein, denn Fonte Colombo war einer seiner liebsten Zufluchtsorte. Hierher kam er, um zu meditieren und zu beten, wann immer Angelegenheiten, die seine Bruderschaft betrafen, ihm Sorge bereiteten. Den Blick auf die Weite dieses gletscherähnlichen Tals gerichtet, konnte er über jene Augenblicke der Unendlichkeit nachdenken, die er hatte erfahren dürfen. La Verna mochte hinter ihm liegen, aber der geflügelte Seraph ging ihm niemals aus dem Sinn.

Ich wusste, als ich Fonte Colombo besuchte, dass an diesem Ort Franziskus' letzte Leidensperiode begonnen hatte. Es scheint, dass jede Phase seines Lebens von Schmerz und Erleuchtung begleitet war. In jenen letzten Jahren vor seinem Tod hatte sein Körper sich einer Reihe von Krankheiten beugen müssen: Wassersucht, Probleme mit Leber und Magen, grauer Star, Tuberkulose und nicht zuletzt die ständige Gegenwart der Wundmale Christi selbst, die fast täglich gewaschen und neu bandagiert werden mussten. In gewisser Weise war er ein klassischer Krankenhausfall. Dennoch weigerte er sich, den Forderungen von Bruder Esel nachgeben, noch nicht einmal, als ein junger Mönch ihn darauf hinwies, dass sein Körper für die Arbeit, die er in Franziskus' Auftrag getan hatte, eine Belohnung verdient habe. „Freue dich, Bruder Körper", sagte er, „und verzeihe mir, denn siehe, ich will deine Wünsche nun gerne erfüllen. Ich eile, deinen Klagen Beachtung zu schenken." Doch es war bereits zu spät. Wie Thomas von Celano berichtet, war Franziskus „für die Welt verloren", und alle ihre Freuden waren ihm „nur noch ein Kreuz". Die Wundmale Christi leuchteten aus seinem Fleisch hervor und spiegelten das wider, was Thomas eine „tief sitzende Wurzel, die aus seinem Geist hervorsprießt" nannte.

Dieser Mann war es, der eine Armee von *poverelli* gegründet hatte, die sich über nahezu ganz Europa erstreckte. Er hatte Könige, Sultane, Kardinäle und Päpste bezaubert. Adelige und Bauern hatten seine Philosophie vollkommener Armut übernommen, um zu dieser „tief sitzenden Wurzel" zu gelangen. Er hatte eine ganz entscheidende neue Form der Wahrnehmung erweckt, die den Menschen zeigte, wie sie angesichts des wachsenden materiellen Wohlstandes dennoch ein nach innen gerichtetes Leben führen konnten. Sein Vorbild machte den Menschen Mut, „nein" zu den offensichtlichen Versuchungen eines Lebens zu sagen, das im Schatten einer Vergänglichkeit gelebt wurde, die den Wert der Ewigkeit als ein eschatologisches Ereignis allmählich in Frage stellte. Trotz der Tatsache, dass Franziskus sich dem Erlangen des Nichts verpflichtet hatte, verkörperte er in seinen eigenen Handlungen das, was in diesem Wort selbst verborgen lag: sich in einen Zustand hineinzudenken, in dem der Tod ihm ganz deutlich vor Augen stand, während er dort auf seinem Lager aus Stroh lag und sich mit seinen Krankheiten und seiner herannahenden Erblindung auseinandersetzte.

Er kam nach Fonte Colombo, um sich dort heilen zu lassen, weil andere ihn dazu gedrängt hatten. Dass er kaum noch etwas sehen konnte, dass sein Orden von Reformisten überrannt worden war, die darauf aus waren, einige seiner Verfügungen zu mildern, dass er dort lag mit den fünf Wunden Christi, die unter ihren Verbänden eiterten – all das war ihm nicht wichtig. Seit seiner Rückkehr aus Ägypten hatte er jede Hoffnung aufgegeben, sich erfolgreich mit der Welt auseinandersetzen zu können. Ungeachtet aller ihrer Ideale und ihres unwahrscheinlichen Erfolgs war seine Bruderschaft auch nicht mehr als nur ein weiteres zerbrechliches Bauwerk, das von Menschen errichtet worden war. Seine einzige wirkliche Errungenschaft war, dass er die Menschen auf die Möglichkeit hingewiesen hatte, spirituelle Erleuchtung zu erlangen. Die steinige Straße von Askese und Schmerz, Hunger und extreme Armut, Einsamkeit und Gebet – dies waren die echten Werkzeuge, die die Verwirklichung des sterbenden Gottes in seinem Inneren vollbrachten. Franziskus hatte diesen Weg allen anderen vorgezogen. Er hatte versucht, ihn zu teilen. Schließlich konnte er andere aber nicht zwingen, mit ihm an einen Ort jenseits der Leere dieser Welt zu reisen, nur weil er selbst beschlossen hatte, es zu tun.

Weniger als zwei Jahre vor seinem Tod unterwarf er sich schließlich den Ärzten des Papstes, die zufälligerweise in Rieti waren, wo Honorius

III. kurze Zeit im Exil lebte. Aufstände in Rom, unterstützt von der Faktion, einer radikalen Gruppe, die sein eigener Bruder anführte, hatten ihn gezwungen, die Stadt zu verlassen. Franziskus selbst hatte wahrscheinlich nicht das Gefühl, dass eine Augenoperation notwendig sei, andere hingegen schon. In jenen Tagen glaubte man, dass eine Kauterisation der Kopfhaut „an verschiedenen Stellen“ das Gift hinter seinen Augen freisetzen würde. Die Operation war einfach, aber sehr schmerzhaft: Heiße Eisen wurden auf die Schläfen gelegt, um die Krankheit zu verbrennen. Man ließ Franziskus zur Ader und behandelte seine Augen mit Salben. Keine dieser Behandlungen zeigte eine Wirkung. In einem Raum, dessen Fenster auf das Tal hinausgingen, lag er auf seinem harten Lager und kämpfte mit den Wunden, die seinen Kopf in Flammen stehen ließen. Jetzt hatte er es nicht nur mit den Wundmalen Christi, sondern auch noch mit den Wunden zu tun, die wohlmeinende Hofärzte ihm zugefügt hatten. Ich bin sicher, dass die Ironie seiner Situation ihm nicht entgangen ist: Es muss ihm viel leichter gefallen sein, mit den Wunden Christi zurechtzukommen als mit den Wunden, die seine Freunde ihm zugefügt hatten.

Ich wollte gerne ein wenig Zeit in dem Raum verbringen, in dem die Operation damals stattgefunden hatte. Von einem Stuhl neben einer kleinen Feuerstelle abgesehen, ist der Raum heute leer. Eine Tür führt in ein Schlafzimmer. Die Zeit hat es jedoch nicht vermocht, Franziskus' Gegenwart auszulöschen. Da liegt er, kaum fähig, die Dachbalken über seinem Kopf zu erkennen, während vier getreue Brüder sich um seine Bedürfnisse kümmern.[40] Erinnert er sich an den Moment nur wenige Jahre zuvor, als er im Traum die Eingebung empfangen hatte, seine kostbare Regel niederzuschreiben? Er, der die Macht von Bildern verstand, musste die Bedeutung seines Traums beim Erwachen doch sicher erkannt haben. Thomas von Celano berichtet später:

> *Ihm schien, er müsse die feinsten Brotkrumen vom Boden aufsammeln und sie an die vielen hundert hungrigen Brüder austeilen, die um ihn herum standen. Während er sich aber fürchtete, so winzige Krumen zu verteilen, damit solch winzige Staubkörnchen nicht aus seinen Händen fielen, sprach eine Stimme von oben zu ihm: „Franziskus, mache eine Hostie aus allen Krumen, und gib sie denen, die sie essen wollen.“ Als er es tat, wurden jene, die nicht fromm empfingen oder das Geschenk, das sie empfangen hatten, verschmähten, alsbald von*

einem schweren Aussatz befallen. Am Morgen berichtete der Heilige seinen Gefährten von all diesen Dingen und bedauerte, dass er das Mysterium der Vision nicht verstand. Nach einer Weile jedoch, während er in seinen Gebeten aufmerksam blieb, sprach eine Stimme aus dem Himmel zu ihm herab. „Franziskus", sagte sie, „die Krumen der letzten Nacht sind die Worte des Evangeliums, und die Hostie ist die Regel, und der Aussatz ist die Schlechtigkeit."

So wurde sein letztes Vermächtnis an seine Brüder ihm in einem Traum verkündet. Die Krumen seiner Gedanken mussten zu einer überzeugenden Regel geknetet werden, nach der alle Menschen leben sollten. Unter großen Schwierigkeiten und mit Hilfe eines Schreibers gelang es ihm, seine Gedanken in einem Dokument festzuhalten, das nahezu zweitausend Worte umfasste. Es handelte sich nicht um ein mystisches Traktat, sondern um die sorgfältige Artikulation von Regeln für ein frommes Leben. „Alle Brüder sollen geringwertige Kleidung tragen… Die Brüder sollen fasten vom Feste Allerheiligen bis zur Geburt des Herrn [Weihnachten]… Und kein Bruder soll einem anderen Böses tun oder Böses sagen… Alle Brüder sollen mit Eifer gute Werke verrichten… Alle Brüder sollen es vermeiden, um eines schmutzigen Gewinns willen durch das Land zu ziehen… Sie sollen bemüht sein, Schweigen zu bewahren, wann immer ihnen Gott die Gnade geben wird… Es soll ihnen nicht erlaubt sein zu reiten, wenn sie nicht durch Schwäche oder große Not dazu gezwungen sind…" Und so geht es immer weiter. Hier wird das Gesetz eines engen, aber erschöpfenden Lebens aufgezeichnet. Sich auf ein solches Leben einzulassen heißt, eine Übereinkunft mit der Verleugnung zu treffen. Sein Ausgang? Um das zu verstehen, musste ich mir noch einmal Franziskus' Äußerungen über die Freude vor Augen halten. Thomas von Celano schreibt:

Und wenn wir dann vom Hunger getrieben in der schmerzenden Kälte noch einmal [an die Tür des Klosters] klopfen und rufen und bitten um der Liebe Gottes willen, er möge uns doch öffnen, und er [der Pförtner] gerät in Wut und schreit: „Diese frechen Burschen, die unverschämten Zudringlinge, ich will ihnen heimzahlen, was sie verdienen!", und nun kommt er mit dem Knüppel und packt uns an der Kapuze und schlägt uns und wirft uns zu Boden und wälzt uns im Schnee und versetzt uns Streich über Streich, dann, wenn wir all dies mit Geduld und Heiterkeit ertragen und dabei an Christi Leiden denken, dass wir derengleichen um seiner Liebe willen ertragen sollten – darin liegt die vollkommene Freude!

Wieder einmal stehe ich vor Franziskus' Liebe zur Umkehrung von Werten. Hier wird Freude mit Entsagung, mit Beschimpfung, mit Ausgeschlossensein gleichgesetzt. Der Mann ist nicht zufrieden mit guten Werken als Maßstab für das, was ein Mensch ist oder sein könnte – er will ihn gedemütigt sehen um der Freude willen. Es klingt, als sei hier eine extreme Form von Masochismus am Werk: Franziskus will das Glücklichsein heraufbeschwören, indem er Menschen auf deren elementarste Eigenschaften reduziert. Der Mensch muss zur Zielscheibe des Spotts werden, wegen seiner Unzulänglichkeiten verachtet, wegen seiner Treue zur Armut verschmäht. Wahre Freude, so scheint es, kann nur erlangt werden, indem man außerhalb der Normen des menschlichen Verhaltens lebt. Seine Vorstellung von Freude ist so vollkommen, dass sie Erbärmlichkeit ohne Zuflucht und die Verwirklichung eines gebieterischen Versagens anstrebt. Er will alte Wunden, die Wunden der Stigmata, immer wieder neu öffnen. Gleichzeitig will er von der Leuchtkraft und der unaussprechlichen Natur dieses unbeschreiblichen Lichts des Seraphen geblendet und zermalmt werden.

Ich fragte mich, wie ein Mann sich das antun konnte. Es war eine Frage, die ich wahrscheinlich ständig im Kopf hatte, während ich auf der Suche nach Franziskus durch Umbrien wanderte. Die Vorstellung, dass ein Mann so unbarmherzig zu sich selbst sein konnte, fiel mir schwer. Christus hatte seine Jünger niemals darum gebeten, und auch er selbst hatte sich solchen extremen Akten der Selbstkasteiung nicht unterworfen. Er hatte ein einziges Mal vierzig Tage lang in der Wüste gefastet. Mit Ausnahme der Kreuzigung war ihm nie Gewalt angetan worden, weder von anderen Menschen noch von sich selbst. Verglichen mit Franziskus war Christus eine gütige Figur. Er war nur einmal gewalttätig geworden, und zwar, als er die Geldwechsler aus dem Tempel warf. Warum also glaubte Franziskus, sein eigenes Leben spiegele das des Erlösers wider?

Ich habe keine klare Antwort. Ich weiß nur, dass sein asketisches Leben uns noch heute fasziniert. Um seine Ursprünge zu verstehen, müssen wir bis ins vierte Jahrhundert zurückgehen und die zahlreichen gnostischen Sekten erforschen, die überall im Nahen Osten, Griechenland, Bulgarien und später auch in Bosnien aus dem Boden geschossen waren. Diese Menschen, die sich als Messalianer oder Euchiten („Beter“) bezeichneten, glaubten an eine niedrigere Welt der Dunkelheit und eine höhere Welt des Lichts. Für sie war die Welt das Handwerk des Teufels, und alles – Materie, Fleisch und die menschliche Seele – war von diabolischem Stoff durchdrungen. Der Teufel lebte in jedem Menschen in körperlicher und in psychischer Form. Die Aufgabe jedes einzelnen Menschen bestand darin, den Dämon, der wie ein Parasit in ihm lebte, auszurotten, indem er ganz bestimmte asketische Techniken anwandte.

Durch ihr ununterbrochenes Gebet waren die Euchiten fähig, ein unaufhörliches und gleichbleibendes Ausströmen von Geist zu bewirken. Das wiederum versetzte sie in einen Zustand, in dem ihre Seele sich für das Einströmen des Heiligen Geistes öffnete. So war sie für immer vom Teufel befreit. Mit dem Gebet der Anrufung wurde eine spirituelle Schlacht geschlagen. Dazu benutzten die Euchiten das Vaterunser, das sie ununterbrochen rezitierten, bis ihnen schwindlig wurde. Gleichzeitig stimulierten sie sich durch Tanz und belebende Gebräue. So erreichten sie einen Zustand der Ekstase, in dem die Vernichtung des Teufels stattfand. Die Euchiten galten auch als die „faulen Menschen“, weil sie jeder handwerklichen Arbeit aus dem Weg gingen, und sie schliefen unter freiem Himmel und bettelten um Nahrung. Sie waren immer unterwegs und widersetzten sich niemals denen, die ihren Glauben in Frage stellten. Gezwungenermaßen unterwarfen sie sich der Taufe, empfingen die Kommunion und legten die Beichte ab, wenn sie glaubten, dass man dies als eine hinreichende Demonstration ihrer Reue betrachten würde. Wie Franziskus hatten auch sie keine Probleme damit, jedes Argument umzukehren, wenn sie glaubten, dass es ihre wahren Motive verschleiern würde.

In gewisser Weise spiegelte Franziskus’ Verhalten die Praktiken dieser Euchiten wider. Natürlich ist es sehr unwahrscheinlich, dass er solchen Menschen jemals begegnet ist, aber es kann durchaus sein, dass er durch ihre Lehre beeinflusst wurde, die zu seiner Zeit recht weit verbreitet war. Mir scheint, dass er auch sein rastloses Verhalten vielleicht ungewollt von den Euchiten und den Bogomilen aus Serbien und Bosnien übernommen hat. Das Wandern ist schon allein durch seine Wesensnatur eine Verleugnung kultureller Normen und der sitzenden Tätigkeit, die gesellschaftliche Grenzen definiert. Noch heute betrachten wir Zigeuner mit Misstrauen, und zwar einfach deshalb, weil sie den Wert des Ortes nicht achten. Wie die Euchiten und wie Franziskus beziehen sie ihre Inspiration aus der Kontinuität von Geschichten, aus der Geschichte ihrer Familien und aus der reichen Würze der Erinnerung. Der grundlegende Wert der Erfahrung gewinnt Vorrang vor dem Wert von Eigentum und der Anhäufung von Besitztümern oder Kapital. Es wundert nicht, dass Menschen wie Franziskus und auch seine gleichgesinnten Glaubensbrüder unter den Euchiten die Stabilität einer Region bedrohten. Sie trugen ihre Kultur bei sich, statt sie in der Erde zu verwurzeln in Form von Häusern, Marktplätzen oder jenen alten Fundgruben überlieferten Wissens, die unter dem Dach jeder Kathedrale oder Dorfkirche verborgen liegen. Für einen Wanderer ist daher Blindheit die am härtesten zu ertragende Geißel.

In einer winzigen Kapelle, die unterhalb des Klosters Fonte Colombo gelegen ist, entdeckte ich ein Fresko, das Franziskus zeigt, wie er die Regel von 1221 empfängt. Die Szene gibt einen Holzschnitt aus der darüber liegenden Hauptkapelle wieder. Man sieht den knienden Franziskus, über ihm die Gegenwart Gottes. Ein Schreiber sitzt zu seiner Linken und schreibt die kostbaren Worte dieser revolutionären Verhaltensregeln nieder. Die Kapelle ist erfüllt von der Qual der Schöpfung und der Verzweiflung eines Mannes, die richtigen Worte zu finden. Franziskus wollte auf jeden Fall sicherstellen, dass die, die ihm nachfolgten, seine Treue gegenüber der absoluten Armut nicht untergraben würden. „Ich, Bruder Franziskus“, diktierte er deshalb, „befehle und mahne eindringlich, dass von den Dingen, die in dieser Regel niedergeschrieben sind, niemand etwas fortnehmen oder hinzufügen soll. Darüber hinaus sollen die Brüder auch keine andere Regel haben.“ Es ist der Aufschrei eines Menschen, der weiß, dass der Strom der Ereignisse sich bereits gegen ihn gerichtet hat.

Ich empfand tiefstes Mitgefühl für Franziskus. Er wusste, dass er für das höchste Ideal stand, das die Menschheit kannte – für das Streben nach Vollkommenheit, für die Verwirklichung des vollkommenen Menschen. Dies war ein wahrhaft christliches Ideal. Niemand in der westlichen Welt hatte diese Vorstellung mit so großem Scharfsinn und so großer Tiefe kund getan, nicht einmal Plato oder die vorsokratischen Philosophen. Man könnte argumentieren, dass die buddhistische Sichtweise im Erlangen des Nirwana auf eine solche Möglichkeit hinweist, aber keine einzige der zahlreichen Religionen, die es vor dem Christentum im Nahen Osten gab, hat eine solche Vorstellung in all ihrer Fülle in Worte gefasst. Wenn man von ihrer dualistischen Überzeugung, dass es einen Kampf zwischen dem Licht und der Dunkelheit gibt, einmal absieht, haben auch die Zoroastrier dieses Konzept gemieden. Franziskus hingegen hat diese Vorstellung zu einem zentralen Teil seiner Überzeugungen gemacht.

Der vollkommene Mensch konnte nur durch aktives Streben nach Willenlosigkeit verwirklicht werden – nach dem, was Heidegger als „Gelassenheit“ bezeichnet. Solch ein Zustand reicht über die Unterscheidung zwischen Aktivität und Passivität hinaus, da die Gelassenheit überhaupt nicht in die Domäne des Willens gehört. Sie liegt im Bereich der *Armut* des Willens. Man muss auf Meister Eckhart zurückgreifen, um eine Erklärung für dieses ziemlich schwierige Konzept zu finden, das Gott bittet, Sich in unserem Leben zu negieren: „Wenn wir arm an Willen sein sollen, dann müssen wir so wenig wollen und begehren, wie wir gewollt und begehrt haben, ehe wir ins Dasein kamen. In dieser Weise ist ein Mensch arm, der nichts will… Deshalb sollten wir ganz und gar frei von eigenem Wissen sein, wie wir es waren, ehe wir geschaffen wurden, damit wir Gott wirken lassen, was dieser will, und damit wir ganz und gar frei von allen Dingen sind.“ Anders gesagt, der vollkommene Mensch geht zurück auf eine Zeit, in der seine Taten noch nicht durch sein Bewusstsein für das eigene Selbst und seine Eigenwilligkeit bestimmt waren.

Ich vermute, dass es diese Vorstellung war, die Franziskus auf dem absoluten Wert der Armut beharren ließ. An sie klammerte er sich fester als an alles andere. Für sie trat er ein gegen die Reformisten in seinem eigenen Orden, gegen das Papsttum und gegen jede Institution, die ihren Einfluss in der Regel schmälern wollte.[41] Er wusste, dass die Armut Willenlosigkeit, Gelassenheit und einen Zustand mit sich brachte, der so einzigartig und so unbelastet war, dass er einen Menschen nicht unbedingt erkennen ließ, ob es Gott war, der durch ihn handelte. Armut war nicht ein bloßer Zustand der körperlichen Entbehrung, sondern vielmehr ein Zustand, in dem es dem Menschen an Wissen und Geist mangelte. Ein wahrer *poverello* weiß nichts, weder über Gott, noch über andere Geschöpfe, noch über sich selbst. Er will nichts von Gottes Werken wissen oder erkennen. Als *poverello* sehnt er sich danach, arm an Wissen zu sein.

Wir müssen noch einmal zu Meister Eckhart zurückkehren, um eine eindeutigere Erklärung zu erhalten. Eckhart zufolge ist ein armer Mensch jemand, der nichts besitzt, nicht einmal eine Vorstellung davon, nichts zu besitzen. Darüber hinaus verspürt er nicht den Wunsch, den Willen Gottes zu vollbringen. Er lebt auf eine Weise, in der er sowohl von seinem eigenen Willen als auch vom Willen Gottes frei und daher so ist, wie er war, als er zum ersten Mal geschaffen wurde. Eckhart zufolge ist dies die höchste Armut. Ein armer Mensch ist zudem jemand, der nichts vom Wirken Gottes in sich selbst weiß. Die reinste Armut wird erlangt, wenn jemand frei von allem Wissen und aller Wahrnehmung ist.

Meister Eckhart geht weiter und beschreibt das, was er die „eigentlichste Armut" nennt. Wir wollen ihn in seinen eigenen Worten berichten lassen:

> *Ich habe oft gesagt, wie große Meister es auch gesagt haben, dass wir von allen Dingen und allen Werken, inneren wie äußeren, so frei sein sollten, dass wir zu jener Stätte werden, an der Gott wirken kann. Jetzt freilich sagen wir es anders. Wenn es so ist, dass ein Mensch von allen Kreaturen und sich selbst und Gott frei ist, und Gott in ihm eine Stätte zum Wirken findet, dann sagen wir: Solange es das in dem Menschen gibt, hat dieser die eigentlichste Armut noch nicht erlangt. Denn Gott strebt nicht danach, dass der Mensch eine Stätte in sich hat, worin Gott wirken kann, sondern dass der Mensch, wenn es eine wahre Armut des Geistes geben soll, von Gott und allen seinen Werken so frei sein muss, dass Gott, wenn er in der Seele wirken will, selbst die Stätte sein muss, darin er wirken kann, und dies tut er gewiss gern. Denn wenn Gott uns so arm findet, dann wirkt Gott sein eigenes Werk, und wir empfangen Gott in uns selbst, und Gott wird zur Stätte seiner Werke, weil Gott in sich selbst wirkt. In dieser Armut erlangen wir das ewige Sein wieder, dessen wir uns einmal erfreut haben…*[42]

Ich kann mich des Gefühls nicht erwehren, dass es das war, worauf Franziskus mit seiner Vorstellung von Armut hinauswollte. Er wollte so frei von Gott und in spiritueller Hinsicht so arm sein, dass er zum passiven Gefäß für Gottes Werk werden konnte. Seine strenge Askese war eine Methode, um seinen Körper zu diesem Gefäß werden zu lassen. Er identifizierte körperliche Entsagung mit *apatheia*, mit Willenlosigkeit. Man könnte die Auffassung vertreten, dass er zu viel Energie darauf verwandte, den Körper zu brechen, wenn seine eigentliche Aufgabe darin bestand, den Eigensinn des Geistes zu besänftigen. Ich vermute hingegen, dass er schließlich zu der Auffassung kam, dass der Eigensinn sowohl dem Körper als auch dem Geist eigen war. Darüber hinaus besaß die Armut, die seiner Meinung nach für die Lebensführung so wichtig war, noch eine Bedeutung, die der Aufmerksamkeit der Kommentatoren größtenteils entgangen ist. Armut war für ihn eine Manifestation von Gottes Nichts, von seiner tiefen Unfassbarkeit.

So verwundert es nicht, dass die Verwirklichung der Regel zu einer so schwierigen Angelegenheit wurde. Es wird berichtet, dass Franziskus viele Tage damit zubrachte, an diesem Projekt zu arbeiten, und dass es ihm bei manchen Sitzungen nicht gelang, seinen Gedanken mehr als einen oder zwei Sätze abzuringen. Fonte Colombo wurde zur Hülse, in der das Samenkorn zum Keimen gebracht wurde. Jeder Satz war seiner Überzeugung abgerungen, dass die grundlegenden Lehrsätze, die er im Jahr 1210 ersonnen hatte, als er den ersten Entwurf der Regel zu Papier brachte, nicht durch Kompromisse abgeschwächt werden durften. Das Dokument selbst ist spannungsgeladen. Einerseits ist er sehr darum bemüht, eine Lebensweise anzuraten, die bis in jede Einzelheit festgelegt ist, andererseits hat er keinen größeren Wunsch, als in einen Lobgesang der Freude auszubrechen und die Gegenwart Gottes in seinem Leben zu preisen. Unter der Hülle seiner Worte entdecke ich den Wunsch, die „eigentlichste Armut", von der Meister Eckhart gesprochen hatte, zum Ausdruck zu bringen. Endlich, unfähig, an sich zu halten, brach er aus dem legalistischen Gefängnis aus, in dem er einige tausend Worte lang eingesperrt gewesen war, und brachte sein endgültiges Plädoyer zugunsten der göttlichen Heiligkeit der Willenlosigkeit vor. Er glaubte, nur dies könne die Flut der Reformisten aufhalten und die weitere Existenz der Bruderschaft, wie er sie ursprünglich erdacht hatte, rechtfertigen.

Meister Eckhart hätte sicher gefallen, mit welcher Lyrik und Kraft Franziskus das Schicksal zu vermitteln versuchte, das ihm wenige Jahre später in La Verna zuteil werden sollte. Fast vernimmt man die Stimme des Seraphen, wenn er vom endgültigen Bestreben eines Menschen berichtet, der sich der Aufgabe gewidmet hat, das tiefere Wirken Gottes verstehen zu wollen.

> *Überall, an jedem Orte, zu jeder Stunde und zu jeder Zeit, täglich und unablässig, wollen wir alle wahrhaftig und demütig an ihn glauben, im Herzen an ihm festhalten und ihn lieben, ehren, anbeten, ihm dienen, ihn loben und benedeien,*

verherrlichen und hoch erheben, ihn preisen und ihm Dank erweisen, dem Erhabensten und Höchsten Ewigen Gott, der Dreifaltigkeit und Einheit, dem Schöpfer von allem und dem Retter aller, die an ihn glauben und auf ihn hoffen und ihn lieben, der ohne Anfang und ohne Ende ist, unveränderlich, unsichtbar, unbeschreiblich, unaussprechlich, unbegreiflich, unerforschlich, gepriesen, lobwürdig, ruhmreich, über alles erhoben, erhaben, allerhöchst, milde, liebenswert, Freude bereitend und ganz über alles zu ersehnen in Ewigkeit.

Diese Äußerungen bestätigen eindeutig Franziskus' Wunsch, sein Herz in einem einzigen langen Satz der Superlative auszugießen. Die herrliche Negativität Gottes selbst hat den Dichter in ihm untergraben. Zugleich aber hat man das Gefühl, dass Franziskus immer genau wusste, was er sagen wollte. Sein Leben der Askese und die vollkommene Hingabe, mit der er die Einfachheit und die Nacktheit des Seins verstehen wollte, hatten seinen eigenen Urgrund für ihn geöffnet. Nun war er fähig, darin zu stehen, im Abgrund seines Alleinseins zu stehen und die Worte auszusprechen, die der heilige Augustinus so gekonnt ausgedrückt hatte, als er davon sprach, dass die Seele sich selbst transzendieren müsse: „Ich habe meine Seele *über* mich selbst ausgegossen." Franziskus, so glaube ich, sah in diesen Worten seiner Regel den endgültigen Akt des Eintauchens in seine eigene Seele. Es war eine Schau, die der franziskanische Dichter Jacopone da Todi einige Jahre später in einem seiner Gedichte wiederholte:

Kein Mensch kann die Frucht dieses herrlichen Nichts schmecken,
wenn er nicht durch die Hand Gottes geführt wird;
aus sich selbst heraus kann er nichts tun.
Oh, herrlicher Zustand, im stillen Mittelpunkt der Leere
ruhen die Gefühle und der Verstand!

Als er nach der Kauterisation mit großen Schmerzen in seinem Zimmer lag, hatte er sein wahres Leiden also bereits hinter sich gelassen. Die Augen seines Geistes waren nicht erblindet. Er konnte nach wie vor mit dem durchdringenden Blick eines Menschen sehen, der Gott *als* sein Leiden verstand, und er konnte auch wie ein Mensch sehen, der endlich gelernt hatte, seine Menschlichkeit zu transzendieren. Denn dies war seine große Errungenschaft: Durch einen gewaltigen Akt der Selbstverleugnung war es ihm gelungen, den Sinn des Menschseins zu zerlegen, um dessen innersten Kern zu erkennen. Ja, sogar seine

Menschlichkeit musste aufgegeben werden, wenn er die vollständige Auslöschung seines Selbst erreichen wollte. Meister Eckhart sagte: „Wer begehrt, alles zu bekommen, der muss zuvor alles fortgeben." Sein Körper, sein Geist und sein Augenlicht waren nicht mehr als bloße Opfergaben seinerseits. Um die spirituelle Transformation zu verstehen, die er durchmachte, müssen wir uns an einen maurischen Philosophen wenden, nämlich Ibn Tufail, der wenige Jahre nach Franziskus' Geburt starb und in seinem Gleichnis *Die Geschichte von Hajji Ibn Yaqzan* die Vorstellung von einem vollkommenen Menschen ausführlich beschreibt: „Der Himmel und die Erde und alles, was zwischen ihnen liegt, verschwand aus seinen Gedanken und seinem Gedächtnis. So war es auch mit spirituellen Visionen, körperlichen Kräften und allen nichtmateriellen Kräften, die sich jenes Seins bewusst sind, das die Wahrheit ist; und sein eigenes Wesen verschwand mit ihnen. Alles wurde zerstreut wie Staub, schrumpfte, verschwand. Nur die Wahrheit, der Eine, das Sein, dessen Existenz ewig ist, blieb." Ich glaube, dass Franziskus sich so gefühlt haben muss, als er auf seinem Strohbett lag und darüber nachdachte, was von seinem Leben in dieser Welt noch übrig war.

Auf dem Weg draußen vor der Hauptkapelle kam ich zufälligerweise am Ossarium vorbei, das in ihre Fundamente eingebettet ist. Ein Fenster öffnete sich in eine schattige Höhle. Als ich hineinspähte, entdeckte ich einen Haufen Knochen, Schädel und teilweise bekleidete Schienbeine und Wadenbeine in seltsam verrenkten Haltungen. Es war ein sehr merkwürdiges Gefühl: Der Anblick eines buchstäblichen Haufens von Mönchsknochen, durch ein Leben des Gebets und der Askese geformt und geprägt, ließ mich die Natur von Franziskus' Vermächtnis allmählich verstehen. Diesen Männern – vielen Generationen – hatte er eine Regel gegeben, nach der sie leben konnten, einen Grund, Körper und Geist dem qualvollen Geschäft körperlichen Leidens zu unterwerfen. Vor allem aber hatte er es der westlichen Spiritualität ermöglicht, sich im Kampf gegen den Materialismus als eine lebensfähige Kraft neu zu erfinden. Eines steht auf jeden Fall fest: Diese Schlacht musste gekämpft und auch gewonnen werden, wenn die europäische Innerlichkeit nicht auf die illusorische Mutmaßung zurückfallen sollte, dass es nicht mehr als des Glaubens an sich bedurfte, um ihre Existenz aufrecht zu erhalten.

Ich verließ Fonte Colombo an jenem Tag in der Gewissheit, dass ich nun endlich begonnen hatte, Franziskus zu verstehen. Endlich begann das Licht seiner Persönlichkeit in mir zu leuchten. Er war ein spirituelles Genie, ja, aber er war auch ein Mann, der von tiefen Selbstzweifeln gequält wurde. Doch der Unterschied zwischen seinen und meinen eigenen Selbstzweifeln konnte nicht überbrückt werden, denn die Kluft, die er durch sein Vorbild aufgetan hatte, war viel zu tief. Unter den Asketen des Mittelalters hatte allein er einen Weg zur Ergründung Gottes entdeckt, der die Objektivität Gottes, die Christen bis dahin so gute Dienste geleistet hatte, überwand. Er hatte es geschafft, Gott in sich selbst einzupflanzen.

Kapitel 10

Bruder Sonne singt

Thomas von Celano berichtet, wie sehr das geschriebene Wort Franziskus immer entzückte. Wenn der heilige Name ausgesprochen wurde, überwältigte ihn oft eine große Freude, und es fiel ihm schwer, an sich zu halten. Thomas sagt, Franziskus habe sich wie ein „neuer Mensch" gefühlt, der „aus einer anderen Welt" kam, wenn ihm die Schönheit der Sprache begegnete. Wenn er ein beschriebenes Stück Papier fand, das auf dem Boden lag oder in einem Haus vergessen worden war, hob er es mit der größten Ehrfurcht auf und legte es an einen sicheren Ort, ganz gleich, ob seine Worte von Gott oder von einem anderen Thema handelten. Als er einmal gefragt wurde, warum er diese Papierschnipsel denn so sorgfältig aufsammle, die doch oft nur die Worte von Heiden enthielten und den Namen des Herrn gar nicht erwähnten, antwortete er: „Bruder, jeder dieser Buchstaben mag eines Tages womöglich dazu dienen, den herrlichen Namen Jesu Christi zu bilden. Was auch immer an diesen Worten gut ist, betrifft nicht die Heiden allein, sondern Gott, dem alles Gute gehört." Er lehnte es sogar ab, Buchstaben wieder auszustreichen, wenn sein Schreiber ein Wort irrtümlicherweise falsch geschrieben hatte. Es scheint, als sei das Alphabet sein Bollwerk gewesen.

Die mystischen Eigenschaften von Buchstaben haben eine lange Tradition. Man sagt, unter den Juden der Provence und Spaniens habe es eine Strömung des hebräischen Mystizismus gegeben, die einen profunden Einfluss auf die europäische Suche nach einer vollkommenen Sprache ausüben sollte. Man kannte sie unter dem Namen Kabbala, eine esoterische Tradition, die ursprünglich mündlich von Adepten überliefert wurde, in deren Augen die Schöpfung selbst ein linguistisches Phänomen war. Es handelte sich in erster Linie um eine Technik, die heilige Texte las und interpretierte. Ein Gelehrter der Kabbala wollte unter dem Text der geschriebenen Thora einen ewigen Text entdecken. Er glaubte, dass Gott diesen Text vor allen Welten geschaffen und seinen Engeln übergeben hatte. Es wurde oft gesagt, die ursprüngliche Thora sei mit schwarzen Flammen auf weißes Feuer geschrieben worden.

Eine solche Tradition führte unweigerlich dazu, dass die Sprache als symbolisches Instrument betrachtet wurde. Sie stand nicht länger für eine Beziehung zwischen einem Objekt und seinem Ausdruck oder für eine Welt, die durch die bloße Bezugnahme auf sie dargestellt wird, wie es in der philosophischen Tradition Europas seit Aristoteles der Fall war. Die Kabbalisten glaubten vielmehr, dass, wenn Gott die Welt erschuf, indem er Töne hervorbrachte oder geschriebene Buchstaben miteinander verband, daraus folgen müsse, dass diese Elemente keine Darstellungen bereits existierender Dinge, sondern genau jene Formen waren, aus denen die Elemente des Universums gegossen wurden. Die Sprache der Schöpfung ist vollkommen – nicht, weil sie die Struktur des Universums zufällig in einer beispielhaften Weise widerspiegelt, sondern weil sie dieses Universum tatsächlich erschaffen hat.

Ich vermute, dass Franziskus gegenüber seiner eigenen Sprache, dem italienisch-umbrischen Dialekt, dessen er sich in seinen Gesprächen in der Regel bediente, ähnlich empfunden haben muss. Dante bezeichnete diesen Dialekt einige Jahre später als *volgare* und träumte davon, ihn ein wenig mehr *illustre* zu machen – das heißt, glanzvoller im Sinne von „lichterfüllt". Er wollte das *volgare* gerne zu einer Sprache machen, die auch in Regierung, Gesetz und Philosophie ihren Platz fand. Er stellte sich sogar vor, dass sie eines Tages von Königen an Italiens Höfen gesprochen werden würde. Doch bis dahin – zumindest bis er seine *Göttliche Komödie* geschrieben hatte – würde Latein die Sprache kurialer Angelegenheiten bleiben. Zu Franziskus' Zeit war das nicht anders.

Merkwürdigerweise glaubte Dante auch, dass es eine Frau gewesen war, die zum ersten Mal Worte gesprochen hatte – in diesem Falle Eva, die zur Schlange sprach. Weil er ein guter Chauvinist war, bereitete es Dante große Sorge, dass „ein für die menschliche Rasse so nobler Akt nicht von den Lippen eines Mannes, sondern von denen einer Frau kam." Adam war es, der den Tieren schließlich ihre Namen gab, doch der entscheidende Akt des Ausdrucks durch die Sprache war bereits geschehen. Eine Frau sprach das erste Wort, und der Mann legte später nur die Regeln der Sprache fest. Ein solcher Akt machte es unerlässlich, dass die Sprache im Interesse der sexuellen Vorherrschaft zur männlichen Domäne wurde. Wie es scheint, sollte das Feuer des Ausdrucks in männlichen Händen bleiben.

Es ist daher verständlich, warum Franziskus das geschriebene Wort mit so großer Verehrung behandelte. Dass er die Dichtkunst der Troubadoure kannte, bedeutet, dass er Erbe einer langen, aus Spanien und der Provence herrührenden Tradition war, was seinen Glauben an die mystischen Eigenschaften der Sprache noch verstärkt haben mag. Gott konnte mittels des Wortes „konstruiert" werden. Seine Unaussprechlichkeit konnte von neuem ertönen, auch wenn sie nicht zu verstehen war. Gott konnte in der Dichtkunst und den vielen Traktaten geehrt werden, die Franziskus während der Zeit seines Wirkens mit so großer Sorgfalt komponierte. Es überrascht also nicht, dass Franziskus sein endgültiges Testament auf seinem Sterbebett schrieb und auch hier die zentralen Themen des heiligen Lebens noch einmal darlegte. Man glaubt, dass er im Palast des Bischofs von Assisi damit begann, ehe man ihn nach Santa Maria degli Angeli in Portiunkula zurückbrachte, wo er schließlich starb. Er wurde von einem Arzt aus Arezzo aufgesucht, der ihm mitteilte, dass sein Tod gegen Ende September oder Anfang Oktober bevorstehe. So hieß er mit diesem Dokument Schwester Tod also auf seine Weise willkommen.

Im Testament offenbart er zum ersten Mal persönliche Aspekte seines Lebens. So entdecken wir zum Beispiel, dass es seine frühere Abneigung gegen die Aussätzigen war, die ihn schließlich dazu brachte, sich Christus anzuschließen. Mit seinen eigenen Lippen bekundet er seine Loyalität gegenüber Priestern und Klerus – ganz gleich, ob diese mehr mit weltlichen als mit geistlichen Belangen befasst waren oder nicht. „Die Augen meines Körpers sehen von Ihm, dem höchsten Sohn Gottes, nichts außer seinem allerheiligsten Leib und seinem allerheiligsten Blut, das sie allein empfangen und anderen darreichen", sagte er in Verteidigung der Tatsache, dass sie in der Messe die heilige Hostie austeilten, obwohl sie selbst im Zustand der Sünde waren. Mehr als alles andere ist sein Testament ein letzter Versuch, seine Vision eines in Armut gelebten Lebens in Stein zu meißeln. Fast könnte man sagen, dass er von diesem Thema besessen war.

Es überrascht deshalb nicht, dass er Gedichte schrieb, wann immer er den starken Wunsch verspürte, seine persönlichen Gefühle der Freude zum Ausdruck zu bringen. Wie es scheint, waren der Troubadour und der strenge Asket in ihm niemals weit voneinander entfernt. Ich habe immer das Gefühl, dass Franziskus nie wusste, ob er nun ein Pedant, ein Guru, ein heiliger Mann oder ein Mensch sein sollte, der dem sprachlichen Ausdruck um seiner selbst willen verhaftet war. Sprache wurde hauptsächlich zu einem Mittel der Ermahnung, zu einem Ideogramm, das verlorene Unschuld heraufbeschwören sollte. Er benutzte sie zu einem einzigen Zweck: um die Menschen zu einer liebevollen Beziehung zu ihrem Schöpfer zurückzuführen. Zum Schluss war ihm aber sogar das zu begrenzt. Er wollte aus dem Panzer, von dem er umgeben war, ausbrechen, um das Wunder der Welt in seiner eigenen, einzigartigen Weise zu ehren.

Wir wissen nicht, wie viele Gedichte er in seinem Leben geschrieben hat. Er hat sie womöglich nur auswendig gelernt, statt sie zu Papier zu bringen. Wir wissen jedoch, dass er in seinen letzten Tagen ein Gedicht komponierte, das zu den ergreifendsten und schönsten Gedichten gehört, die es in der italienischen Sprache jemals geben sollte – und zu den ersten. Der *Sonnengesang* ist ein Lobgesang auf das Wunder der Existenz, auf die Unermesslichkeit von Gottes Gegenwart in der Welt. Er war die allerletzte Aussage eines Menschen, der jede Form der Freude geschmeckt, jede Form der Qual erfahren und jede Tiefe gekannt hatte, in die ein Mensch hinabsteigen kann, um zu seinem eigenen inneren Urgrund zu gelangen. Der *Sonnengesang* ist daher weniger ein Gedicht als vielmehr ein Eingeständnis der Unzulänglichkeit, die Franziskus empfand. Vielleicht hatte er auch das Gefühl, dass er mit diesem Gedicht sogar Schwester Tod betrogen hatte.[43]

Du höchster, mächtigster, guter Herr,
Dir sind die Lieder des Lobes, Ruhm und Ehre und jeglicher Dank geweiht;
Dir nur gebühren sie, Höchster,
und keiner der Menschen ist würdig, Dich nur zu nennen.
Gelobt seist Du, Herr, mit allen Wesen, die Du geschaffen,
der edlen Herrin vor allem, Schwester Sonne,[44]
die uns den Tag heraufführt und Licht mit ihren Strahlen, die Schöne, spendet;
gar prächtig in mächtigem Glanze:
Dein Gleichnis ist sie, Erhabener.
Gelobt seist Du, Herr, durch Bruder Mond und die Sterne.
Durch Dich sie funkeln am Himmelsbogen und leuchten köstlich und schön.
Gelobt seist Du, Herr, durch Bruder Wind und Luft
und Wolke und Wetter, die sanft oder streng,

nach Deinem Willen die Wesen leiten, die durch Dich sind.
Gelobt seist Du, Herr, durch Schwester Quelle:
Wie ist sie nütze in ihrer Demut, wie köstlich und keusch!
Gelobt seist Du, Herr, durch Bruder Feuer,
durch den Du zur Nacht uns leuchtest.
Schön und freundlich ist er am wohligen Herde,
mächtig als lodernder Brand.
Gelobt seist Du, Herr, durch unsere Schwester,
die Mutter Erde,
die gütig und stark uns trägt
und mancherlei Frucht uns bietet mit farbigen Blumen und Matte.

Soweit wir wissen, fand die erste öffentliche Aufführung des Gedichts im Palast des Bischofs statt. Anwesend waren sowohl Bischof Guido als auch der exkommunizierte Bürgermeister, der sich nach einem Streit mit dem Bischof dessen Zorn zugezogen hatte. Franziskus bat die Brüder, das Gedicht vor diesen Männern zu singen, weil er hoffte, sie dadurch versöhnen zu können. Zur Sicherheit fügte er noch ein paar Verse hinzu, die ihre Herzen berühren sollten:

Gelobt seist Du, Herr,
durch die, so vergeben um Deiner Liebe willen,
Pein und Trübsal geduldig tragen.
Selig, die es überwinden im Frieden:
Du, Höchster, wirst sie belohnen.

Es wird gesagt, dass die beiden Männer einander sofort verziehen und damit ein Vorbild waren für andere, bitter umkämpfte Auseinandersetzungen zwischen Kirche und Gemeinde, zwischen den Parteigängern des Papstes und denen des Kaisers, zwischen der einen Stadt und einer anderen. Der *Sonnengesang* hatte seinen ersten Sieg errungen: die Versöhnung von Männern, die ihr Vermächtnis beinahe vergessen hätten. Die Erde war da, um gepriesen zu werden, nicht, um ihretwegen zu streiten.

Nachdem seine Ärzte ihm gesagt hatten, dass sie nichts mehr für ihn tun könnten, fügte Franziskus dem *Sonnengesang* noch zwei weitere Strophen hinzu. Es war fast, als habe er Frieden mit seinem Ende geschlossen, indem er einen Lobgesang auf Schwester Tod hinzufügte. Statt sie zu betrügen, hieß er sie nun als seine Erlöserin willkommen. Sie allein besaß die Macht, ihn auf jene Wolke des Nichtwissens hinaufzutragen, die er sein ganzes Leben lang gesucht hatte.

Gelobt seist Du, Herr,
durch unseren Bruder, den leiblichen Tod;
ihm kann kein lebender Mensch entrinnen.
Wehe denen, die sterben in schweren Sünden!
Selig, die er in Deinem heiligsten Willen findet!
Denn Sie versehrt nicht der zweite Tod.
Lobet und preiset den Herrn!
Danket und dient Ihm in großer Demut!

Allein mit diesem Gedicht hatte Franziskus seinen Kritikern geantwortet. Es war das Destillat seines Lebens. Er war zu einem lebendigen Lobgesang geworden, eins mit der Welt, die ihn geschaffen hatte. Nur wenige Dichter gelangen so hoch hinauf. Wenige Dichter können es seiner Erhabenheit gleichtun. Er verwandelte die gesamte Natur in ein kosmisches Gebet. Wir müssen auf die griechischen Tragödiendichter zurück- oder aber auf Shakespeare vorgreifen, um etwas Vergleichbares zu hören. Der *Sonnengesang* ist ein Versuch, Gott den Menschen ähnlich zu machen, indem ihm natürliche Eigenschaften zugeschrieben werden, die zu Werten werden. Die Erde wird zu einer Retorte, in der die gesamte Natur auf ihr eigentliches Wesen reduziert wird: Sie ist nichts Geringeres als der Versuch, die unsichtbare Struktur Gottes zu vergrößern und auf diese Weise sichtbar zu machen. In seinem *Sonnengesang* wollte Franziskus über die Sprache hinausgehen und so das negieren, was Adam benannt hatte.

Über eines müssen wir uns im Klaren sein: dass Franziskus sich der Einheit des Universums in einzigartiger Weise bewusst war. Damit konnte er die Spuren von Gottes rätselhaftem Wirbel der Existenz bis in eine Mitte zurückverfolgen, von der er glaubte, dass Gott sie erfunden hatte, um die Leere zu füllen. Er war an einem Punkt angelangt, an dem er erkannt hatte, dass er kaum mehr war als ein Geschöpf der Trennung, das nicht einmal am Ende dem Wunsch, die Gliedmaßen all jener falschen Worte abzuschneiden, die ihn während seines ganzen Lebens geformt und berauscht hatten, länger widerstehen konnte.

Jeder Ort, an dem ein Mensch zu sterben beschließt, wird zu einer Quelle der Pein. Vielleicht glaubte Franziskus, dass er, indem er sein Gedicht niederschrieb, durch Worte davor bewahrt werden würde, den ganzen Schrecken dieses „Nicht-Ortes“ zu erfahren. Für ihn war das Leben durchlässig geworden und wies auf einen Tod ohne den Trost der Komposition hin. Notgedrungen musste er akzeptieren, dass jede Seite seines Gedichtes von unleugbarer Nacht umhüllt war. Indem er sein Staunen zum Ausdruck brachte und Dank sagte, machte er es möglich, dass der Mensch nicht mehr länger für den Tod Gottes und Gott nicht mehr länger für den Tod des Menschen verantwortlich war. Fürwahr ein gefährliches Spiel, doch ein Spiel, das Franziskus fast sein ganzes Leben gespielt hatte. War es ein Wunder, dass er die Autorität der Kirche nicht durch eine öffentliche Anklage auf die Probe stellte, wo er es in Wirklichkeit doch mit jeder Handlung und jeder privaten Äußerung tat? Diejenigen, die ihn dafür verurteilen, dass er es nicht mit der Korruption der Kirche in jener Zeit aufnahm, mögen sich einmal die Natur und das Risiko des Weges ins Gedächtnis rufen, den er für sich selbst gewählt hatte.

Der Pfad der Rose ist das, was sein Name besagt: die Schönheit unvergleichlicher Blüten, geschützt von den Dornen der Umstände. Franziskus hatte versucht, aus extremer Askese und einer ebenso großen Verehrung für die Schönheit ekstatischer Erfahrung eine Form der Spiritualität zu schmieden. Er allein hatte es geschafft, die Kluft zwischen dem ungeselligen Leben eines Eremiten in der Wüste und dem stärker nach innen gerichteten Glaubenssystem der klösterlichen Orden seiner Zeit zu überbrücken. Seiner Meinung nach war es für einen Mönch nicht gut, wenn er sich ganz und gar von der Welt abwandte, und für eine Gesellschaft hatte es keinen Wert, wenn Männer sich in Klöstern versammelten, ohne ihre spirituelle Gabe mit anderen Menschen zu teilen. Seine Bruderschaft hatte er als eine Laien-Bruderschaft gegründet, die in der Gemeinschaft lebte. Ihr Überleben war sogar unmittelbar von der Gemeinschaft abhängig. Wie wir wissen, war Betteln für einen Bruder die einzige Möglichkeit, an Nahrung zu gelangen. Jeder Bruder war vom guten Willen und der stillschweigenden Unterstützung eines jeden Mitglieds der Gemeinschaft abhängig. Seine Spiritualität wurde unmittelbar von all den Menschen genährt, die seine Gegenwart in ihrer Mitte ehrten.

In diesem Sinne sprach die franziskanische Bruderschaft die Menschen weit mehr an als die größeren Orden, denn diese verstanden sich eher als Bastionen der Spiritualität und weniger als ihre „Ernährer“. Noch zu seinen Lebzeiten sah Franziskus seinen Orden von den ursprünglich zwölf auf mehr als fünftausend Mitglieder anwachsen. Von jedem Bruder seiner Gemeinschaft wurde erwartet, dass er Umgang mit der Gesellschaft hatte, zugleich aber seine Distanz wahrte. So entstand eine fruchtbare Spannung zwischen einer einfachen Spiritualität, die den Erwartungen der Menschen entsprach, und der Bewahrung des Grundsatzes der strikten Askese und des einsamen Rückzugs durch die Brüder selbst. Diese wiederum wurden zum Gewissen der Gesellschaft, ohne jedoch deren Missbilligung auf sich zu ziehen. Der Franziskaner trat als cin Gegengewicht zum neuen Materialismus hervor, den eine neue Schicht von Kaufleuten ins Leben gerufen hatte.

Franziskus gehörte zu den ersten, die zur Verbreitung ihrer Botschaft die Sprache des Volkes verwendeten. Die lateinische Sprache als Mittel der Kommunikation lehnte er ab. Wenn man überlegt, dass Latein die universelle Sprache der Kirche war und die ganze theologische Lehre in dieser alten juristischen Sprache niedergeschrieben war, ist leicht zu verstehen, warum er glaubte, dass Lernen den Geist seiner Anhänger verderben könne. Was ihn betraf, so war die Benutzung der lateinischen Sprache fast so, als ob man zum Feind überliefe. Latein war die Sprache von Doktrin, Dialektik und Hierarchie. Der oberste Pontifex, der Papst selbst, verkündete weiter alle Lehren in der alten imperialen Sprache Roms. Ich hege die Vermutung, dass Franziskus sich aus keinem anderen Grund bewusst dafür entschied, die lateinische Sprache abzulehnen. Er hatte nicht den Wunsch, seine Bruderschaft nach einem hierarchischen Konzept auszurichten, das exakt den anti-demokratischen Tenor ausdrückte, dem er sein ganzes Leben lang so großen Widerstand entgegengebracht hatte. Latein war die Sprache spiritueller Unterdrückung – Italienisch war die Sprache der Freiheit und der ekstatischen Erfahrung. In einem Brief an Antonius von Padua, den Franziskus einige Jahre vor seinem Tod an den jüngeren Mann schrieb, nachdem dieser gebeten worden war, die Brüder in Bologna in Theologie zu unterrichten, spürt man in Franziskus' Worten eine gewisse Ambivalenz:

> *An Bruder Antonius, meinen „Bischof“ [Hervorhebung im Original], sende ich, Bruder Franziskus, Grüße.*
>
> *Es gefällt mir, dass du den Brüdern die heilige Theologie vorträgst, wenn du durch dieses Studium nur nicht den Geist des Gebetes und der Hingabe auslöschst, wie er in der Regel steht.*

Mit der Entwicklung in Bologna war Franziskus ganz eindeutig nicht glücklich. Er gab nach, jedoch unter der Voraussetzung, dass die Brüder zur Einfachheit der Regel zurückgeführt wurden, wie sie in Italienisch, nicht in Latein ausgedrückt war. Es wurde gesagt, dass Franziskus durch den Einschub des Titels „Bischof“ seine Wertschätzung für den jungen Theologen Antonius zum Ausdruck bringen wollte. Möglicherweise wollte er Antonius aber auch vor den Gefahren seiner beabsichtigten Tätigkeit warnen. Es scheint fast so, als habe er zu verstehen geben wollen, dass Antonius sich vor den Schlichen der lateinischen Sprache hüten sollte. Entferne dich nicht zu weit von der demütigen Dialektik der Regel!

Es ist kein Zufall, dass Franziskus seine Brüder bat, den *Sonnengesang* vor dem Bürgermeister und dem Bischof zu singen. Er glaubte tatsächlich daran, dass die Sprache die Macht besaß, das Herz der Menschen zu verändern. Auch wenn sie diesem Vergleich nicht standhält, denkt man an die Rede des Perikles vor der Versammlung in Athen und an seine Bitte, den *demos* – das einfache Volk – zu verteidigen, als die Stadt durch den delischen Bund bedroht wurde. Beide Männer glaubten – jeder auf seine eigene Weise –, die Menschen durch Argumente bekehren zu können. Die Ähnlichkeit endet damit, dass Perikles sich nicht der Dichtkunst bediente. Franziskus hingegen glaubte tatsächlich, dass die Form und die Schönheit eines Gedichts einen positiven Ausgang bewirken könnten. Man muss lange suchen, um in der Geschichte eine andere Begebenheit zu finden, bei der ein Gedicht benutzt wurde, um einen öffentlichen Disput beizulegen.

Der *Sonnengesang* ist also mehr als ein bloßes Gedicht. Es ist der Versuch, die Abwesenheit Gottes durch den Gebrauch der Sprache zu untergraben. Wenn man sich die Dichtkunst bis zu diesem Zeitpunkt in der Geschichte einmal genauer anschaut, wird ihre Bedeutung als ein machtvolles Werkzeug der Erzählung und zum Teil auch der Anrufung klar. Seit den Tagen Homers hatten Menschen die Dichtkunst benutzt, um tiefe Gefühle für ihr eigenes Volk zum Ausdruck zu bringen. Im Gedicht war die Geschichte verkörpert. Waren sie erst einmal von Strophe und Versmaß eingerahmt, erlangten die Erinnerungen des eigenen Volkes einen mythischen Status. In diesem Fall wurde die Dichtkunst dann zur Sprache der Götter.

Franziskus verwandelte die Rolle des Gedichts. Statt es mit der Geschichte eines Volkes zu verknüpfen, sah er eine gänzlich neue Dimension, die es zum Ausdruck bringen sollte. Er erkannte, dass das Schreiben von Gedichten den augenblicklichen Idealen und Vorstellungen, die sein Volk von der Welt hatte, völlig fremd war. Er erkannte auch, dass weder das Unendliche noch die Ewigkeit jemals als eine Grundlage zur Kommunikation dienen konnten, solange sie im Mythos erstarrt blieben. Das Gedicht musste eine andere Anwendung finden. Es musste die Vorstellung umsetzen, dass das Leben ein jenseitiges Geschenk ist, ein Geschenk, das der Tod jedem Menschen gewährt, damit er diesem Bild in sich selbst entsprechen kann. Das Gedicht wurde zum Bindeglied zwischen Mensch und Schöpfer. Es spiegelte den schieren Starrsinn, der zwischen diesen beiden herrschte, solange der eine den anderen als ein Objekt außerhalb seiner selbst sah. Franziskus wollte, dass das Gedicht diese uralte Verstocktheit überwand. Ijobs problematische Beziehung zu Jahwe musste der Vergangenheit angehören. Von jetzt an mussten Gott und Sein Volk gleichberechtigt nebeneinander stehen.

In Franziskus' *Sonnengesang* stehen wir vor dem gesamten Kosmos, der zu einer einzigartigen Anordnung von Worten verdichtet wird. Sie wurden mit größter Sorgfalt formuliert, um die Vorstellung widerzuspiegeln, dass Gott allen Dingen innewohnt, dass er in Form kleinster Teilchen in der stofflichen Welt existiert. Pantheismus? Insbesondere Theologen, die Angst davor hatten, wohin sein unerschrockener Lobgesang auf die Natur führen könnte, haben diesen Vorwurf mehr als einmal gegen Franziskus gerichtet. Konnte die Kirche – eine Institution, die auf doktrinärer Autorität und der Macht der Hierarchie begründet war – solche Äußerungen überleben? Konnte sie zulassen, dass sie von einer so schlichten Verherrlichung der stofflichen Welt unterminiert wurde? Würde die Vorstellung einer metaphysischen Realität sich zu einer Erkenntnis von ihrer unterdrückenden Natur entwickeln, während sie weiter in den Händen der Kirche blieb? Dies waren Fragen, die sich aus dem *Sonnengesang* ergaben. Es war ein aufwieglerisches Gedicht. Es bedrohte alles, wofür die Kirche stand. Es ist tatsächlich auffallend, dass Franziskus seine geliebte Kirche an keiner Stelle des Gedichts erwähnt. Der *Sonnengesang* hatte die institutionelle religiöse Autorität ausgelöscht, indem er sie einfach ignorierte.

Ich glaube, dass Franziskus vor allen Dingen dem unmöglichen Traum des Lebens Ausdruck verleihen wollte. Etwas in seinem Inneren sagte ihm, dass die stoffliche Welt nicht verleugnet werden konnte. Natürlich hatte er sein ganzes Leben lang nichts anderes versucht. Seine Askese war ein Beweis für seine Furcht, dem zu unterliegen, was seiner Meinung nach ein Vertreter des Teufels war. Zum Schluss, als er krank und sterbend in der Obhut Klaras und ihrer Schwestern in San

Damiano lag, fand er sich jedoch plötzlich mit seinem größten Dilemma ab: seinen Körper der Sinne zu berauben in dem Bestreben, *diesem Körper zu entfliehen*. Das war es, was er versucht hatte, und das war es, was ihn dazu brachte, die Sinnlosigkeit zu erkennen, die darin lag, nur um der Freude ekstatischer Erfahrung willen körperlich dahinzusiechen. Natürlich hatte er genau das getan, und wie es scheint, hat er einen hohen Preis dafür bezahlt. Sein Orden brach bereits auseinander, weil viele nicht glauben wollten, dass die Anstrengung sich tatsächlich lohnte.

Der *Sonnengesang* wirft also die große Frage auf: Soll das Körperliche um einer erhofften Beziehung zu Gott willen herabgesetzt werden? Brauchen die Menschen einen direkten Dialog mit ihrem Schöpfer? Ist dies tatsächlich das Ergebnis der Geschichte des menschlichen Bewusstseins, das sich auf Kosten der offeneren und freieren Wesensnatur des Uranfänglichen, von der Meister Eckhart sprach, zu etwas zutiefst Persönlichem hin entwickelt? Einige mögen durchaus dieser Auffassung sein. Der Disput, den Franziskus sein ganzes Leben lang mit sich selbst führte, drehte sich um seine Desillusionierung im Hinblick auf die materielle Existenz. Aus Gründen, die er selbst am besten kennt, war sie für ihn mit einem Abfall vom Sein verbunden. Aus seiner Sicht war es die Bestimmung der Menschen, die Natur des Seins komplexer zu machen und so endgültig zu Geschöpfen zu werden, denen auf vollkommenere Weise gegeben worden war. Ein solcher Zustand lag jedoch in seiner eigenen Antithese begründet: dass der Mensch nämlich in einen Zustand der Unschuld zurückkehren musste. Nun wissen wir also, warum Franziskus jeden Wert umkehrte. Er wollte den Unschuldigen in sich befreien, der viel zu lange an sein Selbst gekettet gewesen war.

Jedes Mal, wenn ich den *Sonnengesang* lese, weiß ich, dass ich in der Gegenwart eines bemerkenswerten Menschen bin. Die atemberaubende Reichweite dieses Gedichts weist auf einen Geist hin, der mit seinem eigenen Widerspruch im Bunde war. Die Welt ist da draußen, eine wundersame Begegnung, ein geliebtes Gestirn voller Leuchtkraft und Glanz. Sie besteht aus Wind, Himmel, Blumen, Sonne und Mond, Wasser, Erde, Tag und Nacht, aus allem, was zum geheimen Rauschen des Kosmos beiträgt, während unter der Oberfläche dieser Schönheit und dieses Entsetzens Schwester Tod bereits lauert und ihren Zaubertrank braut. Das Ende ist ihr Elixier, ist die scharfe Klinge ihrer Sense. Franziskus weiß es. Er versteht, warum sie tut, was sie tut. Er ist bereit für den Kelch, den sie für ihn gefüllt hat. Er lauscht jedem ihrer Worte und weiß, dass das, was sie sagt, für ihn nichts Beängstigendes mehr birgt. Der „zweite Tod“, den sie ihm anbietet, ist nicht wichtig im Vergleich zu dem einen, den er auf sein eigenes Geheiß bereits erlitten hat.

Kapitel 11

Willkommen, Schwester Tod

Wenn es wahr ist, dass Gott, Tod und Mensch die Ewigkeit zusammen erlangen, dann verstand Franziskus mehr als die meisten anderen Menschen seinen eigenen Weg in Richtung Vergessen. Auch wenn er sich die Freiheit ohne Leben nicht vorstellen konnte, so wusste er, glaube ich, dass der Tod der einzige wirkliche Akt der Befreiung war. Sein Wesen beschwor stets das Paradoxe – die Umkehrung – herauf. Ihm gefiel der Gedanke, dass er jeden Moment seines Lebens gut genutzt hatte, indem er ihn ehrte. Zugleich war er der erste Mensch, der seinen Körper einer ständigen Wunde aussetzte, die sich letzten Endes als tödlich erweisen sollte. Er wusste, dass er im Tod zum Anfang der Schöpfung zurückkehren und dadurch die Vorstellung wieder auferstehen lassen würde, dass er zwar in der Zeit geboren, trotzdem aber ein Geschöpf der Ewigkeit war.

Mit vierundvierzig Jahren war er kein alter Mann. Die Zeit seines Wirkens hatte erst achtzehn Jahre zuvor begonnen, und man kann sich vorstellen, dass ihm noch sehr viel Arbeit zu tun blieb. Ich glaube allerdings, dass er nach den Ereignissen von La Verna das Gefühl hatte, dass es nur noch wenig gab, was er in diesem Leben erreichen konnte. Die Wundmale Christi am Körper zu tragen muss schmerzhaft gewesen sein, auch wenn sie ihn zu Christi Abbild machten. Das Vermächtnis von Golgatha, so tief verklärend es für ihn auch gewesen war, konnte nicht allzu lange in der Welt bleiben. Es musste dazu gebracht werden, ins Reich der Geschichte zurückzuschlüpfen – ein Akt der körperlichen Entweihung, der das Opfer zu einer der höchsten Gesten der Vergebung machte, die ein Mensch gewähren konnte. Denn in diesem Augenblick war Christus in der Tat eindeutig ein leidender Mensch – und Franziskus wusste es.

Sein Bedürfnis, sich mit Christus zu identifizieren, überlagerte daher alle anderen Überlegungen. Wir wissen zum Beispiel, dass er seine Brüder darum bat, die Passage im Johannesevangelium zu lesen, in der

Christus sechs Tage vor dem Paschafest seinen Tod akzeptiert.[45] Die Metapher eines Gottesmenschen, der sich auf die Stunde seines Todes vorbereitete, sprach Franziskus an. Der Märtyrer in ihm hatte sich immer gewünscht, für die Sünden anderer zu sterben, sosehr er es auch gerne geleugnet hätte. Franziskus glich einem Menschen, der auf einem Drahtseil balanciert. Ihm gefiel die Vorstellung, sich auf einer dünnen Linie zu bewegen, die von zwei Ebenen der Realität gestützt wurde. Auf der einen Seite gab es die stoffliche Welt, die er aufgegeben hatte, und auf der anderen Seite die hell erleuchtete Weite der Seraphim und das erfüllende Wissen, dass es ihm zumindest einmal in seinem Leben gelungen war, ihr Mysterium zu durchdringen.

Das soll Franziskus nicht herabsetzen – weit gefehlt. Es erhebt ihn vielmehr zur Vielschichtigkeit eines Menschen, dessen Bestimmung darin liegt, ein Heiliger zu sein. Anzunehmen, dass seine Unschuld eine Gabe war, während er sie in Wirklichkeit für sich selbst erschuf, sagt viel über seine Fähigkeit, seine Identität und seine Überzeugung dem Menschen nachzuempfinden, dem seine größte Bewunderung galt. Oder sollte ich sagen: „Gott?“ Denn er hatte auf jeden Fall bewiesen, dass es möglich war, als das Abbild eines anderen zu leben. Man befindet sich daher in der Gegenwart eines lebendigen Abbildes der Gnade, eines Menschen, der sein Selbst geopfert hatte, um die Unschuld zu erlangen, nach der er sich so sehr sehnte.

Nach seinem Aufenthalt in Fonte Colombo war das letzte Jahr seines Lebens von seiner üblichen Rastlosigkeit gekennzeichnet. Niedergedrückt von seinen Leiden gelang es ihm, La Foresta im Tal von Rieti zu erreichen, wo er sich in eine Höhle zurückzog, um dem Licht zu entfliehen, das seinen Augen so sehr zu schaffen machte. Dort lebte er wie ein Maulwurf und kam nur nach Sonnenuntergang hervor. Als er gefragt wurde, ob seine Untätigkeit und sein nahezu unaufhörliches Leiden ihn denn nicht langweilten, antwortete er: „Wie kann ich gelangweilt sein, wenn ich die ganze Zeit leide?“ Der Schmerz war zu seiner hauptsächlichen Zerstreuung geworden. Jeder Gedanke daran, ein zweites La Verna zu erleben, stand nun außer Frage. Stattdessen war er in der Bitterkeit des Olivengartens gefangen. Sogar sein Körper wurde allmählich zum öffentlichen Eigentum: Die Schnipsel seiner Fingernägel, seine Haare und das Wasser, in dem er gebadet hatte, brachten seine Anhänger schnell fort, um Reliquien daraus zu machen. Es schien so, als sei das heilige Märtyrertum in greifbare Nähe gerückt.

Heiligkeit ist ein berauschendes Gebräu. Es sprach sich herum, dass Franziskus' Ende nahe sei, und die Menschen kamen von weit her, um bei ihm zu sein und dadurch an seiner Gnade teilzuhaben. Unfähig, die Schmerzen noch länger zu ertragen, wurde er schnell nach Fonte Colombo zurückgebracht. Von dort ging es quer durch das Land nach Siena, um noch weitere Ärzte aufzusuchen. Doch seine Krankheit hatte das Endstadium erreicht. Obwohl er noch lebte, war er bereits in das Reich der Legende eingetreten und wurde zu einem Objekt der Neugierde für viele, die begierig darauf waren, die Stigmata mit eigenen Augen zu sehen. Ein Bruder namens Pacifico dachte sich einen Plan aus, um einem Freund aus Brescia die Möglichkeit zu geben, die Wunden auf Franziskus' Händen zu sehen. Weil Franziskus nun völlig erblindet war, wies Pacifico seinen Freund an, leise den Raum zu betreten und zuzuschauen, wenn er Franziskus bat, seine Hände küssen zu dürfen. „Wenn er sie mir hinhält", fügte er hinzu, „gebe ich dir ein Zeichen. Dann kannst du näherkommen und sie anschauen." Makaber? Verehrung lässt die Menschen oft Dinge tun, die unter anderen Umständen als geschmacklos betrachtet würden.

Im Mittelalter hatte es immer einen Markt für die Reliquien Heiliger gegeben. Ob diese tot waren oder noch lebten, war dabei ohne Belang. In Assisi wurden die Menschen nervös, weil sie fürchteten, die Sienesen könnten Franziskus für sich beanspruchen, falls er dort sterben sollte. Sie hatten bereits den Leib ihres früheren Schutzpatrons verloren, eines Heiligen namens Crispaldo, der angeblich ein Schüler des heiligen Petrus gewesen war. Räuber aus Bettona hatten ihn gestohlen. Eine Nachricht ging an Bruder Elias, der zu dieser Zeit Generalvikar des Ordens in Portiunkula war. Er sollte Franziskus zurückbringen, bevor es zu spät war. Elias eilte nach Siena, nahm sich des zerstörten Körpers seines alten Freundes an und brachte ihn auf einer Trage in das Kloster von Le Celle vor den Mauern Cortonas. Er und Franziskus hatten die Einsiedelei 1211 gegründet, deshalb war der Ort ihnen beiden vertraut. Doch nicht einmal hier war er gegen die Forderungen seiner Geburtsstadt gefeit, denn Assisi forderte lautstark die Rückkehr seines potentiellen Heiligen. Der Hauch eines neuen Industriezweigs lag in der Luft.

So wurde der arme Mann auf ein Pferd gepackt und nach Portiunkula geschleppt, um dort zu sterben. Seine Krankheit war mittlerweile so schlimm geworden, dass er nur noch aus Haut und Knochen bestand. Da Perugia damit drohte, seinen Leib zu entführen, und die Forderungen der Leute in Assisi immer lauter tönten, entschied man, Franziskus noch einmal zu verlegen, diesmal in den Bischofspalast direkt in der Stadt. Dort legte er sich nieder, um zu sterben. Sein Arzt, ein gewisser Buongiovanni aus Arezzo, sagte ihm aber, dass er noch etwa sechs Wochen zu leben habe – „bis Ende September oder Anfang Oktober". Franziskus nahm diese Prognose gelassen, ja fast freudig, an. „Willkommen, Schwester Tod", sagte er, nachdem er die Aussage des Doktors gehört hatte. Er bat seine Brüder, an seinem Bett Wache zu halten und sein Lieblingsgedicht, den *Sonnengesang*, zu singen. Wie es scheint, konnte er von seinen eigenen Worten nicht genug bekommen. Bruder Elias machte ihm Vorhaltungen, weil er seinem Tod so leichtfertig entgegensah. Er behauptete, die Menschen der Stadt erwarteten, dass er etwas mehr Würde aufbringe. Franziskus lehnte es jedoch ab, sich von seinem Lied zu trennen.

Schließlich wurde Franziskus nach Portiunkula zurückgebracht, weil er seiner so geliebten Kapelle Santa Maria degli Angeli nahe sein wollte. Ich glaube, dass er auch des Drucks müde war, den die Stadtväter wegen seines nahenden Todes ununterbrochen auf ihn ausübten. Sie wollten seine Gebeine, um sie würdevoll zu begraben. Ich vermute fast, dass sie bereits zu dieser Zeit darüber nachdachten, zu seinen Ehren eine große Basilika zu bauen, von der die Stadt letztlich profitieren würde. Er wollte nicht mehr, als seinem geschundenen Körper die Möglichkeit geben, seinen Schmerz mit einem gewissen Maß an Würde zu ertragen, denn ihm war klar, dass andere ihn als ihr Eigentum beanspruchen würden, sobald er ihn verlassen hatte. So makaber es auch klingt, man muss die Inbrunst verstehen, die sein bevorstehendes Hinscheiden umgab. Sich der Tatsache bewusst, dass er zu einer ewigen Reliquie werden würde, versuchte Franziskus – seiner eigenen *amour propre* wegen – noch ein wenig länger am Leben festzuhalten. Wie kein anderer wusste er, dass die Ewigkeit kleiner wird, wenn man den Körper einmal verlässt.

Heute fällt es natürlich schwer, sich die Situation vorzustellen, in der Franziskus sich in jenen letzten Stunden befand. Santa Maria degli Angeli ist ein riesiger Barockbau unterhalb von Assisi, umgeben von einer blühenden Stadt. Hier ist nichts mehr zu spüren von der Gruppe einfacher Hütten, in denen die ersten Brüder gelebt hatten. Heute ist der Name Franziskus von einer Aura der Geschäftsmäßigkeit umgeben, die es einem nahezu unmöglich macht, die Erwartungen zu verstehen, mit denen man dem Tod eines Menschen entgegensah. Als ich auf dem Platz vor der Kirche umherlief, fragte ich mich, warum die Erinnerung an einen so schlichten Mann in der Maske einer so triumphalen Architektur bewahrt wurde. Ich habe nie verstanden, warum das Christentum – womöglich mehr als jede andere Religion – das Bedürfnis verspürt hat, seine Botschaft in solch gönnerhaften Bauwerken zu begraben. Christus war kein Imperialist, und doch haben seine Anhänger es sich zur Aufgabe gemacht, ihn an das Kreuz der Extravaganz zu nageln.

Franziskus' Tod war ein öffentliches Ereignis. Die Stadt wusste, dass er ihm nahe war. Die Brüder in Portiunkula erwarteten ihn. Die Klarissen in San Damiano sahen ihm mit derselben Beklommenheit entgegen wie dem ersten Schnee des Winters. Die Welt würde unweigerlich von einer gewissen Kälte erfasst werden. Umbrien – dieses Land, das so tief vom Mystizismus und von der süßen Reue des Wissens durchdrungen ist, dass die Traurigkeit kein bleibender Zustand des Herzens ist – wartete auf das, was unvermeidlich war: dass Franziskus' sterbliche Überreste in seiner weichen Erde bestattet würden. Jede Pinienallee und jeder Olivenhain war bemüht, seinem Gedächtnis Schatten zu spenden. Er war ein Produkt ihrer Erde. Er war ihr kostbarstes Samenkorn, das seine Hülse niemals verlassen hatte.

Ich glaube, dass Franziskus' Tod in den Menschen nicht deshalb so starke Gefühle auslöste, weil mit ihm ein Kapitel in der Geschichte der Region zu Ende ging, sondern weil ein neues Kapitel begann. Geist ist ein zerbrechliches Ding, das sich nur selten und ohne Erwartung oder Forderung manifestiert. Ein Heiliger ist nicht durch schieren Willen ins Dasein zu rufen, und das, wofür er stehen könnte, lässt sich nicht ehren, wenn es das langsame Reifen der Empfindsamkeit in seinem Umfeld nicht gibt. Das ist der Schlüssel, warum Männer wie Franziskus in der Welt in Erscheinung treten. Er wurde geboren aus dem Bedürfnis von Menschen, die ihre Zwangslage unglücklich machte. Die Welt, die sie kannten, hatte sie aus dem Urgrund der kollektiven Erinnerung ausgeschlossen. Was sie brauchten, war eine Gelegenheit, das wieder neu zu bekräftigen, was außerhalb der Zeit und zugleich innerhalb des Kontextes ihres eigenen Lebens existierte. Der Geist bot ihnen bessere Nahrung als jede Mahlzeit.

Das sind die Dinge, die Franziskus' Tod so ergreifend und so belangvoll machen. Er drohte nicht einfach dahinzuscheiden, sondern schaffte es vielmehr, das Geschehnis mit seinem eigenen starken Gespür für das

Drama eines sich entfaltenden metaphysischen Ereignisses zu erfüllen. Es ging nicht nur darum, dass sein Leib und seine Persönlichkeit bald frei sein würden, sondern auch darum, dass viele Menschen insgeheim befürchteten, dass eine solche Spiritualität vielleicht niemals wieder auf der Erde in Erscheinung treten würde. Ich glaube, dass er sich dieser Ängste bewusst war und seine letzten Tage darum hinauszögerte. Alle seine Handlungen waren darauf ausgerichtet, so viele Menschen wie nur möglich mit seiner Sehnsucht nach dem Unendlichen anzustecken. Er wollte, dass die Menschen zutiefst gestärkt aus dem Schmerz seines Todes hervorgingen. Er wollte, dass sie seinen Tod ertragen und dadurch die Fackel in die nächste Generation hineintragen sollten.

Seine letzten Handlungen waren sorgfältig orchestriert. Sein Wunsch, wieder nach Portiunkula gebracht zu werden, wo alles begonnen hatte, sein letzter Brief an Klara, in dem er ihrem noch jungen Orden dringend empfahl, „stets in der Wahrheit zu leben" und Erschöpfung als „teuer" zu betrachten, weil sie um ihretwillen „im Himmel als Königin" gekrönt werden würden, sein Beharren darauf, dass sein *Sonnengesang* täglich in seiner Gegenwart gesungen werden sollte, und schließlich sein Brief, den er an eine römische Dame namens Giacoma di Settesoli schreiben ließ und in dem er sie bat, bei seinem Tod bei ihm zu sein – all das weist auf einen Mann hin, der die Absicht hatte, seinen eigenen Mythos zu vollziehen. Wie wir ja bereits wissen, bat er Giacoma di Settesoli darum, ihm „ein Stück dieses aschefarbenen klösterlichen Tuches, um meinen Körper zu verhüllen, Kerzen, ein Tuch, um mein Gesicht zu bedecken und ein kleines Kissen für meinen Kopf" zu bringen. Pflichtgetreu und, wie manche sagen, wunderbarerweise brachte sie alle diese Dinge mit, denn sie traf ein, ehe der Brief abgeschickt wurde. Signora di Settesoli brachte ihm auch den Kuchen aus Mandeln und Honig mit, den er so gerne knabberte.[46]

Können wir nicht der Auffassung sein, dass dies die Handlungen eines Menschen sind, der um seine letzten Augenblicke besorgt ist – und auch darum, welche Wirkung sie auf andere haben könnten? Es heißt, dass er darauf bestand, nach draußen gebracht und auf die bloße Erde gelegt zu werden, damit er dort sterben konnte. Dies ist eine bizarre Bitte, wenn sie denn stimmt. In der Abenddämmerung flog ein Schwarm Lerchen sehr tief über die Stelle, an der er lag. Das erinnert mich daran, dass ich einmal den Tod eines alten Aborigine in der australischen Wüste miterlebte. Als der Priester die Begräbnisriten vollzog, saß eine riesige schwarze Krähe in einem nahegelegenen Baum und beobachtete die Vorgänge sehr interessiert. Mein Blick wanderte immer wieder zu diesem Vogel, und ich fragte mich, ob er nicht womöglich eine Inkarnation des Geistes dieses toten Mannes war. Irgendwie wusste ich, dass die Natur an diesem Tod teilhatte, und vielleicht erging es den Lerchen bei Franziskus' Tod nicht anders.

Bis zum Abend des 3. Oktober 1226 schwebte Franziskus zwischen Leben und Tod. Er konnte zwar nicht sprechen, war aber zeitweise bei Bewusstsein. Während seine Brüder den Psalm *Voce mea ad Dominum clamavi* sangen, lag er auf der bloßen Erde, sein Körper noch immer dem Geist der Armut treu, die ihn geformt hatte. Man kann nur erahnen, was ihm in diesen Stunden durch den Kopf ging. Erinnerte er sich daran, wie er sich auf dem Marktplatz in Assisi seiner Kleider entledigt hatte? Erinnerte er sich daran, wie er in Foligno die Waren des Vaters verkauft hatte, um den Traum vom Wiederaufbau des Hauses Gottes zu finanzieren? Erinnerte er sich an jene langen, intensiven Gespräche mit Klara, in denen er sie dazu gedrängt hatte, mit ihrem Leben zu brechen und sich dem seinen anzuschließen? Erinnerte er sich an den Inhalt seiner Gespräche mit den Weisen Ägyptens? Und was war mit La Verna: Würden diese Wunden je die Ekstase ausgleichen, die er erfahren hatte, als der Seraph zu ihm herabgestiegen war? Es ist schwer zu sagen. Sein Leben besaß jedoch eine solche Intensität, dass ich sicher bin, dass er jeden Moment mit der Freude festhielt, die man für eine vergängliche Frühlingsblüte empfindet.

Am Ende war sein Tod der letzte Akt eines außergewöhnlichen Lebens. Aus dem nicht sehr viel versprechenden Material eines Kaufmannssohnes, der in einer Stadt in der italienischen Provinz lebte, hatte er eine Existenz geschmiedet, die nur der eines Genius vergleichbar war. Indem er alle Werte über den Haufen warf, die zu seinem persönlichen und gesellschaftlichen Selbst gehörten, war es Franziskus gelungen, ein neues Selbst zu erschaffen, das allein den verborgenen Gesetzen der Existenz verpflichtet war. Er verlieh diesen Gesetzen eine neue Bedeutung, indem er sie mit dem Namen Gottes und mit dem Leben Christi, seines Sohnes, verband. Durch seine Entscheidung, die Kreuzigung nicht als historische Realität, sondern als etwas anderes zu durchleben, veränderte Franziskus die Beziehung, die praktizierende Christen zu ihrem Schöpfer haben konnten. Nun blieb ihnen keine Wahl: Sie mussten lernen, Gottes Qual, die daher rührte, dass sie selbst vom Sein abgefallen waren, in sich zu ertragen. Es lag an ihnen, aus dem Chaos, das Christi Tod hervorgerufen hatte, eine spirituelle Ordnung zu erschaffen.

Franziskus kannte nur den Weg der Askese, um das Band zwischen dem Fleisch und dessen Liebesbeziehung mit der Illusion zu zerstören. Er erkannte deutlich, dass der Tod der Sinne eine vollkommen andere Ebene der Wahrnehmung ankündigte. Auch wenn er in dieser Hinsicht nicht mehr getan hatte als der heilige Antonius, der heilige Paulus und viele andere Eremiten in der ägyptischen Wüste, so hatte er ihren Praktiken doch eine Dimension hinzugefügt, die sie außer Acht gelassen hatten. Er hatte sie zum Mittelpunkt im Leben eines Menschen gemacht, der in der Welt lebte, nicht in einer abgeschiedenen Höhle auf dem Berg Kolzim oder in der Wüste Nitria. Ich glaube nicht, dass Franziskus wollte, dass die Menschen die Welt verlassen, mit ihren Traditionen brechen oder gar das Gefüge der Gesellschaft zerstören sollten. Er sah keinen Sinn darin, dass sie ihre Identität ablegten, um nach einem illusorischen Nirwana zu streben. Dies, so glaubte er, war ein außergewöhnliches Geschenk, das allein historisch, nicht aber persönlich gewährt werden konnte. Dass er es empfangen hatte, war für die umfassendere spirituelle Verantwortung, deren Erbe jeder einzelne Mensch war, nicht von Belang.

Franziskus hatte noch ein anderes Ziel im Sinn, als er Keuschheit, Gehorsam und Armut als die Werte vorbrachte, nach denen der Mensch leben sollte. Obwohl er selbst es niemals öffentlich bejahte, glaube ich, dass er anerkannt hätte, dass diese Dreifaltigkeit von Werten als Grundlage für einen vollständigen Bruch mit der Vergangenheit und ihrer Vorliebe, die Realität zu historisieren, gesehen werden musste. Er wollte sie spiritualisiert sehen, damit sie neue Energien in der Welt freisetzen konnte. Der westliche Mensch war nicht nur an einem toten Punkt angekommen und stellte sich darauf ein, erneut vor einer materiellen Ordnung zu Kreuze zu kriechen – er hatte auch vergessen, was ihn überhaupt erst zu etwas Besonderem gemacht hatte: seine Fähigkeit, sich eine Welt vorzustellen, die größer und vollkommener war als seine eigene. Dies war die Landschaft, die Franziskus seinen Zeitgenossen offenbaren wollte.

Seine Askese war stets ein Teil der Schockbehandlung gewesen, die er sich selbst verabreicht hatte. Diejenigen, die sie vielleicht für einen Teil seiner sexuellen Angst oder für seinen Wunsch hielten, dem Körper eine

Rolle in der zunehmenden Merkantilisierung der mittelalterlichen Gesellschaft zu verweigern, oder die glaubten, durch die Geißelung des Körpers geißele er in Wahrheit die Gesellschaft selbst, hätten den Fehler begangen, dem körperlichen Aspekt seines Verhaltens einen zu großen Wert beizumessen. Ich sehe nun, dass auch dies bloß eine seiner Umkehrungen war. Er wollte die Menschen auf den Kopf stellen, ihre Wahrnehmung von sich selbst umkehren. Für ihn war die Welt (Natur) ein ewiger Akt der Selbstoffenbarung, und der Mensch hatte darin die Rolle des Deuters, nicht die Rolle des Ausbeuters.[47] Für jemanden wie ihn selbst, der herausgefunden hatte, was wahre Freiheit ist, war es ganz natürlich, dass er den Wunsch hatte, alles nach ihrem Abbild zu erschaffen, sie im gesamten Universum zu verbreiten. Für ihn war Askese ein Weg, um eine solche Bekehrung zu erreichen; sie reinigte die Realität von ihrer Vorliebe für materielle Werte.

So lag er nun also dort auf seiner Binsenmatte und starb einen Tod, der wie kein anderer war. Es war der deutsche Dichter Rainer Maria Rilke, der sagte, dass der Mensch die Todesart, die er letztlich durchleben wird, bereits in sich trägt. Franziskus verkörperte die seine mit Sicherheit vollkommen. Während die Leute sich in der Nähe versammelten, begierig darauf, einen Blick auf seine Wundmale zu erhaschen, wenn man ihn später zum Begräbnis forttrug, während die Nonnen in San Damiano für seine Seele beteten, während Klara in ihrer Zelle saß und über den Augenblick nachdachte, in dem er ihre Gedanken für immer verlassen würde, während Giacoma di Settesoli, diese so rätselhafte römische Dame, bei ihm saß und seine Stirn koste, während die Brüder sich um ihn versammelten und Psalmen sangen, lag dieser verdorrte Homunkulus von einem Menschen, diese leere Gedankenhöhle, dieser Widersacher des Gewöhnlichen, in einem Zustand schmerzhafter Ruhe, während die Muskeln seines leidgeprüften Körpers sich langsam anspannten. Nicht einmal jetzt, so kurz vor dem Ende, entließ die Folter ihn aus ihrer Gewalt.

Weil ich ihn so gut kenne, stehe ich auf dieser belebten Straße vor dem Portal von Santa Maria degli Angeli und zögere, die Kirche zu betreten. Sein Geist lebt nicht mehr in dem trockenen Boden unter ihren Fundamenten. Stein und Mörtel haben seine Gegenwart nicht verstärkt und seine Stimme, so wohlklingend in ihrer Bedeutung, nicht heraufbeschworen. Wer kann ihn über dem ganzen Getöse des Verkehrs oder dem Klang der Glocken, die in seiner Abwesenheit läuten, noch hören?

Ich kann es. Ich kann hören, wie er seine Anhänger mahnt, stark zu sein in ihrer Hingabe an das spirituelle Leben. Er wollte nicht, dass sie zu Theologen oder Bischöfen wurden. Nicht einmal Priester sollten sie sein. Er wollte, dass sie sich in einer Art von Sehnsucht übten, dass sie es zufrieden waren, im selben Halbschatten zu leben wie die Mysterien selbst. Ihm war bewusst, dass es unmöglich war, Gott zu kennen. Er wusste, dass jeder Mensch, der versuchte, vor sich selbst zu fliehen, zum Scheitern verurteilt war. Vor allem aber war ihm bewusst, dass die sichtbare Welt, auch wenn sie in all ihrem Wunder und in all ihrer Fülle existierte, nicht die wahre Welt war.

Es ist seltsam zu wissen, dass er nur wenige Meter von der Stelle entfernt starb, an der ich stehe, dass hier ein Mann lag, der sich daran gemacht hatte, die Wahrnehmung der Geschichte zu verändern. Etwas in ihm lehnte sich gegen die unerbittliche Natur der Kausalität auf, obwohl er wusste, dass die sichtbare Welt sich auf diese Weise offenbarte. Tief in seinem Herzen war Franziskus eine Erscheinung zuteil geworden, die ihn gelehrt hatte, wie er die Kausalität, d.h. den Zusammenhang von Ursache und Wirkung, als Mittel, seine Gefühle zum Ausdruck zu bringen, umgehen konnte. Vielleicht verstand er sie als das Gesetz des Seraphen – wer weiß das schon? Ich weiß nur, dass in La Verna eine andere Form von Kausalität die Kontrolle übernimmt. Es ist eine Kausalität, die ein Bindeglied zwischen Feuer und Sprache, zwischen dem Wort und seiner entflammbaren Natur vermuten lässt. Nur ganz wenige Menschen verstehen, warum das Wort und die Flamme miteinander verbunden sind, und das sind diejenigen, die fest entschlossen sind, die verlorene Wärme des Geistes neu zu entfachen. Franziskus wäre womöglich erfroren, hätte er nicht das Leuchten und die ungebändigte Hitze seines poetischen Instinkts entdeckt.

Denn es stimmt, dass Franziskus, nachdem Christus aus den Flügeln des Seraphen zu ihm gesprochen hatte, „von einem zutiefst intensiven Feuer göttlicher Liebe ergriffen wurde“, wie die *Dritte Betrachtung über die Heiligen Wundmale* berichtet. Wir wissen, dass der gekreuzigte Christus, der ihm an jenem Tag auf dem Berg erschien, „seinen Geist entflammte.“ Ferner wurde darauf hingewiesen, dass an diesem schicksalhaften Morgen „ganz La Verna in hellen Flammen zu stehen schien.“ So allmählich können wir bereits spüren, was Franziskus möglicherweise erfahren hat. Wir können uns fragen: Was hatte es zu bedeuten? Franziskus hat nie gern über diese Begebenheit gesprochen. Einigen

Gefährten sagte er einmal, dass dieses großartige Mysterium der Zukunft vorbehalten sei. Nun wissen wir es also: Die Kreuzigung war kein historisches, sondern ein spirituelles Ereignis. Sie hatte teil an der Gesamtheit jener göttlichen Mächte und Emanationen, die in der Vorstellung von Christus als dem Vertreter von Gottes Fülle auf Erden verkörpert sind.

Nicht einmal an diesem Frühlingsmorgen konnte ich mich des Gefühls erwehren, wie glücklich ich mich schätzen konnte, dass ich in Franziskus' Fußstapfen getreten war. Während ich auf den Landstraßen und den gepflasterten Wegen Umbriens seinen Spuren folgte, erfuhr ich eine Spiritualität, die mir unvertraut war. Sein Wissen war die *cognitio matutina*, die Erkenntnis des Morgens, die tiefe wechselseitige Durchdringung zwischen der übernatürlichen Realität und ihrer Entsprechung in der Welt. Da er den Illuminismus praktizierte, wusste er besser als jeder andere, wie er die Trennwand zwischen den beiden niederreißen konnte, um eine erfolgreiche gegenseitige Befruchtung zu ermöglichen. Auf meinen Reisen durch Umbrien fand ich mich in einer Landschaft wieder, die visionär und real zugleich war.

Am Abend seines Todes wurde Portiunkula zum Knotenpunkt eines Schmerzes, der mit einem fast greifbaren Gefühl der Befreiung einherging. Gemeinsam mit Giacoma di Settesoli wachten Franziskus' Brüder an seiner Seite. Franziskus bestand darauf, noch einmal draußen auf den nackten Boden gelegt zu werden, und er bat seine Freunde, auch das Habit aus rauem Sackleinen fortzunehmen, damit er wieder nackt wäre. Dann legte er seine linke Hand über die Wunde auf seiner rechten Seite, um sie zu verbergen, erhob die andere Hand zum Himmel und gab seine letzte Erklärung ab: „Es ist genug. Ich habe das meine getan. Möge Christus euch lehren, was euer ist.“ Männer weinten. Sein Guardian[48], der verstand, wie Franziskus sich in diesem Augenblick fühlte, teilte ihm mit, dass sein Habit ihm und nicht Franziskus gehöre, dass er es nach dessen Tod zurückfordern werde. Franziskus lächelte. „Frau Armut“ hatte ihm bis zu seinem Ende zur Seite gestanden. Er starb in dem Zustand, in den er hineingeboren worden war.

Alle Umstände von Franziskus' Tod bezeugten seine lebenslange Hingabe an die Einfachheit. Er hatte bewiesen, dass es möglich war, auf die gewöhnlichen Strukturen des Lebens zu verzichten und im Feuer des Vertrauens neue Strukturen zu schmieden. Für ihn war die Armut kein Zustand des Mangels, sondern eine Philosophie. Nein – es war mehr als das: In dem Wort selbst lag seine wahre Herrin verborgen: Poesie.[49] Er hatte versucht, ein poetisches Leben zu leben, ein Leben, das vom Mysterium der Worte durchdrungen war, die Schmetterlingen gleich über der Landschaft menschlicher Erfahrung schwebten. Mehr als fast alle anderen Menschen hatte er gelernt, die Muster zu erkennen, die Worte erschaffen, und zu sehen, dass diese Muster die himmlische Version jenes Bewusstseins enthielten, das er immer erstrebt hatte.

Sein Tod liegt nahezu achthundert Jahre zurück, aber er ist noch immer lebendig. Etwas an ihm ist noch nicht gestorben. Man spürt, dass er sogar in dem Augenblick noch Geschenke zu gewähren hatte, als die Brüder – auf dem Weg nach Assisi, wo er in der Kirche des heiligen Georg beigesetzt werden sollte – seinen Körper nach San Damiano hinauftrugen. Hinter den Gitterstäben ihres Klosters wartete Klara auf ihn, ihre Liebe zu ihm so glühend wie immer. Noch nicht einmal der Tod vermochte ihrer beider Sehnsucht nach Gott in der Person des jeweils anderen zu stillen. Zum Klang von Hymnen und des Psalms *Voce mea ad Dominum clamavi* hoben die Brüder seinen erschlafften Körper auf ausgestreckten Händen hoch, damit Klara durch das offene Gitter einen letzten Blick auf ihre große Liebe werfen konnte. Seine Augen, tiefliegend und dunkel, waren geschlossen. Seine Wunden waren, so schien es, geheilt. Der Seraph hatte sein letztes Wort gesprochen. Ihr Abschied war vorüber. Langsam schloss Klara das Gitter, und im Licht des Morgens bewegte der Trauerzug sich weiter den Hügel hinauf.

Kapitel 12

Der Pfad der Rose

Es ist schwierig, einen Menschen einzuschätzen, der vor so langer Zeit gelebt hat, ganz besonders dann, wenn Millionen von Menschen auf der ganzen Welt ihn für sich in Besitz genommen haben. Franziskus ist eine jener einzigartig charismatischen Gestalten, deren Licht uns auch nach vielen Jahrhunderten noch erreicht. Ich habe allerdings immer das Gefühl gehabt, dass seine Biographen ihm einen schlechten Dienst erwiesen haben, indem sie bei jeder Gelegenheit seinen Katholizismus betont haben, oft auf Kosten seiner Universalität. Nachdem ich nun die Reise durch sein Leben und sein Land unternommen habe, glaube ich, dass seine Universalität ihn authentischer sein lässt. Franziskus war ein Mann seiner Zeit, aber auch jemand, der für Werte stand, die seine Zeit transzendierten. Er wurde zu einer Zeit geboren, in der die Gesellschaft profunde Veränderungen erlebte. Das mittelalterliche Leben und die Herrschaft des Feudalismus traten in ihre letzte Phase ein: Bald würde der Einzelne hervorbrechen und als das neue Vorbild Europas zur Blüte gelangen.

Franziskus nahm diese Spannungen in sich auf wie ein Blitzableiter. Er zog seine feudale Treue niemals in Zweifel, wenn es darum ging, dass die Kirche Roms das Recht hatte, darüber zu wachen, was ihre Anhänger glaubten. Das Prinzip der Hierarchie, das – durch seinen Stellvertreter auf Erden – direkt von Gott herrührte, war für ihn vollkommen akzeptabel. Dagegen zögerte Franziskus nie, die Führung zu übernehmen, wenn es um die persönlichere Seite der Spiritualität ging. Seiner Meinung nach musste der Mensch sein eigenes spirituelles Schicksal in die Hand nehmen und es zu einem Werkzeug schmieden, das des Kampfes, der vor ihm lag, würdig war. Kaum jemand vor ihm hatte das Leben je für wertvoll genug erachtet, um es im Dienst eines Ideals aufzugeben, das höher war als er selbst. Von allen Menschen war er der Einzige, der sein Leben lieber hingegeben hätte, als es den Zwängen zu unterwerfen, die ihm die Furcht seiner Meinung nach auferlegen konnte.

Dafür bewunderte ich ihn. Man muss bloß einmal die Orte besuchen, die er sein Zuhause nannte, um zu erkennen, wie leicht es für ihn war, seine Tasche zu packen und weiterzuziehen – falls er überhaupt eine Tasche besaß! Sein Wunsch nach vollkommener Unabhängigkeit von materiellen Dingen und körperlicher Unterstützung schimmert aus allem hervor, was er dachte und tat. Wenn er etwas sein Eigen nannte, dann war es sowohl intellektueller als auch spiritueller Natur, und deswegen weit wertvoller. Er hatte endlich gelernt, in der Welt zu leben, indem er nur das Mindestmaß an Forderungen an sie stellte, das notwendig war, um ihn am Leben zu erhalten. Sein Körper funktionierte im Einklang mit den Gesetzen der Natur. In mancher Hinsicht war er den neolithischen Gestalten, die an die Wände der Höhlen von Altamira in Spanien gemalt waren, näher als den Menschen Umbriens. Er sehnte sich mehr nach der inneren Ungezähmtheit des Geistes als nach der Stabilität, die dem Gefühl von Zugehörigkeit innewohnte. Franziskus gab den Menschen, die nach ihm kamen, die Möglichkeit, sich für die Verbannung als geheimes Territorium des Wachstums zu entscheiden. Nicht zufällig haben die größten Namen der Renaissance ihre besten Werke nicht auf heimischem Boden geschaffen. Männer wie Dante, Leonardo da Vinci, Michelangelo und Rafael schlossen sich einer früheren Gruppe von Wanderern durch ganz Europa an – jenen mittelalterlichen Übersetzern von Toledo und Palermo, die aus dem Norden bis hinauf nach England gekommen waren, um im Süden ihrer Berufung zu folgen. Ich denke an Männer wie Adelard von Bath, Robert von Chester oder Gerard von Cremona, die ihr Leben damit verbrachten, in fremden Ländern arabische Texte zu übersetzen.

Auch in der heutigen Welt des Wohlstands ist nur schwer zu verstehen, warum ein Mensch die Armut zu seinem Glaubensbekenntnis machen sollte. Seien wir doch einmal ehrlich: Für die meisten von uns ist mehr anstelle von weniger doch ein unangefochtener Glaubensartikel. Wir sind dem Materiellen so sehr verhaftet, dass wir kaum verstehen können, dass Armut eine so große Anziehungskraft ausüben kann. Ich glaube allerdings, dass wir dann nicht verstanden haben, worum es geht. Armut ist nicht attraktiv, und das machte sie für einen so begnadeten Umkehrer von Werten wie Franziskus so faszinierend. Er wollte beweisen, dass das, was in der Verwirklichung des menschlichen Bewusstseins einen scheinbar negativen Wert besitzt, in Wahrheit ein Zeichen ethischer Reife ist. Dem zu entsagen, was man im Leben möglicherweise früh und ganz natürlich erstrebt, wie es Franziskus ganz eindeutig getan hat, bedeutet, das aufzugeben, was Meister Eckhart als „weltgeschichtliche Größenordnungen" bezeichnete. Er gab den Kampf, ein Mensch zu sein, wie er normalerweise verstanden wird, einfach auf. Ich bin sicher, dass er, wenn er in der heutigen Zeit leben würde, weder Mitglied einer Krankenkasse wäre, noch einen Antrag auf Arbeitslosengeld stellen oder in den Steuersäckel des Finanzamts einzahlen würde. Für den Franziskus, den ich nun kennen und achten gelernt habe, wären diese Dinge ein Ausdruck der Angst, die unsere heutige Gesellschaft und ihre Sehnsüchte umgibt.

Ich glaube, dass Franziskus in dieser Hinsicht mittelalterlich und modern zugleich ist. Keine noch so gewissenhafte Bildung hätte ihm die unterschwelligen Konflikte seiner Zeit klarer vor Augen führen können. Er durchschaute die Absicht, Macht und Reichtum in den Händen einer privilegierten Minderheit zu konzentrieren, während eine Fassade der Frömmigkeit aufrechterhalten wurde, um ein verfallendes Gebäude zu stützen. Weltliche Päpste und gotteslästerliche Könige beraubten seine Epoche ihrer zeitlosen Weisheit und ihres spirituellen Vermächtnisses. In dem Bestreben, sich zumindest einen kleinen Anteil an diesem neu geschaffenen Wohlstand zu sichern, der in Städten wie Florenz, Perugia, Pisa und Venedig erzeugt wurde, waren auch die unteren Schichten käuflich geworden. Vielleicht hatte Franziskus dieses Phänomen bereits in einem größeren Ausmaß erlebt, als er in jungen Jahren in der Gesellschaft seines Vaters durch ganz Europa gereist war. Es ist durchaus möglich, dass er Zeuge wurde, wie Kaufleute arme Handwerker zu Geschäften zwangen, die nur ihrem eigenen Vorteil dienten. Säcke voller Gold, Wagenladungen voller Handelswaren, die die Alpen überquerten, und militärische Eskorten – alles ging Hand in Hand. Die Habgier und das Schwert waren zu Kameraden geworden.

Ist es verwunderlich, dass Franziskus sich für ein Leben entschied, das Privilegien und die Vorteile eines Amtes verschmähte? Er wollte kein erfolgreicher Kaufmann und später auch kein Priester sein. Er verabscheute den Handel, weil dieser die Kaufinstinkte des Menschen ausnutzte, und er distanzierte sich von einem Leben im Dienst der Kirche und der damit verbundenen Ausübung von kurialer Autorität. Er wollte keinen Anteil an einem Leben, das der Verwirklichung von Erfolg gewidmet war, sei er nun geldlicher oder spiritueller Natur. Er wollte, dass man ihn als einen Menschen kannte, der Erfolg schlicht ablehnte, nicht als jemanden, der seinen Forderungen verpflichtet war. Das ist, so glaube ich, eines der Geheimnisse, die seinen Reiz ausmachen: Er verschmähte weltliche Werte und brachte zugleich neue Werte vor.

Und welches waren diese Werte? Wenn man seine Schriften und die Erinnerungen seiner Biographen liest, dann spürt man, dass er seiner Zeit kaum etwas Neues zu sagen hatte – einmal davon abgesehen, dass er angesichts des zunehmenden Säkularismus die frühen christlichen Ideale wieder heraufbeschwor. Sein Reiz lag in dem Umstand, dass er in seinem Wunsch, zu den spirituellen Praktiken der Wüstenväter zurückzukehren, nicht sonderlich zurückhaltend war. Viele Menschen sahen in diesen Idealen einen klaren Weg, der noch nicht durch Theologie oder Dogma befleckt war. Sie wollten die Passion Christi einfach als eine Begebenheit von herausragender Bedeutung in der Geschichte der Welt ehren. Ihnen gefiel die Vorstellung, dass die Welt seit der Ankunft Christi ein veränderter Ort war. Sein Erscheinen in der Welt hatte eine Kluft zwischen dem Alten und dem Neuen, zwischen Heiden und Christen heraufbeschworen. Für das einfache Volk hatte dies einen großen Reiz, denn es rechtfertigte ihr Gefühl der Zugehörigkeit.

Franziskus belebte auch das Gewahrsein der Menschen für die Möglichkeit einer persönlichen Beziehung zu Gott. Die Spiritualität des Mittelalters hob besonders gern die gesellschaftlichen Auswirkungen der Religion hervor, in der alle Menschen an denselben Überzeugungen festhielten. Die Doktrin wurde in Rom ausgearbeitet, und die lateinische Sprache schloss die Liturgie und die Bibel in Worte ein, die von den einfachen Leuten in zunehmendem Maße falsch verstanden wurden. Die weniger gebildeten Menschen in der Gemeinschaft, und das war die Mehrheit, waren somit gezwungen, ihre Religion als eine Gegebenheit zu akzeptieren. Sie konnten nicht wirklich daran teilhaben. Daher rührt auch die Bedeutung, die dem Besuch der Kirche und den vielen Prozessionen im Verlauf eines liturgischen Jahres beigemessen wurde. Der Glaube an die christliche Botschaft war kein lebendiges Geschehen mehr, sondern war in Ritualen festgeschrieben, die keiner in Frage stellte.

Franziskus verstand das Problem mehr als die meisten anderen Menschen, wenn auch nicht auf der konzeptionellen Ebene. Ich glaube, es war sein Körper, der in seinem Auftrag die meisten Fragen stellte. Er benutzte ihn wie ein Barometer, um den Druck der gesellschaftlichen Missstände zu messen. Die Geschichte weist selten darauf hin, dass die

Gesellschaft des Mittelalters sich womöglich in einer spirituellen Krise befand. Betrachtet man jedoch einmal die Unterdrückung der Katharer in Frankreich, die Tatsache, dass das Papsttum als spirituelle Kraft in ganz Europa einen Niedergang erlebte, oder die Art und Weise, in der Päpste das Mittel der Exkommunikation summarisch gegen ihre politischen Gegner einsetzten, dann erkennt man recht schnell, dass die vermeintliche „Einheit“ der mittelalterlichen Gesellschaft in Frage gestellt werden kann und auch sollte. Zudem ist es kein Zufall, dass Giotto Franziskus' Leben mit genau derselben Sorgfalt für wundersame Einzelheiten malte, wie er es mit dem Leben Christi getan hätte. Die beiden waren zum Synonym geworden: Ein Zimmermann und der Sohn eines Kaufmanns verkörperten den Inbegriff heroischer Tugenden des Geistes, wie es kein Adeliger und kein König bislang vermocht hatte. In der Person von Franziskus und auch in der Person Christi hatte man der pharisäischen Kultur jene spirituelle Integrität wieder entrissen, die sie als die Quelle ihrer eigenen Macht benutzen wollte.

Franziskus' Handlungen waren von einer zutiefst politischen Natur, auch wenn er sehr darum bemüht war, seine Motive unter einem Mantel der Spiritualität zu verbergen. Ich glaube nicht, dass er es bewusst tat, und ich glaube auch nicht, dass er sich selbst eine politische Tagesordnung gesetzt hatte. Sein Einsatz für die Erneuerung der Gesellschaft war eine spontane Geste, von seinem Wunsch motiviert, den christlichen Glauben wieder zum Dreh- und Angelpunkt in der Gesellschaft zu machen. In dieser Hinsicht war seine Botschaft der Botschaft Christi ähnlich. Seine Beliebtheit beim einfachen Volk rührte von der Tatsache her, dass er *nicht* die theologische Tugend verkörperte, sondern vielmehr für eine Lebensweise eintrat, die klar umrissen und einfach war. Armut war für ihn ein Akt der Selbstdisziplin, der nur als Rüge für eine Gesellschaft interpretiert werden konnte, die sich bereits von den Härten eines gerade gewonnenen Überlebenskampfes distanzierte.

Sein Auftreten in Umbrien und der Toskana als wandernder Bettelmönch, der das Betteln zum Abkommen zwischen Almosenspender und Bettler machte, sollte nicht unbemerkt bleiben. Bis er kam, hatten Bettelmönche gebettelt, damit sie essen konnten und weil sie kein Geld hatten. Franziskus machte das Betteln zu einer Aussage über die Tugend der Armut und sicherte sich dadurch die Gefühle des Gebenden. Er wollte, dass dieser verstand, warum er gab, und warum der Bettelmönch den Hunger zu seinem Stab gemacht hatte. Nahrung wurde in seinen

Händen zu einer Aussage über das Recht aller Menschen auf Nahrung, unabhängig von ihrem Status. Hunger, nicht der wirtschaftliche Aspekt, musste die Messlatte sein, die das Lebensrecht eines Menschen beurteilen sollte. Kein anderer Mensch seit Christus hatte das Bindeglied zwischen Nahrung und Tugend so deutlich verstanden – dass die Nahrung bzw. ihr Nichtvorhandensein im wesentlichen der Stoff war, der eine spirituelle Erneuerung möglich machte.[50]

Aus diesem Grund lehnte Franziskus es strikt ab, Geld in seinen Besitz gelangen zu lassen. Er wusste besser als die meisten anderen, dass Geld jedes Tauschgeschäft des spirituellen Geschenks beraubt, das im Geben verborgen liegt. Im Gegensatz zu Nahrung ist Geld ein neutrales Objekt, etwas Abstraktes, eine Folge der Tatsache, dass Menschen das Gefühl, das der Nahrung innewohnt, fortnehmen und damit den Austausch auf einer rationaleren Ebene vereinfachen wollen. Geld ist eine Form des Austauschs, die jegliche Vorstellung von Armut ausschließt, denn sein Besitz (auf jeder Seite des Tauschgeschäfts) bringt die Neutralisierung der Armut mit sich. Franziskus war sich dessen ganz instinktiv bewusst, daher seine Edikte gegen Brüder, die mit Geld in Berührung gekommen waren. Nun verstehen wir auch, warum er einen seiner Brüder aufforderte, Geldmünzen mit dem Mund aufzuheben und draußen auf dem Misthaufen wieder abzulegen. Was er am meisten fürchtete, war die Verunreinigung, die der Besitz von Geld einem Geist zufügen konnte, der nicht fähig war, die Tugend der Armut um ihrer selbst willen zu erkennen.

So bizarr seine Aktionen auf den ersten Blick scheinen mögen – bei sorgfältiger Analyse sind sie es nicht. Ich habe bereits darauf hingewiesen, dass Franziskus in meinen Augen ein Meister der Schockwirkung war. Er verstand, dass die Menschen nur durch ein irrationales Verhalten, das alltägliche Gedankenmuster außer Kraft setzte, zur Besinnung gebracht werden konnten. Ich muss an den Zen-Meister denken, der seinen Schülern ein *Koan* aufgab und ihnen die Notwendigkeit vor Augen führte, die irrationale Natur dieses Rätsels zu verstehen. Franziskus benutzte Geste und Handlung, um zu einem ähnlichen Ergebnis zu gelangen. Wer kann vergessen, wie er seinen Freund, Bruder Masseo, darum bat, zu entscheiden, welchen Weg sie nehmen sollten – nach Siena, Florenz oder Arezzo –, indem er sich so lange im Kreis drehte, bis ihn der Schwindel überwältigte? Franziskus wollte, dass sein Freund sich von dem Zwang löste, überhaupt eine Entscheidung treffen oder den nächsten Schritt tun zu wollen. Er wollte, dass Masseo die „Besinnung verlor“ und die Entscheidung, in welche Richtung sie nun gehen sollten, in Gottes Hände legte. In dieser Beziehung war Franziskus nicht anders als der Zen-Meister: Beide wollten die Geburt der Willenlosigkeit und der Irrationalität im Geist ihrer Schüler fördern.

Er entledigte sich seiner Kleider, lief nackt durch die Straßen, sprach mit Vögeln und Tieren, schlief unter freiem Himmel und aß die Reste vom Tisch anderer Menschen – alle diese Handlungen waren nichts anderes als die Gesten eines Mannes, der weiß, wie man andere schockiert. Er spürte, dass die Menschen in ihren Beziehungen zueinander im Grunde konservativ waren – dass sie sich kaum einmal auf Aktionen einlassen wollten, die den Nutzen in Frage stellen konnten, der darin lag, sich um ihrer selbst willen hinter guten Manieren zu verstecken. Ich glaube, er wusste, dass Männer und Frauen – von der ganz oberflächlichen Ebene einmal abgesehen – den Kontakt zueinander verloren, wenn die Tugend der Höflichkeit zu sehr strapaziert wurde. Er erkannte besser als die meisten anderen, dass Grobheit wichtig war, wenn die Menschen ihr Verhalten jemals hinterfragen sollten. Ein Mann musste sich von den Zwängen des Konformismus befreien, der seine Handlungen bestimmte. Er musste den alten Adam ablegen und das Kleid der Nacktheit anlegen bei allem, was er dachte oder tat. Es ist bemerkenswert, dass Franziskus darauf bestand, dass seine Brüder nur ein einziges Habit besaßen, um ihren Körper zu kleiden. Sie sollten sich immerzu der Tatsache bewusst sein, dass sie nur *einen Schritt* von dem Zustand entfernt waren, in den sie hineingeboren worden waren. Unschuld richtete sich, wie es scheint, eng daran aus, dass man nur wenige Manieren und so gut wie gar keine Kleidung besaß.

Als Kehrseite zu diesem ziemlich revolutionären Verhalten bestand Franziskus auf einem Gehorsam, der – zumindest oberflächlich betrachtet – das mittelalterliche Prinzip der Hierarchie und den gesellschaftlichen Konformismus zu stärken scheint. In vielerlei Hinsicht tat er das auch. In anderer Hinsicht handelte es sich bei dem Gehorsam, für den er eintrat, jedoch um einen spirituellen Gehorsam gegenüber einer höheren Macht, nicht gegenüber der Kirche oder dem Staat. Allein der Hinweis darauf, dass es einen Gehorsam gegenüber Gott gab, der Vorrang vor dem Gehorsam gegenüber der Kirche hatte, deutet auf eine interessante Abkehr vom Feudalismus hin. Wenn man einmal bedenkt, dass die Kirche über dem Staat und der Staat über dem Einzelnen stand, dann ist die Vorstellung, der Einzelne könnte alle beide umgehen, um in einen direkten Kontakt zu Gott zu treten, ein deutliches Anzeichen für einen Wandel im Denken. Die Stigmata sind ganz eindeutig sowohl ein wundersames Ereignis als auch eine politische Aussage: In der Geschichte der Kirche hatten nur ganz wenige Männer und Frauen ihr spirituelles Imprimatur direkt von Gott empfangen. Es war ihnen stets von der Kirche verliehen worden. Heiligkeit galt als das Mittel, mit dem die Kirche der Vortrefflichkeit eines Mitglieds ihrer Herde huldigte. In Franziskus' Fall war diese Anerkennung hingegen über den Seraphen direkt von Gott gekommen. Für ihn hatte Gehorsam niemals wirklich die Anerkennung der menschlichen Autorität bedeutet. Sein Gehorsam gehörte allein Gott. Daher würde seine Beziehung zur Kirche in Rom auch immer paradox sein. Sich für Gott zum Narren zu machen war eine Sache. Daraus allerdings eine völlige Ablehnung kurialer Autorität herzuleiten, hätte ihn – womöglich – der Gnade der Inquisition ausgeliefert. Er musste gehört haben, wie sehr die Katharer in Aquitanien unterdrückt wurden. Im Jahr 1244, wenige Jahre nach seinem Tod, wurde ihre Hochburg Montségur von einer römisch-katholischen Armee zerstört, die von Simon de Montfort, einem Gefolgsmann des französischen Königs, angeführt wurde. Die religiöse Unterdrückung war in ganz Europa auf dem Vormarsch.[51]

Schließlich gab es noch sein Gelöbnis der Keuschheit. Dieses Thema habe ich an früherer Stelle bereits ausführlich behandelt, doch ich glaube, dass ich noch einen Punkt hinzufügen sollte. Keuschheit ist der endgültige Akt der Loslösung von der Gesellschaft, denn sie negiert deren eigentliches Fundament. Die Menschen erkennen nur selten, auf welch revolutionäre Weise die Keuschheit eine Geste des Zuwiderhandelns sein kann. Zu oft bleiben wir im rein sexuellen Aspekt der Sache stecken, ohne ihre gesellschaftlichen Auswirkungen zu bedenken. Die Keuschheit hebt den menschlichen Zustand und seinen ewigen Kreislauf aus Geburt, Tod und Wiedergeburt auf. Sie fordert Männer und Frauen auf, ihre Bindung an das aufzugeben, was die Buddhisten unseren karmischen Zustand nennen. Jacopone da Todi (1230–1306), selbst ein überzeugter Franziskaner, bezeichnete die Keuschheit als die „holde Blüte langstieliger Liebe“ und als eine „Festung, die einen großen Schatz bewacht.“ Franziskus hätte ihm zugestimmt. Er wusste, dass nur eine mit Keuschheit geschmückte Seele langsam auf den Gemahl Gottes zugehen konnte, der kein anderer als die Jungfrau der Reinheit war.

Nur die Keuschheit befreite die Menschen von ihren gesellschaftlichen Zwängen, damit sie diesem Weg folgen konnten.

Franziskus war der erste Mensch, der seine Werte nicht nur als asketisch, sondern auch als politisch bezeichnete. Wie wir wissen, wollte er anfangs keinen Orden gründen, sondern lediglich eine Regel aufstellen, nach der die Brüder leben konnten. Er sah seine Tugenden als ein Bollwerk gegen den Materialismus und die Bestechlichkeit seiner Zeit. Wären sie nur da gewesen, um die Verfassung seines Ordens zu untermauern, dann hätte das sie jeder revolutionären Wirkung beraubt. Franziskus wollte, dass seine Brüder sich in jeder Hinsicht von den etablierten Institutionen fernhielten, die seiner Meinung nach kaum mehr als Zwischenstationen waren, die das Streben nach dem christlichen Glauben ohne den Segen ihrer Wegführung als gefährlich, ja sogar als ketzerisch betrachteten. Wie Christus wusste auch er, dass man für die Welt sterben musste, um das ewige Leben zu erlangen. Ihm war freilich auch bewusst, dass „ewiges Leben“ kein Allheilmittel für die Lebenden war. Es musste eine innere Errungenschaft sein, nicht das Verweilen in einer himmlischen Domäne. In seinem letzten Testament, das wenige Monate vor seinem Tod im Palast des Bischofs entstand, erwähnte Franziskus den Himmel nur ein einziges Mal und beiläufig. Für ihn war es wichtiger, den Segen „Seines geliebten Sohnes“ auf dieser Erde als im nächsten Leben zu empfangen. Er war weit mehr an dem Segen interessiert, der einem Menschen zuteil werden konnte, nachdem dieser sein Selbst durch ein Leben der Askese ausgelöscht hatte, als dass er sich darum sorgte, was nach seinem „zweiten Tod“ geschah.

Auf einer persönlichen Ebene können wir uns viel stärker mit Franziskus als mit anderen Heiligen identifizieren. Das liegt darin begründet, dass seine Berufung einer tief empfundenen menschlichen Not entsprang, nicht einer unmittelbaren Offenbarung. Wir wissen, dass er eine lange Zeit des Zweifels und des Konflikts durchlebte, die ihn zwang, eine Reihe von Sackgassen zu erkunden, bevor er endlich verstand, was von ihm erwartet wurde. Wir wissen, dass er niemanden hatte, an den er sich hätte wenden können, keinen Führer, Vertrauten oder Beichtvater, der ihm hätte helfen können, zu seiner Entscheidung, die Welt zu verlassen, zu gelangen. Man vergisst, dass er diese Entscheidung ganz allein traf. Er absolvierte kein Noviziat. Kein Priester oder Abt führte ihn. Ihm fehlte jegliche Unterstützung, die ein Kloster ihm hätte bieten können, als die Zeit für seine Bekehrung näher kam. Franziskus handelte ganz allein. Er machte sich selbst zu seinem spirituellen Magneten. Bei vielen von uns bringt dies sicherlich eine Saite zum Klingen, da auch wir versuchen, einen aufrichtigen inneren Weg zu finden, der nicht unbedingt die Billigung einer Philosophie oder Religion hat. Franziskus wollte selbst herausfinden, wie und was er glauben sollte – und vor allem, wie er sein Ziel einer Nachahmung Christi erreichen konnte.

In dieser Hinsicht ist Franziskus äußerst modern. Anders als andere Menschen in seiner Zeit wollte er selbst die Kontrolle über sein spirituelles Leben übernehmen. Dass er sich ganz eindeutig an der Kirche ausrichtete, negiert keineswegs seinen Versuch, eine Spiritualität zu erschaffen, die auf den Grundsätzen des frühen Christentums und nicht auf denen der institutionellen Religion selbst beruhte. Niemand war sich der Risiken, die eine Intellektualisierung der Spiritualität mit sich brachte, bewusster als er. Seine eigene Spiritualität sollte einfacher, flexibler und weniger durch eine Doktrin bestimmt sein. Er war der Auffassung, dass man sich dem Seraphen nur mit einem reinen Herzen und nicht durch systematisches Wissen nähern konnte. Seine Form der Religion war eine Religion des Herzens.

Das bringt uns zu seiner Beziehung zu den Menschen. Es besteht kein Zweifel daran, dass er die Fähigkeit besaß, die Menschen zu unvergänglicher Treue und Liebe zu inspirieren. Kaum ein Anhänger denunzierte ihn als Scharlatan oder verließ ihn, solange er lebte. Seit er 1210 dem Orden beigetreten war, hatte Bruder Leo ihn kaum einmal aus den Augen gelassen. Klara vergaß nie den Eindruck, den er auf sie gemacht hatte, als sie eine junge Frau war, und auch Bruder Elias, der unübertreffliche Verwalter, Politiker und Kunstliebhaber, versäumte es nicht, seinem letzten Ruf zu folgen und ihn nach Cortona zu bringen. Der großartige Antonius von Padua zweifelte niemals daran, dass Franziskus Recht hatte, als er ihn vor der Gelehrsamkeit warnte. Könige und Päpste erkannten seine Begabungen an und verteidigten ihn gegen jene, die seine Botschaft verwässern wollten. Noch nicht einmal die Weisen Ägyptens zweifelten daran, dass sie es bei Franziskus mit einem außergewöhnlichen Mann zu tun hatten, der eine Liebe zur gesamten Menschheit ausstrahlte.

Seine Liebe war jedoch keine persönliche Liebe, wie wir sie vielleicht verstehen würden. In seinem Bestreben, die Seele der Menschen zu erreichen, hatte er sich von dem Gedanken an Geschlecht und Persönlichkeit gelöst. Er wusste, dass die Stille eine tiefere wechselseitige

Durchdringung des Seins erlaubte als bloße Zuneigung. Auch Klara hatte das verstanden. Sollte sie in ihrer Jugend tatsächlich den Wunsch verspürt haben, ihn zu besitzen, so war dieses Gefühl im Laufe der Zeit ganz eindeutig vergangen. Wie der Gott Hermes, dessen Symbol das Quecksilber ist, war Franziskus durch die üblichen Zwänge von Zuneigung oder Freundschaft nicht aufzuhalten. Er schlüpfte durch die Finger derer, die ihn besitzen wollten. Seine Fähigkeit zur bedingungslosen Liebe wurde vielleicht nur ein einziges Mal auf die Probe gestellt, und zwar in der Beziehung zu seinen Eltern. Ich habe allerdings den heimlichen Verdacht, dass dieses unbedarfte Paar immerzu in seinen Gedanken blieb, wie schwerwiegend ihre Meinungsverschiedenheiten auch gewesen sein mochten. Ich kann nicht glauben, dass der Vater die Ernsthaftigkeit der Berufung seines Sohnes nicht endlich erkannte, als er sah, welche Wirkung dieser auf die Mehrheit seiner Landsleute ausübte. Pietro di Bernadone mag ein weltlicher Mann gewesen sein, aber er war kein Narr. Ich habe den Verdacht, dass er seinen Sohn insgeheim dafür bewunderte, dass dieser es geschafft hatte, die Kluft zwischen seinen eigenen unorthodoxen Interessen und den Forderungen einer konventionelleren Spiritualität zu überbrücken.

Franziskus verlieh der spirituellen Situation seiner Zeit etwas sehr Erfrischendes. Obwohl er selbst ein ernsthafter Mann war und sich immer unnachgiebig einer eisernen asketischen Disziplin unterwarf, wissen wir aus den Aufzeichnungen über ihn aber auch, dass er unbekümmert war, dass er das Leben genoss, dass er sich von seinen körperlichen Leiden niemals niederdrücken ließ. In ihm herrschte die Seele des Dichters. Ich muss an seinen spielerischen Umgang mit Bruder Masseo denken, einem großen, gut aussehenden Bruder, der als Bettler immer mehr Erfolg hatte als die meisten anderen. Es lohnt sich, die Geschichte noch einmal zu erzählen, denn sie verdeutlicht die Art und Weise, in der Franziskus die Menschen in seiner Umgebung mit seinem unerwarteten und vollkommen unkonventionellen Verhalten inspirierte.

> *Als sie zu einer bestimmten Kirche kamen, sagte Franziskus zu seinem Gefährten: „Wir wollen hineingehen, die Messe hören und beten." Sie traten ein. Da aber der Priester abwesend war, verbarg Franziskus sich hinter dem Altar, um zu beten. Während er dort betete, wurde ihm eine göttliche Vision zuteil, die ihn mit einer so tiefen Sehnsucht und Liebe zur heiligen Armut entflammte, dass seinem Gesicht und seinem*

Mund Flammen der Liebe zu entspringen schienen. Von Liebe entflammt, ging er zu seinem Gefährten hinaus und sagte mit großem Nachdruck: „Aha! Aha! Aha! Bruder Masseo, schenke dich mir!“

Er sagte es drei Mal. Ob dieser Inbrunst erstaunt, warf Bruder Masseo sich in die Arme des heiligen Vaters, als dieser zu ihm sagte: „Schenke dich mir!“

Mit weit geöffnetem Mund und sehr laut wiederholte Franziskus: „Aha! Aha! Aha!“ Dann hob er Bruder Masseo durch die Kraft des Heiligen Geistes mit seinem Atem hoch und katapultierte ihn fort, ungefähr so weit wie einen langen Speerwurf.

Bruder Masseo war vollkommen erstaunt und berichtete später seinen Gefährten, er habe ein solch großes Maß an spirituellem Trost und an spiritueller Süße erfahren, als er von Franziskus' Atem emporgehoben und fortkatapultiert worden sei, dass er sich nicht erinnern könne, in seinem Leben jemals einen so großen Trost erfahren zu haben.

Dies ist eine bemerkenswerte Geschichte, und zwar aus mehreren Gründen. Zum einen weist sie uns erneut auf Franziskus' Gleichgültigkeit gegenüber der formalen Seite der Religion hin. Wenn es an diesem Tag keine Messe zu hören gab, dann stellte das für seinen Wunsch, fortwährend in der Gegenwart Gottes zu bleiben, absolut kein Hindernis dar. Er brachte es durchaus fertig, hinter den Altar zu gehen und dort zu beten, wenn ihm das ein gewisses Maß an Ungestörtheit bot. Darüber hinaus, und das ist bezeichnend für ihn, besaß er offensichtlich die unheimliche Fähigkeit, im Voraus zu ahnen, dass ihn eine ekstatische Erfahrung erwartete. Scheinbar willentlich versetzte er sich in einen Zustand der Glückseligkeit, wann immer er wollte, obwohl ich sicher bin, dass es nicht wirklich so war. Dennoch wusste Franziskus aber immer, wann der richtige Moment gekommen war, um seine übernatürlichen Kräfte auszuüben.

Auch hier begegnen wir der Macht des Atems. Mehrere Male „Aha! Aha! Aha!“ zu rufen ist kein gewöhnlicher Ausdruck des Überschwangs. Viele Sufi-Orden benutzen heute dieses rasche Ausstoßen des Atems, um während des *dhikr* ein Gefühl der Ekstase zu erzeugen. Genau das habe ich auch bei den Mevlana-Sufis in Istanbul erlebt. Auf dem Höhepunkt ihrer langsamen Kreisbewegung durch den Raum rufen alle Männer schnell und laut: „Aha! Aha! Aha!“ Das plötzliche Ausstoßen der Luft und das darauf folgende schnelle Einatmen hat auf die meisten Menschen einen seltsamen körperlichen Effekt. Sie fühlen sich merkwürdig leicht, so als wären sie ein wenig betrunken, aber ihr Geist bleibt dennoch klar. Die Behauptung, man sei „in Liebe entflammt“, ist keineswegs eine Übertreibung. Das Ritual des *dhikr* dient einzig und allein dazu, genau diese Erfahrung hervorzurufen.

Dass er Bruder Masseo mit diesen außergewöhnlichen Worten so weit wie einen langen Speerwurf durch die Luft katapultierte (man bemerke, dass sein Mund weit offen war, mit Sicherheit ein Hinweis auf den Stress, unter dem Franziskus in diesem Moment stand: Glückseligkeit kann eine durchaus überwältigende Erfahrung sein), deutet darauf hin, dass er *nicht zurückhalten konnte*, was in ihm war. Sein spiritueller Zustand zwang ihn, die dort gefangenen Energien freizulassen. Dass er Masseo mehrfach aufforderte, zu ihm zu kommen, ist ein Hinweis darauf, dass er möglicherweise auch nicht wusste, was er sagte – oder tat. Vielleicht war die Sprache das einzige Werkzeug, das er zur Verfügung hatte, um eine fundamentale Verschiebung im Bewusstsein in die Wege zu leiten – nicht nur bei ihm selbst, sondern auch bei Masseo. Die Unterstellung, dass die Macht seiner Stimme es nicht vermocht habe, Masseo über eine gewisse Entfernung durch die Luft zu katapultieren, dass solche Praktiken reine mediale Projektionen seien, würde heißen, sich über unzählige ähnliche und zudem belegte Ereignisse hinwegzusetzen, die von Yogis in Indien, von Fakiren und Stammespriestern vollbracht wurden. Wer hat nicht schon einmal mit eigenen Augen gesehen oder zumindest davon gehört, dass Menschen unter Hypnose und in Ekstase schwerste Gewichte heben, oder dass Fakire sich während langer Phasen des Eingeschlossenseins in eine Art von Scheintod versetzen können? Womöglich besaß Franziskus tatsächlich besondere mediale Kräfte, die durch spirituelle Ekstase ausgelöst wurden.

Das wiederum bringt uns zu dem, was in La Verna geschehen ist. Die Wundmale Christi werden uns als eines der eindrucksvollsten spirituellen Ereignisse der Geschichte in Erinnerung bleiben. Niemand außer den größten Skeptikern bezweifelt ernsthaft, dass sie wirklich vorhanden waren. Die zeitgenössischen Beweise sind zu eindeutig und von Historikern zu gut belegt, um nicht zu bestätigen, dass an jenem Septembermorgen 1224 etwas ganz und gar Andersweltliches geschah. Für Franziskus war es der Gipfelpunkt eines Lebens der asketischen Disziplin, das seine Seele befähigen sollte, mit den Engeln zu sprechen, wie er selbst bereitwillig zugegeben hatte. Er wusste, was er tat, auch wenn er die Folgen nicht vorhersehen konnte. Das Wunder seines Lebens besteht nicht darin, dass er Christi Wundmale empfing, sondern darin, dass sein glühender Wunsch, Christus nachzuahmen in allem, was dieser tat und erlitt, in ganzer Fülle verwirklicht wurde. Franziskus wurde der Wunsch seines Geistes gewährt – stigmatisiert zu werden, in seinem tiefsten Wesen verwundet zu werden, die Leiden eines sterbenden Gottes auf sich zu nehmen, um deren zeitlose Gültigkeit zu bezeugen. Kein anderer wusste so wie er, dass Christi Kreuzigung eine Opfergabe war, die sich an Gott selbst richtete. Denn der Gottesmensch musste zum Wohl Seiner eigenen Schöpfung leiden. Das erinnert mich an den Satz von Heraklit, dass „alles auf dem Wege des Streites entsteht." Christus und sein Schüler Franziskus kannten die Wahrheit, die in dieser Äußerung enthalten ist. Die „Grenzen der Seele" (Heraklit) konnten nur verwirklicht werden, wenn „auf dem Wege des Streits" eine Übereinkunft zwischen Gott und seiner Nachkommenschaft getroffen wurde.

Franziskus wurde zu einer Brücke zwischen dem alten Denken und seiner eigenen Zeit. Er ließ die Menschen erkennen, dass die Seele ein psychisches Territorium bewohnte und darum nicht aus der Welt vertrieben werden konnte. Seine Liebe zur Natur und sein Gewahrsein dafür, dass alle Dinge – auch Steine – lebendig waren, gingen auf den alten griechischen Glauben an *empsycha* zurück, der die Theorie vertrat, dass „alle Dinge von Göttern voll" waren (Thales). Die Annahme, dass Leben aus Nicht-Leben hervorgehen sollte, war irrational und unnatürlich. Franziskus glaubte das ebenso. Er wusste, dass die Grenzenlosigkeit der Seele unter gewöhnlichen Lebensbedingungen nicht begriffen oder erfahren werden konnte, dass ein Mensch sich auf Dinge einlassen musste, die psychische oder spirituelle Schwindelgefühle hervorriefen, um seine eigenen Wundmale Christi zu verwirklichen. Die Wahrheit ist, dass man, damit das geschehen kann, zulassen muss, in Übereinstimmung mit seiner eigenen Wesensnatur gekreuzigt zu werden. Die Wundmale Christi sind eine Manifestation der Qual und der Seligkeit des Lebens, die wir alle auf die eine oder andere Weise erfahren können.

Man sollte Franziskus' Stigmata nicht allein als das Spiegelbild eines religiösen Ereignisses betrachten, denn sie sind weit mehr als das. Sie sind die Neuschöpfung einer Vorstellung von Leiden – und von Konflikt –, die zutiefst in der menschlichen Erfahrung verwurzelt ist. Jeder

Gedanke daran, sie aus der Welt zu verbannen, ist vergebens, sosehr wir uns auch ein Ende des Konflikts und des Leidens wünschen mögen. Heraklit zufolge – der in solchen Dingen ein kluger Beobachter ist – hatte Homer Unrecht, als er schrieb: „Wollte der Streit zwischen Göttern und Menschen doch verschwinden!“ Der Philosoph glaubte vielmehr, dass es ohne Höhen und Tiefen und ohne die Belebung der Gegensätze keine „Anpassung“ (Harmonie) geben könne. Die Wundmale reflektieren eine flüchtige Auflösung dieser Gegensätze, dieser gegnerischen Kräfte des Konflikts, bevor auch sie in den Abgrund der göttlichen Gerechtigkeit zurückfallen, der kein anderer ist als der große Kessel der Existenz selbst.

Endlich verstand ich, warum Franziskus während meiner Reise durch ganz Italien zu einer so attraktiven Gestalt für mich geworden war. Er nahm mich mit zum Ursprung meiner selbst. In seiner Gesellschaft fühlte ich mich viel freier, als wenn ich mich nur mit dem Italien der Geschichte und der Kultur hätte befassen müssen. Auf seine eigene Weise war er keineswegs das, was man eine Kraft der Zivilisation nennen würde. Wenn ich in seinen Höhlen und Grotten saß, wenn ich die abgelegenen Einsiedeleien besuchte, die er gegründet hatte, und wenn ich durch die Wälder wanderte, die La Verna umgaben, dann hatte ich stets das Gefühl, dass ich in der Gegenwart eines weit ungezähmteren Mannes war, als die Italiener es für gewöhnlich sind. Er hatte eine Ader der *ecstasis* angezapft, die der eher urbane mittelalterliche Herr kaum verstand – davon, dass er sie erfuhr, ganz zu schweigen. War er primitiv? Vielleicht. Möglicherweise hatten die Kämpfe, die er als junger Mann ausgefochten hatte, sich vorwiegend darauf beschränkt, mit seiner Urbanität und mit den kulturellen Anhäufungen einer fast eintausendfünfhundert Jahre währenden klassisch-christlichen Zivilisation zurechtzukommen. Um sich selbst zu erneuern, war er gezwungen, vollkommen mit seiner Tradition zu brechen.

Meine Reisen hatten mich an einen Punkt gebracht, an dem ich das Gefühl hatte, diesen Mann nun endlich zu verstehen. Er war nicht mehr nur ein frommer Heiliger, der Gründer eines klösterlichen Ordens, ein Pfeiler der Kirche. Er war ein Mensch, mit dem ich mich in seinen Leiden identifizieren konnte. Seine Verwirrung und seine Unsicherheit, sein Schmerz und seine Qual, seine Beklommenheit und sein Konflikt – sie alle ergaben für mich einen Sinn, während ich darum kämpfte, die Kurve meines eigenen Lebens zu erkennen. Auf seine eigene Weise hatte Franziskus mich erkennen lassen, wie wichtig es war, in Gedanken einen „Franziskus der Phantasie“ bei mir zu tragen, jemanden, der die Grenzen transzendierte, die die Geschichte seinem Gedächtnis aufgezwungen hatte. Als ich in der von Lampen erhellten Krypta der unteren Kirche der Basilika San Francesco stand und auf den rauen Steinsarkophag blickte, der durch ein Eisengitter geschützt war, kam es mir so vor, als würde ich einen Menschen sehen, der anders war, als ich es vorher gedacht hatte. Er war menschlicher geworden. Seine Spiritualität war zugänglicher. Etwas an seiner Abwesenheit berührte mich zutiefst. Ich denke, dass er meinen Glauben an die Vorstellung erneuerte, dass das menschliche Abenteuer ein Akt der spirituellen Genesung ist, nicht eine Reise auf der Suche nach dem Vergänglichen. Mir fällt eine diesbezügliche Bemerkung von Heidegger ein, der sagte, dass unsere Rolle darin bestehe, ein „Hirte des Seins“ zu sein. Meiner Meinung nach wollte er damit sagen, dass wir die grundlegende Armut eines Hirten erlangen und so unter dem offenen, freien Raum eines Nachthimmels verweilen müssen in dem Wissen, dass die Anordnung von Sternen, die über uns ist, uns stets unbegreiflich und doch vertraut sein wird.

Franziskus gehört der ganzen Welt, nicht allein Assisi oder der Kirche. Ich verließ die Basilika San Francesco an diesem Morgen in dem Wissen, dass meine Reise reiche Früchte getragen hatte. Ich hatte etwas äußerst Kostbares in Besitz genommen. Ich war auf den Landstraßen Umbriens gewandert, hatte mir einen Weg in überwucherte Grotten gebahnt, hatte Trost in Höhlen gesucht, die so alt wie Ägypten waren, hatte abgetragene Reliquien in Glaskästen betrachtet, hatte in dämmrigen Kirchen gesessen, die nur wenige Kerzen erhellten, hatte ungezählte Fresken betrachtet, die heilige Ereignisse darstellten, hatte das Knie vor Ikonen gebeugt, hatte auf Felsabhängen gesessen und auf bewaldete Täler hinabgeschaut, hatte mit Mönchen, die die Einsamkeit als ihre Ernte betrachteten, an der Vesper teilgenommen, hatte Kinder beobachtet, die Hymnen sangen, hatte ältere Frauen beobachtet, die ihre Gebete murmelten, war ganz zufällig Zeuge von Hochzeiten, Begräbnissen und Taufen geworden, hatte mit alten Priestern gesprochen, hatte Nonnen beobachtet, die zwischen den Bäumen einer Allee verschwanden, hatte Vögel gehört, die ihr Kommen ankündigten, und hatte schließlich in abgeschiedenen, auf dem Gipfel von einsamen Hügeln gelegenen Kapellen der atemberaubenden Schönheit gregorianischer Gesänge gelauscht. In diese Welt lud Franziskus mich ein, als ich mich aufmachte, seinen

Fußspuren zu folgen. Er machte mich mit einer Welt vertraut, die sein Vorbild inspiriert hatte, und dafür dankte ich ihm. Worum konnte ich ihn nun noch bitten, außer dass er der Bodhisattva meiner Träume blieb, der Guru meiner wachen Augenblicke, der Heilige, der in meiner Einsamkeit zu Hause war? Ja, eine Bitte gab es noch, die ich an ihn hatte: Ich konnte ihn darum bitten, dass er die lebendige Ikone einer eindringlichen Menschlichkeit blieb, nach der wir alle streben, um sie uns zu Eigen zu machen.

Anmerkungen

1 Ein Chronist schrieb über die Treffen zwischen Franziskus und Malik al-Kamil zur Zeit der Belagerung von Damietta durch die Kreuzritter: „Der Sultan entließ Franziskus nicht nur in Frieden, voller Staunen und Bewunderung für die ungewöhnlichen Eigenschaften dieses Mannes, sondern *gewährte ihm seine volle Gunst*, stellte ihm einen Geleitbrief aus, mit dem er kommen und gehen konnte, erteilte ihm die *volle Erlaubnis, zu seinen Untertanen zu predigen*, und bat ihn inständig, oft zurückzukehren, um ihn zu besuchen." Das deutet sicherlich darauf hin, dass Franziskus für den Sultan mehr war als nur ein Reisender und dass er für die Orthodoxie des Islam offenkundig keine Bedrohung darstellte. In Wahrheit ist es ein Hinweis darauf, dass Franziskus vielen muslimischen Überzeugungen womöglich sogar positiv gegenüberstand.

2 In einer zeitgenössischen Schilderung, die als *Die fünf Betrachtungen über die heiligen Wundmale* bekannt ist, berichtet der anonyme Chronist: „Ganz La Verna schien in hellen Flammen zu stehen, die in der Nacht leuchteten und Berge und Täler in der Umgebung heller anstrahlten als die Sonne, wenn sie auf die Erde scheint. Die Schäfer, die ihre Herden in der Gegend hüteten, waren Zeuge. Wie sie den Brüdern kürzlich berichteten, wurden sie von einer tiefen Furcht ergriffen, als sie den Berg in Flammen und so viel Licht um ihn herum sahen. Sie erklärten, das feurige Licht sei eine Stunde oder länger über La Verna geblieben... Wegen der Helle des Lichts, das durch die Fenster der Herbergen in der Gegend schien, standen einige Maultiertreiber, die in die Romagna wollten, auf, weil sie dachten, die Sonne sei aufgegangen, und sie sattelten und beluden ihre Tiere. Und als sie schon unterwegs waren, sahen sie, wie das Licht erlosch und die wirkliche Sonne aufging."

3 Dass Franziskus seine Sinne verlor, wird durch zeitgenössische Chronisten bestätigt: „Bisweilen war er so sehr in seiner Verzückung über Gott versunken, dass er einen Tag und eine Nacht lang nicht sprechen konnte und mit seinen körperlichen Sinnen nichts hörte oder fühlte. Doch Bruder Leo hielt sich genau an die Weisung des Heiligen."

4 Anm. der Übersetzerin: Der Autor leitet dieses Ereignis aus der englischen Schreibweise von „crypt" und „cry" her. „Crypt" ist die *Krypta* oder Gruft (obwohl man davon ausgehen sollte, dass die Inschrift auf dem Sturz in italienischer Sprache war und es deshalb richtigerweise „cripta" heißen müsste), und „cry" bedeutet *weinen*.

5 Dieses Ereignis fand statt, bevor Franziskus das Habit eines Mönchs angezogen hatte. Er hatte gehofft, sich Walter de Brienne anschließen zu können, dem Anführer der päpstlichen Truppen von Innozenz III in Süditalien. Der Papst hatte die Expedition als „Kreuzzug" bezeichnet, weil er hoffte, auf diese Weise eine größere Zahl von Männern rekrutieren zu können. Franziskus war einer von ihnen.

6 Anm. der Übersetzerin: Ein Palimpsest ist ein altes Pergament, von dem der ursprüngliche Text (häufig aus Sparsamkeitsgründen) getilgt und das danach neu beschrieben wurde.

7 Diese Bemerkungen sind den ersten Ordensregeln entnommen, die Franziskus im Jahr 1221 für seinen Orden erdachte. Vieles davon wurde auch in die Ordensregeln übernommen, die 1223 durch den Papst gebilligt wurden.

8 Hier ist ein gutes Beispiel dafür: Als er gefragt wurde, warum Gott ihn vor einem anderen auserwählt habe, antwortete er: „Du willst wissen, warum ich? Warum? Weil Gott keinen größeren Sünder finden konnte als mich, oder einen, der einfältiger und törichter ist. Darum hat er mich auserwählt, weil er die törichten Dinge der Welt auserwählt hat, um das Weise zu beschämen, und die unedlen Dinge der Welt, um das Noble und Große und Star-

ke zunichte zu machen." Weit davon entfernt, einen ungebildeten oder törichten Menschen widerzuspiegeln, zeigen diese Äußerungen, dass Franziskus ein höchst tiefsinniger Denker war. Seine Bemerkungen sind eher die eines Dialektikers als die eines Einfaltspinsels.

9 Anm. der Übersetzerin: Chrisam (oder Chrisma) ist ein geweihtes Salböl, das in der katholischen und orthodoxen Kirche bei Taufe, Firmung, Bischofs- und Priesterweihe verwendet wird.

10 Die Schlacht fand im Jahr 1202 statt. Franziskus wurde gefangen genommen und blieb in Perugia, bis sein Vater für seine Freilassung bezahlte.

11 Thomas von Celano zufolge wurde Franziskus von seinem Vater von der Straße gezerrt und in Ketten gelegt, ehe er mehrere Tage lang an einem dunklen Ort eingesperrt wurde. Das geschah, weil er Pietro durch eine öffentliche Zurschaustellung seiner Verrücktheit und Maßlosigkeit in Verlegenheit gebracht hatte.

12 Vielleicht als Widerhall auf Franziskus' Ermahnung sagte Bruder Ägidius: „Wenn ein Mensch tausend Jahre leben würde und außerhalb seiner selbst nichts zu tun hätte, so hätte er doch in sich genug zu tun, in seinem eigenen Herzen, und er wäre nicht fähig, diese Arbeit zu einem vollkommenen Abschluss zu bringen – so viel hätte er nur in seinem Inneren zu tun, in seinem eigenen Herzen!"

13 Für alle, die den Wert der Keuschheit anzweifeln, hatte Bruder Ägidius die folgende Antwort: „Gerber kennen sich mit Häuten aus, Schuhmacher mit Schuhen, Schmiede mit Eisen, und so ist es auch mit den anderen Handwerken. Wie aber kann ein Mensch ein Handwerk kennen, das er niemals ausgeübt hat? Glaubt ihr, große Herren machen große Geschenke an Männer, die dumm und geisteskrank sind? Das tun sie nicht."

14 Es ist interessant, dass Franziskus die Nacktheit oftmals als Mittel einsetzte, um seine eigenen Anhänger wachzurütteln, damit sie ihr Potential verwirklichten. In der Schrift *Die Blümlein des heiligen Franz* wird geschildert, wie er Bruder Rufino, einen seiner engsten Freunde, bat, seine Kleider abzulegen und in einer Kirche in Assisi zu predigen, damit er seine Scheu überwand, in der Öffentlichkeit zu sprechen. Rufino tat, was ihm befohlen war, und provozierte Franziskus durch seinen Gehorsam, ihm zu folgen. „Wie konntest du niederträchtiger kleiner Wicht", sagte Franziskus zu sich selbst, „Bruder Rufino nur befehlen, wie ein Verrückter nackt vor die Menschen hinzutreten und zu predigen? Bei Gott, ich werde dafür sorgen, dass du tust, was du anderen zu tun befiehlst!" Daraufhin zog Franziskus sein Habit aus und ging nackt nach Assisi, begleitet von Bruder Leo, der diskret Franziskus' und Bruder Rufinos Habit bei sich trug. Ein anderes Mal ließ er einen Bruder mehrere Kilometer weit nackt im tiefen Schnee laufen, weil dieser ihm nicht gehorcht hatte.

15 In der Kapelle des heiligen Gregor im Kloster von Subiaco gibt es ein Fresko, auf dem Franziskus ohne Heiligenschein und ohne die Wundmale auf seinen Händen dargestellt ist. Wahrscheinlich entstand das Gemälde vor seinem Tod und noch bevor er die Wundmale empfangen hatte. Wir sehen ein Porträt, das den oben beschriebenen Bildern ähnlich ist.

16 An dieser Stelle werde ich daran erinnert, was der persische Erleuchtungsphilosoph Suhrawardi (1153–1191), ein naher Zeitgenosse von Franziskus (1182–1226), dazu sagte: „Übersinnliche Realitäten, denen Propheten, Eingeweihte und andere begegnen, erscheinen diesen bisweilen in Form von Schriftzeilen, bisweilen durch das Hören einer Stimme, die sanft und süß, aber auch beängstigend sein kann. Bisweilen sehen sie menschliche Formen von größter Schönheit, die in den schönsten Worten zu ihnen sprechen [der Seraph in La Verna] und in vertrauter Weise von der unsichtbaren Welt zu ihnen reden; zu anderen Zeiten erscheinen diese Formen ihnen wie jene zerbrechlichen Gestalten, die aus den edelsten Werken der Maler hervorgehen."

17 Bernhard von Quintavalle, ein guter Freund von Franziskus, hatte sich einmal nach Carceri in Klausur begeben. Da er nicht auf Franziskus' Rufe vom Weg unterhalb des Klosters reagiert hatte, wurde dieser ungeduldig. Als die beiden sich später endlich begegneten, war Franziskus von Reue erfüllt, als er von Bernhard erfuhr, dass dieser seine Rufe nicht gehört hatte, weil er tief im Gebet und in der Meditation versunken war. „Ich befehle dir", sagte er zu Bernhard, „meine Anmaßung und die Unverschämtheit meines Herzens zu bestrafen. Sobald ich mich auf den Rücken gelegt habe, wirst du einen Fuß auf meine Kehle und den anderen auf meinen Mund stellen, und dann wirst du drei Mal auf mir herumlaufen…"

18 Franziskus verurteilte seine Anhänger stets, wenn sie Geld anfassten. Einmal sagte er sogar, man müsse Geld wie Dung betrachten. Thomas von Celano berichtet: „Es geschah eines Tages, dass eine gewisse weltliche Person die Kirche betrat, um zu beten. Als Opfergabe ließ sie ein wenig Geld zurück. Als sie gegangen war, nahm ein Bruder das Geld einfach mit der Hand auf und warf es in eine Fensternische. Franziskus hörte, was der Bruder getan hatte, und der Bruder, der merkte, dass er entdeckt worden war, bat eilends um Vergebung. Franziskus rügte den Bruder und befahl ihm, das Geld mit dem Mund von der Fensternische aufzunehmen und es draußen auf dem Misthaufen wieder abzulegen."

19 Anm. der Übersetzerin: In den englischen Bibelübersetzungen (King James und Revised Standard) heißt es: „Blessed are the poor in spirit, for theirs is the kingdom of heaven." Wörtlich übersetzt: „Selig sind die Armen im Geiste, denn ihrer ist das Himmelreich." Die oben zitierte deutsche Fassung stammt aus einer älteren deutschen Bibelübersetzung (1942). In der neueren Einheitsübersetzung heißt es dagegen: „Selig, die arm sind vor Gott; denn ihnen gehört das Himmelreich" (Mt 5,3).

20 Dieses Phänomen findet sich auch bei einem anderen Gemälde von Simone Martini, das in der Basilika Santa Chiara neben dem von Franziskus hängt. Hier sieht man, wie Klara aus dem Rahmen des Bildes hinausschaut. Ironischerweise scheint es, als sei sie eine Frau, die das kennt, was die Troubadoure *fin' amour* nannten, also die Liebe aus der Ferne.

21 Obwohl zwischen der Äußerung von Ibn Hazm, die er in einem Werk mit dem Titel *Das Halsband der Taube* (1022) machte, und Dantes Äußerung in *Das neue Leben* nahezu dreihundert Jahre liegen, wird das bestätigt, was manche Gelehrte heute glauben: dass Dante sehr stark von islamischen Vorstellungen geprägt war, die aus Spanien stammten. Dazu gehörte in ganz wesentlichem Maße auch das Werk von Ibn Arabi (1165–1240), selbst ein Zeitgenosse von Franziskus. Es ließe sich durchaus argumentieren, dass Dantes mystische Rose auf der Rose basiert, die Ibn Arabi in einem seiner Bücher beschreibt.

22 Bis zum Schluss bestand Franziskus immer darauf, seine Gemeinschaft als Bruderschaft und nicht als Orden zu bezeichnen. Er hatte das Gefühl, dass der Ausdruck „Orden" starr machte, was eine natürliche Berufung war. Nachdem er das Amt des Generalvikars aufgegeben hatte und gegen Ende seines Lebens noch eine weitere Regel schrieb, stimmte er der Namensänderung schließlich zu. Zu dieser Zeit hatte er sich bereits aus der Welt zurückgezogen und glaubte, seine öffentlichen Pflichten seien erfüllt. Er hatte sogar das Recht aufgegeben, persönliche Freunde zu haben, so groß war der Abstand, den er zwischen sich selbst und der Welt geschaffen hatte.

23 Dante spielt in seiner *Göttlichen Komödie* auf die Liebe zwischen Paolo und Francesca an. Er versetzt die beiden Liebenden in die Hölle, weil sie dem Ehegelöbnis zuwidergehandelt haben. Die Geschichte ist bittersüß: Paolo war der Bruder von Francescas Ehemann, Gianciotto da Verrucchio, dem entstellten Sohn des Herrn von Rimini. Die beiden lasen eine Geschichte aus der Artus-Legende und stießen dabei auf eine Schilderung, wie Lanzelot Artus' Königin Guinevere küsste. Ihre Augen begegneten sich. Die Wangen

Francescas färbten sich rot. Dann sprachen sie von Lippen, die lange betrogen worden waren. Paolo küsste daraufhin Francesca, und Dante zufolge „lasen sie an jenem Tage nicht mehr.“ Die beiden Liebenden wurden von Gianciotto erwischt, der sie in einem Anfall von Raserei erstach.

24 Thomas von Celano schildert noch ein anderes bewegendes Ereignis: „In einem Winter geschah es, dass Franziskus ein Tuch trug, das nach der Art eines Mantels gefaltet war… Eine alte Frau kam zu ihm und bat um Almosen. Sofort löste er das Tuch um seinen Hals, gab es der armen Frau und sagte: ‚Geh und mache dir ein Kleid daraus, denn du brauchst sehr dringend eines…‘ Schnell lief sie fort und schnitt das Tuch mit ihrer Schere. Als sie feststellte, dass das geschnittene Tuch für ein Kleid nicht reichen würde, kehrte sie zu dem Heiligen zurück und teilte ihm mit, dass es nicht ausreichte. Franziskus wandte sich an einen Gefährten, der ein ähnliches Tuch auf dem Rücken trug, und sagte: ‚Bruder, hast du gehört, was diese arme Frau gesagt hat? Um der Liebe Gottes willen wollen wir uns mit der Kälte abfinden und das Tuch der alten Frau geben, damit sie ihr Kleid fertig stellen kann.‘ Sein Gefährte tat, wie er gesagt hatte, und beide gingen nackt, damit die Frau bekleidet war.“

25 Dieser appetitanregende Happen bestand anscheinend aus Mandel- und Honigkuchen.

26 Man muss nur einmal das von Masaccio geschaffene Gemälde von der Versuchung Adams durch Eva betrachten, das in der Brancacci-Kapelle in Florenz hängt. Hier erblicken wir eine sinnliche Eva, die in Adams Gegenwart den Baum der Erkenntnis umfasst. Sie ist ganz eindeutig die Verführerin. Obwohl dieses Bild im fünfzehnten Jahrhundert gemalt wurde, bringt es ganz unmissverständlich Vorstellungen von und Einstellungen gegenüber den Frauen zum Ausdruck, die bis in Franziskus’ Zeit zurückreichen. Es scheint, dass der Mann das schwächere Geschlecht ist, wenn es darum geht, den Verlockungen des Fleisches zu widerstehen.

27 Aus dem Diwan „The Interpreter of Ardent Desires“ aus *A Collection of Mystical Odes by Ibn Arabi*, ins Englische übersetzt von R. A. Nicholson.

28 Es gibt einen Brief, den Franziskus selbst an Antonius geschrieben hat. Er lautet: „An Bruder Antonius, meinen ‚Bischof‘, sende ich, Bruder Franziskus, Grüße. Es gefällt mir, dass du den Brüdern die heilige Theologie vorträgst [das heißt, lehrst], wenn du durch dieses Studium nur nicht den Geist des Gebetes und der Hingabe auslöschst, wie er in der Regel steht.“ Wir hören, dass hier eine einfache, klare Stimme am Werk ist, nicht die Stimme eines Intellektuellen.

29 Diese Zeichen malte er auf einen Brief an Bruder Leo, der zu seinen engsten Freunden zählte. Auf dem unteren Teil des Pergaments merkt Bruder Leo an: „Gleicherweise machte er mit seiner eigenen Hand dieses Zeichen, das Thau, und den Schädel.“ Der Brief wurde geschrieben, nachdem Franziskus in La Verna der Seraph erschienen war und er die Stigmata empfangen hatte. Es ist ein einfacher Segen, der von einem immensen Gefühl der Abwesenheit erfüllt ist, so als habe Franziskus gewusst, dass er nicht mehr lange auf dieser Welt sein würde: *Möge der Herr dich segnen und dich bewahren. Möge er dir sein Angesicht zeigen und dir gnädig sein. Möge er dir sein Antlitz zuwenden und dir Frieden geben. Der Herr segne dich, Bruder Leo.*

30 Thomas von Celano berichtet, dass Franziskus eines Nachts von einem Teufel in seinem Federkissen angegriffen wurde. „Es war in der Einsiedelei von Greccio, wo er mehr als üblich unter der Schwäche seiner Augen litt, dass er gegen seinen Willen gezwungen war, ein Kissen zu benutzen. In der ersten Nacht rief der Heilige zu einer frühen Stunde seinen Gefährten und sagte zu ihm: ‚Heute Nacht konnte ich nicht schlafen. Mein Kopf schmerzt, meine Knie werden schwach, und mein ganzer Körper zittert, als ob ich Brot gegessen hätte, das aus Taumelgras gemacht ist. Ich glaube‘, so fügte er hinzu, ‚dass der Teufel in diesem Kissen unter meinem Kopf weilt.‘“

31 Saladin erbeutete das wahre Kreuz in der Schlacht bei den Hörnern von Hattin im Jahr 1187 und ließ es unter der Schwelle der Großen Moschee in Damaskus begraben, so dass jeder fromme Muslim auf dem Weg zum Gebet darauf treten musste. Im Laufe der Geschichte kämpften sowohl Chosrau von Persien als auch Heraklius und Richard Löwenherz um seinen Besitz.

32 Für die Menschen des Mittelalters war der Kosmos das Wort Gottes – die allumfassende Ordnung, das Gegenteil des urzeitlichen Chaos. Die Natur war die Mittlerin Seines Wirkens.

33 Anm. der Übersetzerin: Der Autor benutzt hier das englische Wort „animated", das sowohl im obigen Sinne (beseelte Natur) als auch mit *lebhaft* oder *angeregt* (z. B. Diskussion) übersetzt werden kann.

34 Franziskus versuchte im Jahr 1213, über Spanien nach Marokko zu gelangen. Angeblich wollte er den Sultan von Marokko, Miramolin, bekehren. Man sagt, er habe den Märtyrertod im Sinn gehabt. Es gibt Hinweise darauf, dass er auf dieser Reise möglicherweise Santiago de Compostela erreicht hat.

35 Das lässt mich daran denken, dass Friedrich II. nicht lange nach Franziskus' Tod einen Fragebogen an muslimische Philosophen im gesamten Nahen Osten schickte und Fragen zu Themen wie die Ewigkeit der Materie, die Unsterblichkeit der Seele oder die Zahl und Natur von Kategorien stellte – sicher ein Beweis dafür, dass zwischen Europa und dem Osten ein aktiver und respektvoller Austausch stattfand. Schon im Jahr 1140 gab es am Hof des sizilianischen Königs Roger in Palermo arabische Philosophen. Der italienische Mathematiker Leonardo von Pisa erhielt seine Ausbildung in Nordafrika, das damals zum islamischen Reich gehörte.

36 Angelo Clareno zufolge besuchte Franziskus die Heiligen Stätten mit einem Geleitbrief, den der Sultan von Damaskus, ein Bruder von Malik al-Kamil, ihm ausgestellt hatte. Man kann nur vermuten, dass die Erfahrung, auf den Spuren Christi – seines Helden – zu wandeln, Franziskus tief berührt hat. Er sprach niemals darüber.

37 Diese Praxis könnte der Ursprung der von Zeugen bestätigten Angewohnheit der Tempelritter sein, als Teil ihres Rituals „auf das Kreuz zu treten." Bei ihrem späteren Prozess galt dies als Beweis dafür, dass die Templer das Kreuz lästerten.

38 Zu den Beratern von Sultan al-Kamil gehörten auch eine Reihe von Kopten. Man geht deshalb davon aus, dass er durch das Gespräch mit ihnen mit den Lehrsätzen des christlichen Glaubens vertraut war.

39 Mevlana Jalalludin Rumi, der Meister der persischen Dichter, wurde 1207 in Balkh (Provinz Khorasan) geboren. Einen Großteil seines Lebens verbrachte er in Konya in der Zentraltürkei. Dort schrieb er das Mesnevi, sein wohl berühmtestes Werk. Zu seinen vielen Grundsätzen gehörte auch der Wunsch, dass alle Religionen eins sein sollten. Er ist der Begründer des Mevlana-Ordens der Derwische, heute als die „wirbelnden Derwische" bekannt.

40 Auch wenn Thomas von Celano sie nicht namentlich erwähnte, um „ihre Bescheidenheit zu schonen", handelte es sich bei diesen Brüdern, wie man später herausfand, um Angelo Tancredi, Bruder Rufino, Bruder Leo und Bruder Johannes von Lodi.

41 Das Vorgehen der Reformisten muss erklärt werden. Einer von ihnen, Bruder Pietro Staccia, richtete an der Universität von Bologna ein Studienhaus ein, das für seine Kommentare zum römischen Zivilrecht berühmt war. Franziskus kam eines Tages dort an, verstieß Staccia, verfluchte ihn und jagte die Brüder, die dort wohnten, fort. Staccia bat Franziskus, seinen Fluch zurückzunehmen, aber dieser weigerte sich mit der Behauptung, Christus selbst habe dessen Gerechtigkeit bestätigt. Man sagt, Pietro Staccia habe kurze Zeit später „sein Leben dem Teufel hingegeben, eingehüllt von einem entsetzlichen Gestank."

42 Dieser bemerkenswerte Auszug findet sich in einer von Meister Eckharts Predigten (*Deutsche Predigten und Traktate*, herausgegeben von Josef Quint. Darmstadt: Wissenschaftliche Buchgesellschaft, 2003).

43 Das Gedicht wurde im Garten neben dem Kloster von San Damiano geschrieben, während er sich dort in der Obhut Klaras und ihrer Nonnen befand.

44 Anm. der Übersetzerin: In der italienischen Sprache ist die Sonne männlich (*il sole*), und der Mond ist weiblich (*la luna*). Franziskus richtete seinen Sonnengesang deshalb ursprünglich an „Bruder Sonne" und „Schwester Mond". Da die Sonne in der deutschen Sprache aber weiblich und der Mond männlich ist, wurde die Übersetzung des *Sonnengesangs* diesem Sprachgebrauch wohl angepasst. Das gilt auch für die Personifizierung des Todes. Im Deutschen ist er männlich, deshalb also „Bruder Tod", während Franziskus von „Schwester Tod" sprach (*la morte*). Ich habe das Gedicht in der üblichen Übersetzung belassen, Franziskus' ursprünglichen Sprachgebrauch ansonsten aber beibehalten.

45 „Es war vor dem Paschafest. Jesus wusste, dass seine Stunde gekommen war, um aus dieser Welt zum Vater hinüberzugehen. Da er die Seinen, die in der Welt waren, liebte, erwies er ihnen seine Liebe bis zur Vollendung" (Joh 13,1).

46 Giacoma di Settesoli, eine Adelige, war die Witwe des bekannten römischen Rechtsgelehrten Graziano Frangipani. Sie hatte sich irgendwie „das Vorrecht von Franziskus' besonderer Liebe" verdient. Von ihrer Beziehung ist nur wenig bekannt, aber sie war ganz eindeutig anderer Natur als seine Beziehung zu Klara. Dem Vernehmen nach gehörte Signora di Settesoli einem Laienorden an, den Franziskus für Menschen gegründet hatte, deren Leben sie daran hinderte, in einen klösterlichen Orden einzutreten. Sie praktizierten eine vereinfachte Form der Regel „in der Welt". Ihre sterblichen Überreste ruhen heute in der Krypta der unteren Basilika San Francesco, nicht weit von Franziskus' Gebeinen entfernt.

47 Diesbezüglich zitierte Franziskus gern den 1. Korintherbrief (2,14): „Der irdisch gesinnte Mensch aber lässt sich nicht auf das ein, was vom Geist Gottes kommt." Er glaubte zudem, dass Verehrung uns auf eine Weise bewegt, wie es der gewöhnliche Wille oder das gewöhnliche Bewusstsein nicht vermögen.

48 Anm. der Übersetzerin: Als „Guardian" (wörtlich: der „Wächter") bezeichnet man den Vorsteher eines Konvents der Franziskaner oder Kapuziner.

49 Anm. der Übersetzerin: Der Verfasser greift hier auf die Ähnlichkeit der englischen Ausdrücke *poverty* (Armut) und *poetry* (Poesie, Dichtkunst) zurück. In der italienischen Sprache ist die Ähnlichkeit nicht ganz so groß, aber trotzdem noch erkennbar: *povertà* (Armut) und *poesia* (Poesie, Dichtkunst).

50 Ein anonymer zeitgenössischer Text mit dem Titel *Die Blümlein des heiligen Franz* legt seine Ansicht von Armut mit großer Klarheit und Präzision dar: „Der Schatz der seligen Armut ist so überaus kostbar und göttlich, dass wir nicht würdig sind, sie in unseren abscheulichen Körpern zu besitzen. Denn die Armut ist die himmlische Tugend, die alle irdischen und vergänglichen Dinge unter ihren Füßen zertritt und der Seele jedes Hindernis aus dem Weg räumt, damit diese frei in die Einheit mit Gott, dem ewigen Herrn, eintreten kann. Sie ist auch die Tugend, mit deren Hilfe die Seele mit den Engeln im Himmel sprechen kann, während sie noch hier auf der Erde weilt."

51 Der Vater von Simon de Montfort, gleichfalls ein loyaler Katholik, zerstörte im Jahr 1210 die Festung von Minerve im Südwesten Frankreichs. Dies war nur eine Schlacht im sogenannten Kreuzzug gegen die Albigenser. Franziskus muss sich der Gefahren bewusst gewesen sein, die ein Alleingang auf seiner spirituellen Mission mit sich gebracht hätte. Die Katharer hatten einen hohen Preis für diese Erkenntnis bezahlt. Franziskus muss diesen Preis gekannt haben.

Bibliographie

Abulafia, David: *Friedrich II. von Hohenstaufen: Herrscher zwischen den Kulturen.* München: Goldmann, 1994. Originaltitel: *Frederick II: A Medieval Emperor.*

Affifi, A. E.: *The Mystical Philosophy of Muhyid Din-Ibnul Arabi.* Lahore: Muhammad Ashraf, 1964.

Asín Palacios, Miguel: *La Escatología musulmana en la Divina Comedia: seguida de la historia y crítica de una polémica.* Madrid: Editorial Maestre, 1961.

Athanasius, Sanctus: *Vita Antonii.* Köln: Verlag Styria, 1987. Originaltitel: Vita sancti Antonii.

Bargellini, Piero: *Leuchtendes Leben, Klara von Assisi.* Werl: Dietrich-Coelde-Verlag, 1954. Originaltitel: *I Fioretti di Santa Chiara.*

Bonaventura, Sanctus: *Das Leben des heiligen Franz von Assisi.* Freiburg im Breisgau: Herder, 1988. Originaltitel: *Legenda maior Sancti Francisci.*

Brady, Ignatius: *The Writings of St. Francis.* Edizioni Porziuncola, 1995.

Burckhardt, Jacob: *Die Kultur der Renaissance in Italien.* Essen: Phaidon-Verlag, 1996.

Butler, Salvator (Hrsg.): *We Were With St. Francis.* Übersetzt vom lateinischen Text aus: *I fiori dei tre compagni.* Chicago: Franciscan Herald Press, 1976.

Campbell Ross, Ian: *Umbria: A Tour Through its History.* Penguin, 1996.

Chesterton, Gilbert K.: *Franziskus, der Heilige von Assisi.* Frankfurt am Main: Fischer Taschenbuch-Verlag, 1986. Originaltitel: *St. Francis of Assisi.*

Corbin, Henry: Creative Imagination in the Sufism of Ibn Arabi. Princeton University Press, 1969.

Coulton, G. G.: *Medieval Panorama.* New York: Norton, 1974.

Dante Alighieri: *Die Göttliche Komödie.* Frankfurt am Main: Insel-Verlag, 1997. Originaltitel: *La divina commedia.*

Degl'Innocenti Gambuti, Marcella: *I codici miniati medievali della Biblioteca Comunale e dell'Accademia Etrusca di Cortona.* Florenz: S.P.E.S., 1977.

Dronke, Peter: *Die Lyrik des Mittelalters.* München: DTV, 1977. Originaltitel: *The Medieval Lyric.*

Eco, Umberto: *Kunst und Schönheit im Mittelalter.* Darmstadt: Wissenschaftliche Buchgesellschaft, 2002. Originaltitel: *Arte e bellezza nell'estetica medievale.*

Evans, Joan (Hrsg.): *Blüte des Mittelalters: die Welt der Ritter und der Mönche.* Eltville am Rhein: Rheingauer Verlagsgesellschaft, 1986. Originaltitel: *The Flowering of the Middle Ages.*

Freccero, John: *Dante: A Collection of Critical Essays.* Englewood Cliffs, NJ: Prentice Hall, 1965.

Giotto. Great Painters Series. New York: William Farquar Payson, 1931.

Green, Julien: *Bruder Franz.* Freiburg im Breisgau: Herder, 1995. Originaltitel: *Frère François.*

Haskins, Charles H.: *Studies in the History of Medieval Science.* Cambridge: Harvard University Press, 1927.

Heidegger, Martin: *Was heißt denken?* Tübingen: Niemeyer, 1997.

Hibbert, Christopher: *The Rise and Fall of the House of Medici.* London: Allen Lane, 1974.

Ibn Arabi: *Urwolke und Welt: mystische Texte des größten Meisters.* München: Beck, 2002.

Jacopone da Todi: *Lauden.* Köln: Hegner, 1967. Originaltitel: *Laude.*

Kierkegaard, Sören: *Philosophische Brosamen und unwissenschaftliche Nachschrift.* München: DTV, 1976.

Lainati, Chiara Augusta: *Die heilige Klara von Assisi.* Werl: Dietrich-Coelde-Verlag, 1987. Originaltitel: *Santa Chiara d'Assisi.*

Le Roy Ladurie, Emmanuel: *Montaillou: ein Dorf vor dem Inquisitor 1294–1324.* Berlin: Ullstein, 2000. Originaltitel: *Montaillou, village occitan de 1294 à 1324.*

Brandstätter, Roman: *Blumen aus dem Garten des heiligen Franz.* Leipzig: St.-Benno-Verlag, 1983. Originaltitel: *Inne kwiatki swietego Franciszka z Assyzu.*

Moorman J. R. H.: *The Sources for the Life of St. Francis of Assisi.* Manchester: Manchester University Press, 1940.

Panofsky, Erwin: *Studien zur Ikonologie der Renaissance: humanistische Themen in der Kunst der Renaissance.* Köln: DuMont, 1997. Originaltitel: *Studies in iconology: Humanistic Themes in the Art of the Renaissance.*

Picard, Marc: *L'Icone du Christ de Saint Damien.* Casa Editrice Francescana, 1989.

Pirenne, Henri: *Medieval Cities: Their Origins and the Revival of Trade.* New York: Doubleday, 1956.

Power, Eileen: *Medieval People,* London: Methuen, 1963.

Robinson, James M. (Hrsg.): *The Nag Hammadi Library.* San Francisco: Harper & Row, 1990.

Rumi, Jalalludin: *A Selection of Odes from the Divan of Shems of Tabriz.* Übersetzt von James Cowan. Element Books, 1995.

Runciman, Steven: *Geschichte der Kreuzzüge.* München: DTV, 1995. Originaltitel: *A History of the Crusades.*

– The Medieval Manichee: *A Study of the Christian Dualist Heresy.* Cambridge University Press, 1982.

– The Eastern Schism: *A Study of the Papacy and the Eastern Churches.* New York: AMS Press, 1983.

Sarton, George: *Das Studium der Geschichte der Naturwissenschaften.* Frankfurt am Main: Klostermann, 1965. Originaltitel: *A Guide to the History of Science.*

Southern, Richard W.: *Medieval Humanism.* New York: Harper & Row, 1970.

– *Geistes- und Sozialgeschichte des Mittelalters.* Stuttgart: Kohlhammer, 1980. Originaltitel: *The Making of the Middle Ages.*

Shah, Idries: *Die Sufis: Botschaft der Derwische, Weisheit der Magier.* München: Diederichs, 1994. Originaltitel: *The Sufis.*

Suhrawardi, Shihabuddin: *Die Philosophie der Erleuchtung nach Suhrawardi.* Halle an der Saale, 1912. Hildesheim, New York: Olms, 1981.

Der Schrein von La Verna. Arti Grafiche B. N. Marconi, Genua.

Thomas von Aquin: *Die Philosophie des Thomas von Aquin.* Hamburg: Meiner, 1977.

Thomas von Celano: *Leben und Wunder des heiligen Franziskus von Assisi.* Werl: Dietrich-Coelde-Verlag, 1988. Originaltitel: *Sancti Francisci Assisiensis vita et miracula.*

– *Leben und Schriften der heiligen Klara.* Werl: Dietrich-Coelde-Verlag, 1980. Originaltitel: Legenda sanctae Clarae.

Tufail, Muhammad: *Hajj Ibn Jaqzan, der Naturmensch.* Weimar: Kiepenheuer, 1983. Originaltitel: *Risalat Haiy Ibn-Yaqzan.*

Waddell, Helen: *The Wandering Scholars.* New York: Barnes & Noble, 1968.

Wilkinson, John (Hrsg.): *Jerusalem Pilgrimage 1099–1185.* Hakluyt Society, 1988.

Watt W. M.: *Der Einfluss des Islam auf das europäische Mittelalter.* Berlin: Wagenbach, 2001. Originaltitel: *The Influence of Islam on Medieval Europe.*

Weitere Bücher aus dem Verlag Via Nova:

Wohin unsere Sehnsucht führt

Mystik im 21. Jahrhundert
Ansprachen, Predigten, Inspirationen

2. Auflage

Willigis Jäger

Paperback, 328 Seiten – ISBN 3-936486-21-2

Der bekannte Benediktinerpater und Zenmeister Willigis Jäger legt eine Sammlung von Texten vor, die um einen einzigen Themenkomplex kreisen: das Göttliche und den Menschen in seinem Verhältnis zum Göttlichen. Um diese mystische Erfahrung dem Leser nahe zu bringen, macht der Verfasser immer wieder deutlich, dass Jesus die Menschen in diese Fülle des Lebens führen wollte. Er interpretiert die biblischen Aussagen unter diesem Gesichtspunkt völlig neu und vermittelt damit den suchenden Menschen unserer Zeit, die sich von den traditionellen Glaubenslehren nicht mehr genügend angesprochen fühlen, tiefere Einsichten und neue Perspektiven von Gott, Religion und Welt. Gleichzeitig werden aus der mystischen Tiefe kommende Anweisungen und Lebenshilfen für die Bewältigung des Alltags gegeben. Willigis Jäger formuliert das, was er seinen Kursteilnehmern und den Lesern als Wegbegleitung auf dem Weg nach innen zu sagen hat, in einfachen Worten, kurzen, klar verständlichen Sätzen ohne jeden rhetorischen Schmuck.

Geh den Weg der Mystiker

Meister Eckharts Lehren für die spirituelle Praxis im Alltag

Peter Reiter

Hardcover, 304 Seiten – ISBN 3-936486-37-9

Noch nie war Mystik so spannend, so aufregend! Zeitgemäß, lebendig und alltagsorientiert vermittelt der Meister-Eckhart-Experte Peter Reiter die Lehre des größten deutschen Mystikers – exemplarisch für alle mystischen Traditionen. Die Kraft und Inspirationen der Lehre Meister Eckharts werden hier so vermittelt, dass sie direkt ins Herz des Lesers fließen. Schritt für Schritt begleitet Peter Reiter den Suchenden an den Ort, wohin der alte Meister schon seine Zuhörer führte: zur unmittelbaren Erfahrung des All-Eins-Seins inmitten der Welt, ins Hier und Jetzt! In allen Lebensbereichen kann das Göttliche geahnt, gefühlt und erfahren werden. Der Weg zum Ziel führt mit entsprechenden Übungen über verschiedene Etappen: Mitgefühl mit allem Sein, leben in Gelassenheit, Widerstand aufgeben, die Welt annehmen, Verantwortung übernehmen, Altes bereinigen, Bewerten und Verurteilen sein lassen, mit Trauer und Leid umgehen und die Liebe leben. Die Übungen im Geiste Eckharts stammen aus verschiedenen mystischen Schulen und geistigen Traditionen.

Der Weg zum Christus-Bewusstsein

Eine Landkarte für spirituelles Wachstum in die Tiefe der Seele

Jim Marion

Hardcover, 264 Seiten – ISBN 3-936486-27-1

Gestützt auf das Werk des bekannten Bewusstseinsforschers Ken Wilber und auf das Modell der stufenweisen Be-wusstseinsentwicklung, zeichnet der Verfasser unter Berücksichtigung der neuesten Erkenntnisse auf dem Gebiet der Psychologie, aber auch des Neuen Testaments und so bedeutender christlicher Mystiker wie Teresa von Avila und Johannes vom Kreuz eine Karte, die uns Schritt für Schritt zu dem Bewusstsein hinführt, das Jesus als das Reich Gottes bezeichnete – zur höchsten Stufe der spirituellen Entwicklung des Menschen. Das Buch will zeigen, dass Jesu Lehren und auch sein Tod und seine Auferstehung uns den Weg zu diesem inneren Reich weisen sollten. Ken Wilber schreibt in seinem Vorwort: „Das Buch ist eine wahrhaft inspirierende Offenbarung und ein behutsamer Führer in die tiefsten Bereiche unserer eigenen Seele."

Die Geburt des wahren Selbst im Menschen

Die Botschaft Jesu für unsere Zeit im Lukasevangelium

Konrad Dietzfelbinger

Hardcover, 520 Seiten – ISBN 3-936486-28-X

Schon wenige Jahrzehnte nach Jesus ist vergessen worden, dass das Christentum ein spiritueller Weg ist, auf dem das Ebenbild Gottes, das der Mensch seinem tiefsten Wesen nach ist und das unter dem falschen, ichbezogenen We-sen des Menschen zu ersticken droht, wieder zum Leben erweckt wird. Jesus selbst hat diesen Weg vorgelebt. Verankert in den göttlichen Kräften, hat er das wahre Selbst, das Reich Gottes, in dem Maße zur Erscheinung gebracht, wie er das unwahre Selbst – die pharisäische Selbstgerechtigkeit und die dämonischen Kräfte des Macht-, Ehr- und Besitzstrebens – erkannte und dadurch entkräftete und erlöste. Die Schüler Jesu vollzogen diesen Weg in den Kräften ihres Meisters nach. Alle Wunder, Ereignisse, Aussprüche in den Evangelien sind Stationen einer genau strukturierten inneren Entwicklung. Wer das Lukasevangelium unter dieser Perspektive liest, erlebt wie in einem Vorgeschmack den spirituellen Weg Jesu und seiner Schüler, der auch sein Weg werden kann.

Die Freude

Das Angesicht Gottes im Menschen

Alphonse Goettmann

Hardcover, 176 Seiten – ISBN 3-936486-33-6

Goettmanns *„Die Freude"* ist ein Buch gegen den Trend unserer Zeit, der Glück und Freude entweder von äußeren Dingen abhängig macht oder sie als etwas Selbstverständliches betrachtet, als hätten wir ein verbrieftes Recht darauf, ohne unser Zutun immer glücklich und froh zu sein. Und zugleich ist es die Korrektur eines Bildes, das viele Menschen unserer Zeit – Christen wie Nichtchristen – vom Christentum haben. Der Verfasser macht überzeugend bewusst: Gott hat in das Herz des Menschen eine Sehnsucht nach Glück eingepflanzt. Diese Urfreude wurde in die Gene unserer Zellen eingegeben. Sie ist das „Ja" zum Leben, der höchste Sieg des Menschen über das Schicksal, das stärkste Mittel zur Wandlung. Das ist auch die Erfahrung der großen christlichen Mystiker, und aus ihr erwachsen tief innerlich Freude und Glück. Das Buch verkündet die Botschaft: Es gibt nur eine einzige Pflicht: die Pflicht zum Glücklichsein, und nur einen Verrat: nicht glücklich zu sein.

Erleuchtet leben

Ein Aufruf zur Evolution über das Ego-Bewusstsein hinaus

Andrew Cohen

Hardcover, 112 Seiten – ISBN 3-936486-26-3

In 20 Kapiteln behandelt der bekannte amerikanische spirituelle Lehrer Andrew Cohen in Form von Antworten auf spirituelle Fragen das Thema der persönlichen geistigen Entwicklung und wie sie mit der Entwicklung des Bewusstseins der Menschheit zusammenhängt. Bewusstsein kann sich nicht über einen bestimmten Punkt hinaus entfalten, wenn Menschen nicht aus ganzem Herzen und voll bewusst an diesem Prozess teilnehmen. Und damit das geschehen kann, müssen wir uns zur Verfügung stellen. Das Buch bietet einen oft sehr persönlichen Einstieg in spirituelle Fragen. Es verbindet buddhistische und jüdische Betrachtungsweisen mit dem wissenschaftlichen Denken, der Evolutionstheorie und dem ewigen Ruf der Mystik, die zur eigenen Innenschau einlädt. Das Buch möchte ein Begleiter für Suchende auf dem Weg sein, der die Pilger bei ihrer Lebensreise immer wieder auf überraschende und herausfordernde, dabei jedoch freundschaftliche Weise damit konfrontiert, selber Erfahrungen zu machen, eigene Anschauung zu gewinnen, sich dem Leben ganz anzuvertrauen. Das Vorwort hat Ken Wilber geschrieben.

Der mystische Weg zu Christus

Andrew Harvey

Hardcover, 304 Seiten – ISBN 3-928632-91-4

In diesem Buch nimmt uns einer der berühmtesten religiösen Denker unserer Zeit auf eine Einweihungsreise in das voll erwachsene Christentum mit. Es enthüllt einen Christus, der allen engagierten Christen direkt zugänglich ist und dessen lebendige Botschaft jenseits der Strukturen existiert, die von den Kirchen in seinem Namen geschaffen wurden. Indem er die besten unter den modernen Geschichtsgelehrten und das Zeugnis der größten christlichen Mystiker aller Zeiten verwendet, belebt der Autor und Lehrer Andrew Harvey das revolutionäre Versprechen des frühen Christentums neu und stellt Jesus als den Sohn des Menschen vor: ein von Gott Erfüllter, dessen Ziel die Initiation aller menschlichen Wesen in die Kraft und die Glorie der ihnen innewohnenden Göttlichkeit war, der Sturz aller ungerechten Hierarchien und die Verwandlung der Erde in das Königreich Gottes. Anleitungen und Übungen aus den frühen mystisch-christlichen Traditionen vermitteln lebendige Inspirationen, Christus zu erfahren.

Der innere Schrei nach Erlösung

Befreiung von innen

François Brune

Gebunden, 256 Seiten – ISBN 3-928632-44-2

Die Welt als Hologramm – Erlösung von innen

Während viele das Ende des Christentums voraussagen, unterstreicht der Verfasser die absolut einzigartige Bedeutung des Christus für die Entwicklung der Menschheit. Anders als die philosophische Theologie ist die mystisch-holographische Theologie darauf ausgerichtet, von innen heraus wirksam zu werden. Der Autor bezieht in seine Betrachtungen auch Heilswege anderer Religionen, besonders die Bedeutung des Karma mit ein und betrachtet auch die christlichen Sakramente unter dem mystischen Aspekt.

Brune versteht die Welt als ein Hologramm, in dem alles mit allem verbunden ist, also auch jede Seele mit jeder anderen – und mit Christus, der aus der Tiefe einer jeden Menschenseele als Mittelpunkt des kosmischen Hologramms erstrahlt. Unfassbar? Aber wie, wenn es wahr wäre? Das gilt es in diesem Buch zu entdecken, das so fesselt wie eine Abenteuerreise – die Reise in die mystische Erfahrung.

Das Vaterunser

Ein Weg für die persönliche und die globale Transformation

C. G. Weeramantry

Paperback, 272 Seiten – ISBN 3-928632-63-9

Dieses Buch ist eine Darstellung richtungsweisender Lebensregeln und zugleich eine Antwort, wie in einer Zeit ohne verbindliche Orientierung religiöse – und das heißt für den Autor: in allen Kulturen wirkende – Prinzipien und Werte im praktischen, alltäglichen Leben und auf dem Gebiet der Rechtsprechung verwirklicht werden können. Im christlichen Kulturkreis sind diese in allen Weltreligionen gültigen Prinzipien besonders prägnant im Vaterunser zusammengefasst. Es ist faszinierend, dem Autor zu folgen, wie er in diesem logisch-sachlich aufgebauten Werk zeigt, dass das Vaterunser nicht nur **das** Gebet des Christentums ist, sondern zugleich auch eine unerschöpfliche Schatzkammer an allgemein menschlichen und juristisch fassbaren Regeln und Rechten enthält. Ziel des Autors ist es, die hohen und zugleich einfachen Prinzipien des Vaterunsers in Regeln praktischen Verhaltens umzusetzen.

Es muss einen besseren Weg geben

Ein Handbuch zur Psychologie der Vision

Dr. Chuck Spezzano und Lency Spezzano

Hardcover, 184 Seiten – ISBN 3-936486-25-5

Dieses neue, systematisch aufgebaute und dabei übersichtlich-prägnante Handbuch zur Psychologie der Vision
- gibt einen Einstieg, um die grundlegenden Prinzipien der Psychologie der Vision einer breiten interessierten Öffentlichkeit zugänglich zu machen;
- beschreibt das Wesen und den Wert der Psychologie der Vision für Therapeuten und für Menschen, die selber an sich arbeiten möchten;
- bietet einen einfachen Zugang zum Verständnis von Essenz, Modellen, Methoden und Techniken der Psychologie der Vision;
- fördert die Vertiefung von Prozessen für Teilnehmer/-innen an Vorträgen und Seminaren über die Psychologie der Vision und stellt einen Leitfaden für Menschen dar, die sich eine formelle Ausbildung überlegen;
- präsentiert schließlich innovative und machtvolle geistige Samen, um das Bewusstsein zu transformieren und die Welt zum Besseren zu verändern.

Verwandle Mißerfolg in Erfolg

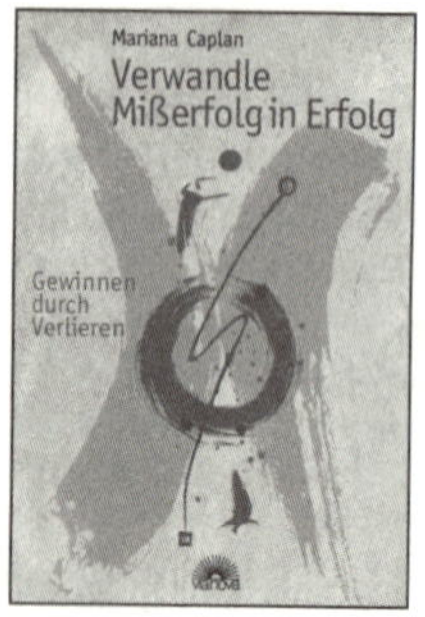

Gewinnen durch Verlieren

Mariana Caplan

Paperback, 168 Seiten – ISBN 3-936486-17-4

Was geschieht, wenn alle unsere vermeintlichen Götter – Glück, Gesundheit und Liebe – uns im Stich lassen? Genau dann entsteht das Potenzial für eine klarsichtige Bewusstheit, die zu wahrer Erkenntnis der Realität, zu nie dagewesenem Wachstum und zu radikaler Transformation führen kann. Das ist die Lehre, die Mariana Caplan dem Leser in diesem Buch vermitteln will. Auf anschauliche und spannende Weise beschreibt sie, wie man durch Misserfolge und den Verlust vermeintlich wichtiger Dinge zu der Erkenntnis gelangt, dass authentischer Erfolg nicht an materiellen Dingen, Vorstellungen oder Erwartungen, sondern an der Qualität unseres Menschlichseins und unseres Daseins gemessen wird. Der Schriftsteller Joseph Chilton Pearce bezeichnet das Buch als „ein Werk voll zarter Weisheit, echter Führung und mitfühlender Richtungsweisung".

Kontemplation und Mystik

Paperback, 48 Seiten, zwei Ausgaben: Frühjahr und Herbst

ISSN 1610-2185

Kontemplation und Mystik ist eine **Zeitschrift** zu Praxis und Theorie kontemplativen Lebens. Ihr Anliegen ist, den alten, fast vergessenen christlichen Gebetsweg der Kontemplation wieder bekannt zu machen, der in den Raum mystischer Erfahrungen führt. So möchte diese Zeitschrift all jenen als Forum dienen, die sich der mystischen Tradition verbunden fühlen und konkrete Anregungen und Impulse für den eigenen spirituellen Weg suchen. Damit dient die Zeitschrift dem Dialog sowohl innerhalb der christlichen Tradition sowie zwischen den verschiedenen mystischen Erfahrungswegen der Religionen, als auch den angrenzenden Wissensgebieten und Forschungsfeldern, insbesondere der transpersonalen Psychologie.
Die Beiträge in **„Kontemplation und Mystik"** sind aus der Erfahrung heraus für die Erfahrung transpersonaler, mystischer Bewusstseinsräume geschrieben. Sie berücksichtigen gleichermaßen die mystische Tradition sowie deren Verwirklichung im spirituellen Alltag. So ist diese Zeitschrift ein wichtiger Begleiter auf dem Weg nach innen.